高等学校“十二五”规划教材经济管理类

农业企业经营管理

主　编　李玉明
副主编　翟绪军　金光春　杨延娇
主　审　杨　慧

哈尔滨工程大学出版社

内容简介

本书是高等农林院校农业经济管理类必修教材。全书共16章。分为理论篇和模拟实战篇，主要内容包括：绪论、农业企业经营决策与战略、农业企业经营计划与风险、农业企业经营制度与经营组织、农产品质量管理、农业企业人力资源管理、农业企业市场营销管理、农业企业财务管理、农业产业化龙头企业发展、农业企业国际化经营、国营农场管理、农业企业经营模拟、农业企业模拟经营概况与状态设定、农业企业模拟运营规则、农业企业手工与电子沙盘模拟及实例、企业经营模拟战术和战略技巧。

本书作为黑龙江八一农垦大学特色教材建设成果之一，借鉴了国内外农业企业经营管理的优秀成果，在深入阐述农业企业管理理论基础上，重点突出国有农场企业管理和农业企业经营管理的实践模拟。本书既可作为高等农林院校农业经济管理专业课程教材，也可供农业企业经营管理理论研究者、实践工作者和政策制定者参考使用。

图书在版编目(CIP)数据

农业企业经营管理/李玉明主编. —哈尔滨:哈尔滨工程大学出版社,2012.7
ISBN 978-7-5661-0414-4

Ⅰ.①农… Ⅱ.①李… Ⅲ.①农业企业管理 Ⅳ.①F306

中国版本图书馆CIP数据核字(2012)第167321号

出版发行 哈尔滨工程大学出版社
社　　址 哈尔滨市南岗区东大直街124号
邮政编码 150001
发行电话 0451-82519328
传　　真 0451-82519699
经　　销 新华书店
印　　刷 肇东市一兴印刷有限公司
开　　本 787mm×960mm　1/16
印　　张 17.75
字　　数 384千字
版　　次 2012年7月第1版
印　　次 2012年7月第1次印刷
定　　价 36.00元
http://press.hrbeu.edu.cn
E-mail:heupress@hrbeu.edu.cn

前言 PREFACE

农业企业经营管理是以农业经济管理学科和农林管理专业为主的经管专业重要专业课之一。随着经济全球化浪潮的冲击和现代农业的崛起,对农业企业经营管理理论和实践提出了更新更高的要求。为了适应培养农业企业经营管理复合创新型人才的需要,各农林院校历来对农业企业管理教材建设给予高度重视,特别是黑龙江八一农垦大学将其作为特色教材组织编写。

本书编写过程中十分注意结合我国农业企业经营管理的实践,充分考虑管理课程分工,全面阐述了农业企业经营管理的基本理论、基本知识和基本方法,也力求反映农业企业经营管理科学的发展趋势,介绍对我国有借鉴意义的国外先进农业企业经营管理经验。与以往同类教材相比,本教材有以下三大特点:

一是系统性。全书内容共计16章,包括:绪论、农业企业经营决策与战略、农业企业经营计划与风险、农业企业经营制度与经营组织、农产品质量管理、农业人力资源管理、农业企业市场营销管理、农业企业财务管理、农业产业化龙头企业发展、农业企业国际化经营、国营农场管理、农业企业经营模拟、农业企业模拟经营概况与状态设定、农业企业模拟运营规则、农业企业手工与电子沙盘模拟及实例、企业经营模拟的战术和战略技巧等内容,基本涵盖了农业企业经营管理的主要业务知识,揭示了农业企业经营管理的一般规律性问题。

二是创新性。本教材吸收和增加了许多有关农业企业管理科学的新理论和新知识,诸如国营农场管理及农业企业经营模拟实践等全新的知识点,符合与时俱进的时代精神,增强了教材的可读性和教育性。

三是协调性。本教材特别注意处理与有关管理类课程的关系,避免重复,紧扣农业企业的主要经营特点组织选材,对一般的企业管理问题予以省略或简写。

本书既可用于有关高等院校经济管理专业本、专科教学用书,也可作为有关人员系统学习农业企业管理理论与方法的基本读物。

PREFACE

本书由黑龙江八一农垦大学经济管理学院李玉明副教授任主编，黑龙江八一农垦大学经济管理学院的三位老师翟绪军（博士、讲师）、金光春（博士、讲师）、杨延娇（硕士、讲师）任副主编。黑龙江八一农垦大学会计学院杨慧副教授担任主审。

本书的具体分工如下：第一章、第五章、第十章、第十一章、第十二章、第十三章、第十六章由李玉明编写，第十四章、第十五章由翟绪军编写，第二章、第三章、第四章由金光春编写，第六章、第七章、第八章、第九章由杨延娇编写。

黑龙江八一农垦大学等有关院校教务处及院系的领导对本书的编写给予了大力支持。此外，本书编写过程中参考和吸收了前人和时贤的研究成果，在此一并表示衷心的感谢。

本书是黑龙江八一农垦大学特色教材，并得到黑龙江八一农垦大学特色教材出版基金资助，在此一并表示感谢。

同时，我们恳切希望使用本教材的师生提出批评、改进意见，我们将根据使用情况与批评意见，在修订或重印时加以改正和补充完善。

编　者

2012 年 4 月

目录

第一篇　农业企业经营管理理论篇

CONTENTS

CONTENTS

第二篇 农业企业经营管理模拟实践篇

第一篇　农业企业经营管理理论篇

第一章　绪　论

第一节　农业企业概述

一、农业企业的概念及特征

(一)农业企业的概念

农业企业有广义和狭义之分。广义的农业企业是以“大农业”概念为基础的所有从事农业或涉农企业的总称,既包括以土地为投入要素直接经营农、林、牧、副、渔业的经济组织,也包括从事农业产前、产中、产后各环节的加工、服务等相关活动的农业企业。广义的农业企业按行业可分为种植业企业、林业企业、畜牧业企业、副业企业和渔业企业。不同行业的农业企业生产经营或加工不同类型的农产品。在实际的经济活动中,一些大型的农业企业可能会生产经营畜牧、鱼类、蔬菜,从事多元化经营策略。广义的农业企业按生产的环节和经营活动的功能或性质又可分为:与农业产前服务相关的要素投入品公司,如种子公司、农资公司、以生产农业设施、设备和各种农机具为主要产品的乡镇农业制造企业;为农业生产过程提供服务的企业,如农机服务公司、植保公司、农业科技咨询公司;农业产后服务相关的公司,如农产品储藏加工企业、农业销售合作企业、农业市场销售服务公司;生态与功能型农业企业,如生态农业园区、观光农业企业、休闲旅游业等。而狭义的农业企业,通常也称之为农业经营组织。

本节主要介绍狭义农业企业的特点和基本类型。农业企业具有自己的特点:第一,农业企业的经营对象是农产品。这是农业企业区别于其他工商企业的最显著的特征。农产品的生产涉及多种自然因素和经济因素,有些因素可以控制,有些因素则无法控制。农产品具有生产资料和消费资料的双重属性。作为生产资料,农产品一般是农业加工企业的原材料,农产品的质量和品质至关重要,将会直接影响加工企业下一个再生产过程中产品的质量和产量。而作为消费资料的农产品,其生产与增值过程则是在生物体内进行和完成的,农业经营与生产企业的主要对象直接表现为生物体,其经济再生产与自然再生产交织在一起。第二,农业企业是一个生产的基本单位,这个单位可大可小,可以是一个家庭、几个家庭的联合或公司等，可以是法人企业（公司），也可以是非法人企业（业主制和合伙制企业），但这并不意味着对企业规模没有要求，在经营规模十分狭小的情况下，经营规模适度扩大是必要的。第三，农业企业是一个独立的、具有相当自决权进行独立经济核算、自负盈亏的经济实体。第四，农业企业不只是从事单独的农产品自然生产过程，还包括生产前后的一系列活动。第五，企业化经营是从经营和管理角度来说的，农业企业不同于我国以前甚至现在还存在的国营农业合作社，尽管后者在理论和条文上被看作为企业，但就其实质而言，它只是一种社会运动和组织形式，或是一种农村社区。另外还须指出，农业企业不同于农业产业化中的"龙头企业"。"龙头企业"并不直接兴办农场，而是通过经营农业产前后部门、购销、信贷等活动来控制农业，"企业＋农户"的结合只是基于市场交易的外部组织形式。

（二）农业企业的特征

农业企业作为社会生产的基本经济单位，有着与其他企业一样的规定，并具有如下特征：

1. 农业企业必须是动植物产品或服务的直接提供者

动植物产品是满足人们生活需要，在一定的时间、空间和一定的生产技术条件下，通过有目的的生产劳动而创造出来的物质资料，服务则是指为满足社会需要而提供的劳务活动。这些产品和服务，都是可供销售的，等价交换是产品流通和有偿服务的基本要求。

2. 农业企业的经营目的是获得利润

农业企业与其他企业一样，作为一种营利机构，创造利润是其生存和发展的条件。利润是产品或服务价格与其成本之间的差额，是企业经济效益的集中反映。

3. 农业企业必须独立核算、自负盈亏

企业在利润动机下，实行独立核算，以尽可能少的投入，获得尽可能多的赢利。企业赢利，才能得到发展；企业亏损，必须扭亏为赢，否则就会倒闭、破产。企业经营的结果如何，取决于许多因素，其中居首位的是企业经营管理水平。农业企业采用现代生物科技和现代经营管理技术，带动农业转向知识型产业，就有机会获得高赢利，并造福于农民。

4. 农业企业是纳税单位

当今的农业企业都是独立的商品生产者和经营者，国家是宏观经济管理职能的行使者，企业必须照章向国家纳税。这是企业和国家间的法定关系。

5. 农业企业拥有经营自主权，行使企业应有的职能

企业经营自主权包括：产品决定权、产品销售权、人事权、分配权。企业有权决定生产什么，生产多少，以什么样的价格出售；雇佣什么样的员工从事生产和管理；税后利润如何分配等。不拥有这些自主权，就不能称其为企业，充其量是不完全的企业。企业的职能包括对企业生产经营活动的计划、组织、指挥和控制。企业不能行使政府的职能，反过来也是一样。

二、农业企业的类型

不同类型的农业企业经营机制转换和战略管理会有某种差异，国家对他们实施的企业政

策和宏观调控也有所差别。这就需要根据上述农业概念和农业企业的界定,以及他们现实的存在形式进行分类。分类法是经济研究所常用的方法,它可以帮助我们按照一定的区别标准,将某个经济现象或过程的总和划分为若干同质的或相近的类型。有了这种划分,我们就可以对农业企业进行深入、全面研究,揭示他们的结构特征和其中发生的变化,确立不同类型企业间的区别、联系或相关性。本文从下列不同角度对农业企业进行分类。

(一)按生产经营范围划分,农业企业可以分为四种类型

1. 以生产农产品为主要业务的各种专业化企业和综合性企业;

2. 农产品生产与加工相结合的农工联合企业;

3. 农产品生产、加工和运销结合在一起的农工联合企业;

4. 为农业服务的服务性企业,如农用生产资料供应企业、科技服务企业、咨询及信息服务企业。

(二)按资产所有制划分,农业企业可以分为如下四种类型

1. 国有企业或国家控股企业:如国有农垦企业、国有畜牧业、国有水产企业、国有农产品加工贸易企业、国有农产品进出口企业、国有购销企业、国有试验农场。

2. 集体企业:如乡办、村办农业企业,集体养殖加工贸易企业,农村社区农业服务性企业。改制前的乡镇企业大多是所谓集体企业。然而集体企业是产权最为模糊的一种企业。

3. 民营企业:通常指非公有制企业。主要是个人或家族所有的农业企业,例如民营养殖加工贸易企业。

“民营企业”称谓不确切,改称“民有企业”似乎能与“国有企业”的叫法相对称。但问题不在于怎样称谓,而在于需要重新界定。

现在,我国农业中的民营企业,泛指除国有企业、集体企业和合作社企业以外的民办民有企业,其资产属个人或家族所有,通常在国际上把此类企业界定为家族企业。不论是在农业中还是在其他领域中,家族企业作为一种最为普遍的企业形态,将长期存在,且有效率。

家族企业做大后,企业制度转型,从民有自营“家族式”管理转变为经营权与所有权分离。为延续业主对企业的控制权,老板必须精心培养这样的经理人才,同时极力引入外部可以信赖的经理人才,组成企业的管理机构来管理企业经营。从长远发展来看,家族企业做大后势必“两权”分离,在保证业主对企业的控制权的前提下,委托雇佣的专业经理人员代理企业经营。对此,将在后面的相应段落中作出分析。

4. 合作社企业:合作社是劳动者个人产权私有基础上的约定共营经济组织。这里需要把握住两个要点:第一,承认社员个人资产所有权是合作社的基础;第二,合作社企业内约定共营是有限度的、有组织的联合体。

从经济关系上看,合作社并非单一的经济形态,它可包容不同的经济类型。合作社体现的是生产要素的组合方式,而非特定的所有制形式。可以说,合作社企业是介于私有企业和公有企业之间的中性企业,仅实行部分约定共有和部分共同经营。合作社的固有优点使其既

适应资本主义市场环境,也适应社会主义市场经济体制。

(三)按企业资产的所有者形式来划分,农业企业可以分为若干不同形态

这里"所有者"与"所有制"是两个不同的概念。不同的所有制,有着不同的所有者,但同一种所有制也有不同的所有者形式。采用企业资产所有者形式作为划分企业的基本标准,农业企业可以划分为3种基本形态:个人业主制企业、合伙制企业和公司制企业。

1. 个人业主制企业:由自然人个人出资兴办,完全归个人所有和控制的企业,均属个人业主企业。

2. 合伙制企业:是指由两个以上企业主共同出资,为了利润而共同经营,并归由若干企业主共同所有的企业。

3. 公司制企业:是指由许多人集资创办并且组成一个法人的企业。公司是法人,在法律上具有独立人格,这是此类企业与独资企业、合伙企业的重要区别。在农业领域,公司制企业是最主要、最普遍的企业形态。

(四)从企业组成方式来考察,农业企业可以分为单厂(场)制企业和公司制企业两种类型

1. 单厂(场)制企业:是指以机器体系为主要生产手段,不同工种的劳动者进行分工协作,直接从事养殖和加工生产的基本经济组织。具有法人资格,独立核算,自主经营,自负盈亏的企业。

2. 公司制企业:公司是由两人或两人以上集资联合组成经济实体的经济组织。公司是"联合体"形态的企业。这里"两人",既可以是自然人,也可以是法人。"集资",既可以是资金联合,也可以是财产或其他无形资产的联合。联合组成公司的具体形式可以是多种多样的,但作为联合体存在的公司,具有两个共同特征:第一,集资联合组成的公司资金和财产,是由公司支配的独立资金和财产,用于公司统一的经营活动,并承担公司自负盈亏的经济责任。第二,集资联合组成的公司具有独立的法人地位。国家承认公司的法人地位,公司法人必须对其内部成员的行为承担民事责任,公司内部成员不能脱离或超越公司而独立承担民事责任。在农业产业经营中,公司制企业是主要的企业形式。

按照上述分类划分的各种企业,都有各自的适宜范围或领域,自然都各有其优点和缺点,没有十全十美的企业。

三、农业企业的职能

农业企业的职能,是指农业企业在社会经济活动中所产生的功能或发挥的作用。同其他类型企业一样,农业企业既具有企业的共性职能,又具有农业企业的特殊职能。

(一)农业企业的一般职能

1. 组织生产力方面:根据市场需求,把握企业发展方向,调整生产结构,规划生产布局,制定各种劳动定额、技术定额及生产操作规程;依照农业生产过程的季节性、顺序性等特点,配

置和合理利用企业经营资源，生产适销对路的产品，以及处理人与物的关系。

2. 调节生产关系方面：正确处理农业企业生产经营活动中所发生的人与人之间的关系，以调动人的积极性。它包括企业内部的产权关系，分配关系，所有者、经营者与劳动者之间的责、权、利关系；与企业外部的协作关系，契约合同关系，商品交换关系，债权与债务关系，以及与国家之间的经济关系等。

（二）农业企业的特殊职能

1. 为社会提供基本的物质资料：一是生活用品；二是生产加工用品，这是其他企业所不能替代的职能。

2. 保护自然生态环境：作为以生物有机体为劳动对象的农业企业，不仅要利用生物界自然界生产各种产品，以满足社会物质需求，而且要依据系统内外环境的生态条件和经济条件，适时增加物质和能量的投入，实行集约化经营和科学化管理，不断改善农业生态环境，形成一个有利于农业生产稳定发展的生态基础和资源基础，使农业企业内部与外部系统协调统一。

3. 提高农民组织化程度：我国改革开放以来的实践证明，解决小农户与大市场矛盾的一个有效途径，就是将农业家庭经营的市场交易整合到合作社的交易系统之中，通过合作社的公司企业（农业企业）把农民组织起来参与市场竞争；或者通过农业产业化经营形式，如以“公司＋基地＋农户”“龙头企业＋农户”等形式组织农民进入市场；或者以各种形式的农业（科技）园区企业化经营将农民组织起来等。只有高组织化的农民，才有高效率的农业生产力。

四、农业企业的地位和作用

农业企业是农业扩大再生产中最活跃的细胞，各种涉农交易活动主要是由农业企业承担进行，农业企业的实力、活力和经营效率如何，直接决定着农业的经济状况，进而影响国民经济的整体状况。农业企业的国际竞争力如何，直接影响中国农业应对入世后的挑战的能力和绩效。

（一）农业企业是资源配置的组织载体

农业要素如何集合起来，怎样合理配置，方能获得最佳效益，是靠农业企业来运营。

像其他企业一样，农业企业处在市场竞争的前沿地位。为了赢得竞争，农业企业不断地推进技术创新，创造出新的生产力，改进经营管理，降低生产成本和交易费用，完善自己的品牌，不断地推出受国内外市场青睐的新产品和服务，千方百计地满足变化中的市场需求。从这个角度说，企业是技术创新的前沿主体，先进生产力的集合体和创造者。

（二）农业企业是农业产业中最基本的市场主体

中国有数以亿计的小农户，虽是独立的利益主体，但却不是法人市场主体，其规模过小，不能直接进入大市场，需要公司企业和合作社作为中介。在现今农业中，各类农业企业直接进入市场参与竞争，农产品进出口贸易是由农业贸易企业经营的，是国内市场的法人主体，国际市场的贸易伙伴的竞争主体。

入世后,我国受到外国强势农产品的冲击,农业企业面对的竞争对手是外国国际化大公司。不是我国的农产品都没有竞争力,而是我国缺乏高效率的农业经营企业和组织体系。许多农产品加工贸易企业,由于实力不足等诸多原因,并没有形成国际竞争优势,处于被动应对的不利局面。为了改变这种状况,能与规模庞大的跨国公司相竞争,拓展国际市场份额,中国刻不容缓的任务是培育一批农产品加工贸易大公司,强化企业间的有效联合与协作,实行产销全程标准化安全运营,确保上市和出口产品质量,控制成本,货真价实。这是提高我国农产品贸易信誉和国际竞争力的关键。

(三)农业企业是农业产业化经营的组织带动者

在我们这样一个分散的小农户极其众多的国家里,发展市场经济,实施农业产业化经营,特别需要龙头企业组织带动。如果说,农业产业化经营是小农户连接大市场的必由之路,是市场农业的基本经营方式和农业现代化的重要内容,那么农业企业,尤其龙头企业则是农业产业化经营的组织带动者、市场开拓者、技术创新者,是营运中心、信息中心和服务中心,起着关键中枢作用。

(四)农业企业是实现农业现代化的排头兵

农业现代化是农业进步的历史过程。在这个过程中,要用现代工业提供的技术装备武装农业,用现代生物科学技术改造农业,用现代市场经济经营理念和组织方式来管理农业,创造很高的综合生产力,同时关注生态资源保育,建设富裕文明的新农村,这都必须由农业企业做排头兵。

第二节　农业企业经营管理概述

一、农业企业经营管理内涵

农业企业作为一个赢利性经济组织,服从于企业经营管理的一般规律。企业管理是指在一定的生产方式和文化背景下,由管理机构按照客观规律的要求,对企业生产经营活动进行计划、组织、指挥、协调和控制,充分合理开发和优化利用各种可以支配的资源,创造和增进社会福利并实现自身赢利目标的过程。在现代市场经济条件下,企业对其生产经营活动进行决策与行为的全过程,主要是对内部生产技术活动进行有效组织与管理,以及对充分利用外部市场机会和协调环境关系等活动进行有效分析与决策两个方面。前者通常称为狭义的企业管理,后者则称为企业经营。“经营”+“管理”构成现代企业管理的全部内涵,也构成广义企业经营管理的概念。

现代农业企业全部生产经营活动中关于处理市场机会和协调外部环境关系的活动,成为决定企业生存发展最重要的管理活动之一。所以现代农业企业必须把搞好经营放在重要的战略地位。按照一般企业经营的概念,可以把农业企业经营概念定义为:农业企业为了及时有效地抓住和利用外部环境提供的机会,最大限度地发挥自身比较优势,努力实现企业内部条件、经营目标与外部环境三者的动态平衡,进而实现企业的效益目标和发展目标,侧重于围绕协调和处理企业与外部环境关系以及有关企业发展方向与战略决策等问题而进行的一系列综合性管理活动。这个概念要从四个方面去理解:首先,经营是市场经济特有的范畴。其次,经营的基本动因是为了及时有效地抓住和利用外部环境提供的机会,目的是实现企业的效益目标和发展目标。再次,经营的过程是努力实现和保持企业内部条件、经营目标与外部环境的动态平衡,手段是充分认识和把握外部环境变化,最大限度地发挥企业的比较优势。最后,经营的重心是协调和处理企业与外部环境的关系,重点是搞好经营战略决策,不断优化资源配置。

二、农业企业经营管理的性质

农业企业经营管理的性质具有二重性,即生产力属性和生产关系属性。两者互相联系并寓于企业的生产、销售、分配等环节运行之中。

(一)经营管理的自然属性

经营管理是社会化大生产和共同劳动的客观要求,任何社会、任何生产部门,只要有许多人在一起协同劳动,就需要有经营管理。随着社会生产的社会化程度的提高,共同劳动规模的扩大,劳动分工协作日益精细、复杂,越来越要求有严格的组织,正确的指挥,精细的核算等科学的经营管理,这是任何社会制度下都普遍存在着的一种经济上的客观要求。经营管理的自然属性主要体现在合理组织生产力的职能上,它与社会制度没有直接的关系,只要符合客观规律的要求,并能促进生产发展的管理经验和方法,就有它的科学性和普遍性。

(二)经营管理的社会属性

经营管理又是生产关系的反映和体现,它的性质决定于生产关系的性质,这是经营管理的社会属性。经营管理的社会属性主要体现在维护和调节社会生产关系的职能上。但是,尽管不同国家的管理的社会属性存在差别,过多地强调其社会属性差别而一概排斥学习发达国家的管理理论和经验,不是科学的态度。各国企业经营管理实践中在管理理念、方法和程序上表现出来的许多差别,可能更多是来自其历史文化背景的差异,而非单纯源于社会制度的性质。

三、农业企业经营管理与农业经济管理的关系

(一)农业企业经营管理

农业企业经营管理(Operation and Management of Agribusiness)是对农业企业整个生产经营活动进行决策、计划、组织、控制、协调,并对企业成员进行激励,以实现其任务和目标的一系列工作的总称。

农业企业经营管理属于微观经济管理。它是以单个经济单位(或企业)的经济活动为考察对象,研究农业微观组织经营活动的规律,其目的是合理地组织企业内外生产要素,促使供、产、销各个环节相互衔接,以尽量少的劳动消耗和物质消耗,生产出更多的符合社会需要的产品,实现农业企业的利润目标。

农业企业经营管理的内容主要包括:合理确定农业企业的经营形式和管理体制,设置管理机构,配备管理人员;搞好市场调查,掌握经济信息,进行经营预测和经营决策,确定经营方针、经营目标和生产结构;编制经营计划,签订经济合同;建立、健全经济责任制和各种管理制度;搞好劳动力资源的利用和管理,做好思想政治工作;加强土地与其他自然资源的开发、利用和管理;搞好机器设备管理、物资管理、生产管理、技术管理和质量管理;合理组织产品销售,搞好销售管理;加强财务管理和成本管理,处理好收益和利润的分配;全面分析评价农业企业生产经营的经济效益,开展企业经营诊断等。

(二)农业经济管理

农业经济管理(Management of Agricultural Economy)是对农业生产总过程中生产、交换、分配与消费等经济活动进行计划、组织、控制、协调,并对人员进行激励,以达到预期目的的一系列工作的总称。

农业经济管理属于宏观经济管理,它是以整个农业经济活动为考察对象,研究和总结农业经济运行的一般规律,旨在做出有利于一国或地区农业经济发展的决策。农业经济管理就是要按客观经济规律和自然规律的要求,在农业生产部门之间、区域之间合理地组织生产力,正确地处理生产关系,适时地调整上层建筑,以便有效地使用人力、物力、财力和自然资源,合理地组织生产、供应和销售,妥善地处理国家、企业和劳动者之间的物质利益关系,调动农业生产经营者的积极性,提高农业的经济效益,最大限度地满足社会对农产品的需要。

农业经济管理的内容主要包括:在科学预测基础上,正确制定农业经济发展战略,编制农业发展计划;在农业区划基础上,进行农业地区布局,优化农业生产结构;合理开发利用农业自然资源、劳动力资源、物质技术资源和财力资源;建立合理的农业经济管理体制,确定农业生产经营中各方面的责、权、利关系以及分配中的积累与消费关系;正确地组织农产品的商品流通;综合运用各种经济手段,调节农业经济活动,并全面评价农业经济效益等。

(三)农业企业经营管理与农业经济管理的关系

如上所述,农业经济的管理按其所研究范围和侧重点不同,可分为农业经济的宏观管理和农业经济的微观管理两种。农业经济管理属于前者,又称为“大管理”;农业企业经营管理属于后者,又称为“小管理”。农业经济管理,是研究农业经济活动的总量及其运动变化的规律性,又叫总量分析或整体研究,其目标是通过制定合理的产业政策来实现农产品总供给与总需求的平衡。农业企业经营管理,是研究农业企业经营管理的规律性,又叫单量分析或个体研究,其目标是通过提高企业竞争力来实现企业的利润最大化。

农业的可持续发展是要依靠宏观的农业经济运行与微观的农业企业活动来实现的,这决定了农业经济管理与农业企业经营管理的划分仅仅是农业经济管理层级之间的一种分工和协作的关系。农业经济管理与农业企业经营管理都贯穿于农业经济(以及农业企业)生产经营活动的全过程,且两者都服从于同一目标,即满足人们日益增长的农产品需要。同时,在现代市场经济条件下,农业企业若想在动态的市场环境中寻求发展的机会并赢利,需要有一个稳定的、持续发展的农业经济体制平台。从这个意义上说,农业经济管理为农业企业经营管理决策提供制度环境或政策依据,农业企业经营管理是农业经济管理的微观基础。

第三节 农业企业经营管理学的研究对象和内容

一、农业企业经营管理的研究对象

农业企业经营管理学是研究农业企业生产经营管理规律的科学,其研究对象应是农业企业生产经营过程中产、供、销诸环节的高效运行,人、财、物等诸要素的合理配置等有关生产力组织、生产关系调节、上层建筑乃至制度建设与优化方面的规律性问题,通过这些规律性问题的总结提炼并上升为理论,用以指导农业企业经营管理的具体实践。

(一)生产力组织

生产力诸要素的优化配置与合理组织是企业经营管理的基本问题。在农业企业经营管理中,要在熟悉和掌握自然规律和农业生产技术等基础上,根据生产力各要素质的关联性和量的比例,实现其合理组合,以提高整体效能。为此,它不仅要研究土地、劳动力、技术、机具和物资等生产要素的合理利用,研究如何根据市场需要和企业自身条件确定经营方向和规模,而且要研究如何处理好人、机具、土地和动植物的关系,研究如何根据农业企业的农、林、牧等不同部门的特点,对生产过程在时间上和空间上进行合理的组织,使生产经营活动中各环节、各方面保持合理的比例关系以及协调发展,以达到提高生产效率和经济效益的目的。

(二)生产关系调节

调节生产关系的各项工作,体现了农业企业经营管理的特殊职能。它不仅要研究企业生产资料的所有权与经营权等产权关系和所有者、经营者和生产者之间的责、权、利关系,而且要研究利益分配中的国家、集体与个人三者之间的关系。只有这些关系调节好了,才能调动所有者、经营者和生产者各方面的积极性,进一步搞活经济,促进农业发展。

(三)上层建筑调整

上层建筑影响着生产力的组织和生产关系的调节。这就要求结合企业的实际,研究企业的经营思想、经营战略、管理制度、思想观念、精神风尚、道德素质等因素对生产力和生产关系的影响。农业企业制定了正确的经营战略和科学的管理制度,并重视企业文化建设,才能取得物质文明与精神文明双丰收。

农业企业经营管理学与经济学、管理学、会计学、统计学有着密切联系,他们之间的研究范围有所交叉，只是研究对象不同。任何一门学科的发展，都要吸取其他学科的研究成果。农业企业经营管理学需要吸取经济学、管理学、统计学、会计学、行为科学、计量经济学、运筹学、技术科学等学科的研究成果来丰富自己的内容和获得新的研究方法。因而农业企业经营管理学是以经济学与管理学为基础，凝聚多门学科知识而发展的一门综合学科，同时它也是一门边缘性科学。

二、农业企业经营管理的研究任务

农业企业经营管理学是一门边缘的、交叉的年轻科学。它肩负着总结农业企业经营管理的经验，研究生产力发展中出现的新情况、新问题，探索新理论并吸取有关学科的新成果，以便更新、充实本学科的内容，使之不断地完善和发展。其研究任务主要有：

第一，总结农业企业的经营管理经验。建国以来，我国农业企业的经营形式，无论是集体经济组织，还是国有农场，在经营管理方面都走过漫长的道路，有艰难曲折，也有顺利辉煌，取得了宝贵的经验。这些经验是在我国特定的历史条件下和特殊国情中产生的，是农业生产力发展的必然产物，对于我国农业企业经营管理科学的发展具有理论价值。

第二，完善农业企业经营管理学学科体系。由于农业生产力发展水平这一根本性问题的制约，再加上长期计划经济体制的影响，目前我国农业企业管理学科还未真正建立起来。改革开放以后，社会主义市场经济体制为农业企业经营管理学科的建设掀开了新的一页。日益活跃的商品经济，不断完善的市场体系，层出不穷的典型经验，为农业企业经营管理科学发展提供了新鲜素材。本学科的基本任务之一就是要通过系统的总结研究，促进我国的农业企业经营管理学科体系不断完善和发展。

第三，借鉴国外的先进经验。适应农业现代化建设和现代农业生产力组织和管理的需要，我国农业企业经营管理科学的发展，还应学习、汲取外国的经验，使外国的管理科学与本国的实际相结合，为我所用，这样可少走弯路，有利于加快发展中国的农业企业经营管理科学。

第四，要不断创新。创新是企业的灵魂，创新已经成为当今世界市场竞争的主旋律。新陈代谢是一切事物发展的规律，企业管理科学也不例外。在一般管理规律的指导下，我国农业企业经营管理科学的任务之一是要坚持不断地学习和创新，形成有中国特色的农业企业管理科学体系、理论和方法。

三、农业企业经营管理的研究内容

根据农业企业经营管理学的研究对象，其基本内容可概括为：按市场经济的要求，科学建立健全农业企业经营组织，正确确定经营组织形式，合理编制经营计划，运用计划、组织、指挥、协调、控制等职能，合理开发农业企业资源，搞好农业企业产、供、销诸环节经营活动，并实行科学的财务核算和环境管理，达到经济效益、社会效益与生态效益相统一的目的。其具体的研究与运行问题内容是：

第一，农业经营制度与经营形式，即研究农业经营制度的内涵和演变，以及农业经营组织变迁的规律，分析农业经营组织形式与组织的选择。

第二，农业企业经营组织与运行问题，主要包括，农业合作经济组织类型、发展中存在的问题以及发展思路；农业产业化经营组织模式、运行机制以及农业产业化经营组织培育等问题；公司化农业经营组织的内涵以及公司化农业经营组织的运行机制和完善问题等。

第三，研究如何搞好科学管理，研究怎样对人、财、物和科学技术等生产要素进行有效组合和管理，以实现经营目标。主要包括农业企业经营战略决策、农业企业产品决策和投资决策、农业企业资源开发利用与管理等。

第四，研究如何从事供、产、销活动以实现经营目标。主要包括农业企业生产组织与管理，农业企业产品质量控制管理，以及农业企业营销管理等。

第五，研究如何达到提高企业效益的要求。整个经营管理要以提高效益为中心，主要包括农业企业财务管理的原理和方法，以及兼顾社会效益、生态效益的农业企业环境管理。

第六，农业企业国际化经营与管理。

四、农业企业经营管理的研究方法

农业企业经营管理学以唯物辩证法为方法论基础，结合本学科研究领域的特点，采用了多种方法探索和研究农业企业经营管理问题。

(一)系统分析法

系统分析法是唯物辩证法的具体运用，强调以普遍联系的观点去研究问题。本学科的研究应当把一个企业、一项经营管理工作视为由两个以上要素组成的，具有特定功能和目的的系统。借助系统的集合性、相关性、目的性和环境适应性的分析，揭示系统中要素、结构、功能与目的之间的关系，找出优化要素和结构，增强系统功能的途径与方法。

(二)调查研究法

这是根据研究的目的和任务，对研究的总体选用典型的、抽样的或全面的调查方法，有计划地搜集资料，加以整理、分析，认识经济现象的客观过程及其规律性。深入实际，调查研究，系统地占有资料，是科学研究的基础工作，比如市场预测须以市场调查为基础，农业企业诊断须以企业调查为基础。调查研究法是农业企业经营管理的最基本的方法。

(三)案例分析法

该方法是对成功与失败的典型案例加以对比、分析，从中总结成功经验与失败教训，从个别典型推及一般，用以指导企业经营管理的实践。这是典型调查法与比较分析法的综合运用。采用这种方法时，应注意案例的代表性，避免以偏概全。

(四)定性与定量分析法

定性分析法是指在占有充分而系统的资料基础上，运用分析、综合、类比、归纳和演绎等方法，将具体事物加以抽象，形成概念、范畴和规律，以反映事物的本质与内在联系。否则，就不能透过现象揭示其规律性。定量分析法亦即数学分析法，是对事物的量的规定性（通常以规模、速度、程度等指标来表示）的分析方法。任何事物既有质的规定性，又有量的规定性，因而本学科的研究方法既要有定性分析，又要有定量分析，实行定性和定量分析相结合的分析方法，才能把握事物由量变到质变的度。定量分析常借助统计指标作相关性的剖面分析与动态分析；复杂的定量分析，往往要借助生产函数、成本函数、线性规划等数学模型来表述。

复习思考题

1. 农业企业的概念与特征？
2. 什么是农业企业？农业企业具有哪些特征？
3. 试述农业企业经营管理学的研究对象。
4. 试述农业企业经营管理学的研究任务。
5. 试述农业企业经营管理学的研究内容。
6. 试述农业企业经营管理学的研究方法。

第二章　农业企业经营决策与战略

第一节　农业企业经营决策

一、农业企业经营决策的概念

农业企业经营决策是指农业企业通过对其内部条件和外部环境进行综合分析，确定企业经营目标，选择最优经营方案并付诸实施的过程。在现代农业经营管理中，经营决策是经营管理的首要职能和核心，是提高企业管理水平和经济效益的关键。

二、农业企业经营决策的类型

不同类型的决策，其决策内容和方法是各不相同的。为了进行有效的决策，首先必须分清企业决策的类型，然后根据决策的内容，遵循决策的原则，按照科学的决策程序，有针对性地选择决策方法。农业经营决策可以从不同的角度进行分类。

（一）按照决策问题的性质不同分类

1. 战略决策，是涉及全局性、长期性问题的决策，使企业适应外部环境而作出的重大经营决策。这种决策一般涉及面大，影响深远，不仅与企业的当前经营有关，而且决定企业未来的发展方向。

2. 管理决策，又称战术决策或策略决策。是指为了实现企业的战略决策对所需的人、财、物资源进行有效组织、协调的各项具体决策。

3. 业务决策，又称日常管理决策。是为了实现战略决策和管理决策的具体方法和手段，在一定的管理体系基础上，为了提高生产和工作效率所作出的各项决策。

（二）按照决策问题所处条件与所产生的后果不同分类

1. 确定型决策，又称肯定性决策。是指每一种可供选择的方案所需要的条件和未来状态完全已知，对每一种方案实施后果也能计算确定，可以在比较中作出肯定择优的决策。

2. 非确定型决策，又称不肯定性决策。是指各方案所出现的结果不确定，而且不能预计其出现的概率，因此只能靠决策者的经验和主观判断而作出的决策。

3. 风险型决策。这种决策方案的条件大部分已知，出现的结果却不能确定，但这种不确定的结果出现的概率有时可以预先估计。由于决策的最后结果受概率影响，而且这种概率是事先预测，实际情况的出现不一定完全和概率相符合，所以这种决策带有一定的风险性，故称之为风险型决策。

（三）按照决策实践重复出现的程度不同分类

1. 程序化决策，又称常规决策或例行决策，是指对经常重复发生的实践已经有了处理的经验和方法，可以按常规办法进行的决策。其特点是影响决策的因素有规律性，可以建立一定的程序并做出决策。

2. 非程序化决策，又称非常规决策或例外决策。是一种没有常规可循的决策，也是一种对不重复出现的例外性事件所进行的决策。其受许多变化因素影响，不可能建立起固定的决策模式，常常需要依靠决策者的知识、经验、掌握的信息和对未来发展趋势的判断能力做出决策。

（四）按照决策所要达到目标的数量不同分类

1. 单目标决策。是指决策所要达到的目标只有一个。这种决策问题单一，容易掌握和做出抉择。人们一般看重单目标决策，但其有局限性，强调一点时，容易以偏概全。

2. 多目标决策。是指决策所要达到的是互相联系、互相制约的多个目标。例如，要提高经济效益，不仅要考虑产量、产值，而且还要考虑成本、消耗、质量等指标，这就要进行多目标决策。

三、农业企业经营决策的内容

农业企业经营决策的内容十分广泛，概括起来主要有以下 6 个方面：

（一）生产决策

生产决策主要是确定企业生产经营方针、发展方向、生产结构、生产规模、资源合理配置与技术措施的选择等。

（二）营销决策

营销决策是指企业识别、分析、选择和发现市场营销机会，实现企业经营目标的一系列活动过程。主要包括市场调研、预测，产品市场定时定位决策，产销量、分配路线和销售方式决策，销售促进技术和市场营销组合决策，价格决策，竞争战略，售后服务和其他销售业务决策等。

（三）财务方面的决策

主要包括资金筹集决策，即如何为企业筹备所需资金的决策；投资决策，即把能动用的资金投向何种生产经营活动的决策；对投入生产经营过程中的资金如何使用的管理决策等。

（四）研究开发决策

主要包括市场开发、产品开发决策，新技术、新工艺开发决策，人力资源开发、智力开发决策等。

（五）组织人事方面的决策

主要包括企业组织机构设置、权责分工、组织人员配备及干部任用考核、任免和培训等方面的决策。

(六)其他方面的决策

包括职工聘任的决策,激励机制和思想教育、职工福利事业的发展决策以及环境保护的决策等。

四、农业企业经营决策的原则

企业经营决策是一个复杂的过程,是科学性与艺术性的统一。为了使决策科学化,应遵循以下原则:

(一)及时性原则

市场是瞬息万变的,企业其他方面的经营环境虽不像市场环境变化那样迅速,但都是不断变动的,因为企业经营者必须及时发现影响企业生存、成长的积极因素和限制因素,抓住机遇,做出决策。

(二)经济性原则

企业生产经营活动的目的是取得经济效益,因而决策必须掌握经济性原则。在生产经营过程中,应考虑资金的时间价值、机会成本、资金收益率等经济因素和指标,进行各种核算,取得经济效益。

(三)系统性原则

进行经营决策是要综合考虑各种制约因素和有利条件,正确处理好当前利益和长远利益之间的关系。

(四)群众性原则

决策中要善于发动群众,要鼓励群众提出不同意见,做到群策群力,做出理想的决策。这里的群众包括专家、专业管理人员和企业员工。

(五)创新性原则

决策中要发扬开拓创新精神,敢于提出新的经营思想,探索寻求新的经营方法和防范措施,以便拟订、选择和实施有创新内容的可行性方案。

五、农业企业经营决策的程序

决策程序是指从问题提出到定案所经历的过程。一般而言,决策过程包括以下四个步骤:

(一)调查经营情况,发现经营问题。

经营决策是为了解决经营过程中发现的问题。所谓经营问题是指企业在经营上实际达到的状况和应当达到或期望达到的状况之间存在的差距。决策者要在全面调查研究、系统收集环境信息的基础上发现问题,并抓住问题的关键要害,这样,才能制定正确的决策目标。

(二)确定经营决策目标。

决策目标是指在一定的环境和条件下,根据预测所能得到的结果。决策目标是拟订、选

择、执行检查和优化方案的依据。正确确定决策目标的要求是：

1. 确定目标以存在的问题为前提；

2. 决策目标的含义和实现期限必须明确、具体；

3. 目标建立在既有约束需要，又有实现条件的基础上；

4. 目标尽可能定量化；

5. 当决策目标是多目标时，要区分主次。

（三）拟定经营决策的可行方案。

经营决策的可行方案是指能够解决某一经营问题，保证经营决策目标实现的具体实施条件的经营决策方案。在经营决策过程中，必须拟订多个可行的方案，以便择优选择，减少决策的失误。

（四）对可行方案进行评价和选择。

对经营方案进行评价和选择，是指对选出的多个可行方案，在进行全面、详细评价的基础上，从中选出一个认为满意的方案，作为决策行动方案。这一环节是决策的关键，在选择和评价方案时要解决好以下三个问题：

1. 能否在较高程度上实现预定的决策目标。一项决策行动的结果越接近于预定的决策目标，表明决策的合理性越高。当决策目标具有多个目标，或一个目标需通过多个指标来反映，而每个决策方案对不同目标的作用程度不同，就必须根据企业所处的环境条件和决策的价值前提，分清目标的主次，把主要目标作为考虑的重点。

2. 选择方案时还必须考虑方案实施所需付出的代价与可能带来的效果比值，即成本收益比。以尽可能小的代价换取尽可能大的效果，从而实现最好的决策效益，是方案选择中的经济性标准。

3. 合理的决策要妥善处理好正面效果与负面效果，以及效果与风险之间的关系。任何决策方案在带来实现预定目标所希望的正面效果的同时，往往也可能引起所不希望的各种负面效果。因此，在选择最优方案时，需要从正、负两方面做全面衡量和评价，避免产生决策的不良后果。

决策方案的选优方法通常有三种：一是经验判断法，即依靠社会实践经验来评选最优方案；二是数学分析法，即利用数学模型进行方案定量计算，模拟经济活动，从而进行方案择优；三是模拟试验法，即通过科学实验和实际试验进行方案择优。无论采用哪种选择方法，都要注意资料的客观性、时间地点性、数字准确性和一定的针对性。

（五）实施决策方案。

决策的制定并不意味着决策过程的结束，决策实施与反馈是决策程序中不可缺少的组成部分，决策的制定和实施结合起来，才构成科学决策的全过程。实施和反馈的有效做法是：建立各种形式的管理经营责任制，将决策目标分解落实到各个执行单位和个人，作为预期的任务完成。在实施过程中，要跟踪检查，及时发现问题，及时反馈，以便迅速纠正偏差，保证决策目标的实现。

六、农业企业经营方向决策

制定正确的经营决策关键在于选择正确的经营方向。选择正确的经营方向应做好行业分析、可行性研究等方面工作。

(一)行业分析

行业分析的目的就是要选择企业进入的行业,即在各行业中选择创办机会。行业分析的主要内容有:①该行业的地位和作用;②该行业的结构、规模和增长率;③该行业产品需求预测;④可得到的原料来源;⑤支持该行业发展的金融、财政、外贸和其他相关政策;⑥着手进行生产能力、生产总投资,投入品所需要资源的供应条件、成本、收益、盈亏估计及分析。

(二)可行性研究

在选择企业经营方向时,还必须对企业准备经营的所有项目和主要影响因素进行分析、测算、综合评价。

1. 技术可行性

从生产、技术角度研究经营方向的可行性,其主要内容包括:①综合技术的利用;②规模是否经济;③资源等制约因素。

2. 财务可行性

财务是伴随企业的生产经营过程随时发生的。财务可行性分析的要点:①投资规模及其保证程度;②总成本的估算,包括对所需原材料、燃料、动力、劳动力等成本方面的分析;③全部投资的回收分析;④赢利分析。

3. 社会可行性

社会可行性分析应考虑的主要因素:①国家的政治体制;②支持企业所在行业的政策法令;③该行业的投资结构、社会经济结构;④传统习俗、消费习惯等。尤其对支持该企业所在行业的政策,进行仔细研究,包括可能发生政策更替、税收制度、交给体制以及实施的强制性。

农业企业应通过对各方面情况的综合分析研究,确定企业正确的经营方向。

七、农业企业经营规模决策

农业企业经营规模是指一个企业提供产品或服务的能力。不同行业、产品因其技术、市场容量等条件不同,对企业经营规模的要求也不同。农业企业要想在保持经济效益的前提下,开拓更大的市场,不断地扩大企业生产规模,就必须按投入要素最佳组合的要求,按比例增加所有生产要素的投入量,确保在增加企业规模的同时,生产要素组合仍处于最佳状态。

企业经营所要解决的问题就是如何确定规模即生产多少的问题。企业的行为目标是追求利润最大化,即根据利润最大化的要求决定产量和投入水平。生产多少能使企业获取最大利润呢?这是生产经营所必须解决的问题。研究企业经营规模与经济效益的关系,可以避免

造成物质资源和人力资源的浪费。

(一)农业企业经营规模的内在经济与外在经济

企业经营规模的确定要考虑其内在经济性与外在经济性两个方面。

1. 内在经济

内在经济是指企业在生产规模扩大时从自身内部所引起的产量与收益的增加。产生内在经济的原因:

(1)由于固定资本具有不可分性,只有规模较大的企业才有财力购置大型的、先进的机器设备,并能在经营中得到充分利用。

(2)生产规模越大,越容易进行精细分工,实行专业化劳动。专业化分工可以在劳动者人数不变的情况下,增加产品数量,改进产品质量,提高劳动生产率。而在规模不大的条件下,采用过细的劳动分工,可能会造成无法承载负荷的后果,带来生产要素的损失。

(3)规模较大企业的用户会比较多,而较多熟悉用户的总体行为会更加趋于稳定,因此企业的存货不必与它的规模成比例增加。同时,大批量的采购和销售可以减少流通费用,从而降低成本。

(4)较大的企业便于实行科学管理,提高管理效率。各种规模的生产都需配备必要的管理人员,但生产规模扩大后,可以缩小和降低管理人员在全部员工中的比重,节约管理费用。同时,大企业的管理部门工作量大,有条件进行专业分工和分散决策,并能使用专门的管理设备,可以提高管理效率。

(5)企业规模越大,越容易对副产品进行综合利用。在小规模生产中,许多副产品往往被作为废物处理,但在大规模生产中,就可以对这些副产品进行再加工,做到“变废为宝”。

(6)实力雄厚的企业有能力聘请专家,从事生产技术和产品质量的改造。

总之,在一定的条件和限度内,企业规模越大(即全部生产要素都增加),生产量越大,各项开支越节省,而单位产品的成本就越低,也就是成本递减,收益递增。

2. 外在经济

外在经济指整个行业规模扩大和产量增加后,给个别企业带来的产量与收益的增加。产生外在经济的原因:

(1)整个行业规模扩大之后,有关该产业的知识量也会增加,这些知识表现在商业报刊或其他消息来源中,很容易被各生产单位采集,这样可以减少企业收集经济、技术市场信息的成本。

(2)行业形成一定的规模之后,可以联合设置维修服务等方面机构,节省相应费用。实际上,即使没有有形的联合服务,消费者也可以预期消费品会有便利维修等条件,从而增大对某种已经形成产业规模的产品消费。

(3)行业的繁荣会使该行业的产品或服务更容易进入国际市场,使产品市场空间得到进一步扩展。

(4)当产业产出增长集中在特定地区时,会创造出熟练劳工市场,先进的附属企业或产生专门的服务性行业以及带来基础设施改善等。这些经济效果的传播会改变接受效果企业的产出和投入之间的技术关系。

(二)农业企业经营规模的内在不经济和外在不经济

企业经营规模的确定受制于其内在不经济性与外在不经济性。

1. 内在不经济

当一个企业由于本身经营规模过大、从自身内部引起产出和收益减少时,就称为内在不经济。内在不经济情况有可能出现原因:

(1)当经营规模超过一定的资源约束限度时,资源供给有可能发生困难,投入成本有可能增加,产品销路也会受到市场限制。

(2)当经营规模过大时,会出现机构庞大、层次过多、不易协调等问题。这会使管理费用加大的速度超过产量上升的速度,也会因决策的复杂性增加,导致管理效率的下降。

(3)劳动分工总是有一定限度的,生产效率提高也是有限度的,超过了既定的技术条件,分工所带来的限制将会导致生产效率下降。

(4)由于收益递减规律发生作用,在经营规模的扩大过程中,总会出现某一生产要素的功能发挥到极限的情况,从而导致规模收益递减。

(5)有证据表明,在大企业中,个人的努力程度、工作实绩和劳动报酬之间的联系不像在小企业中那样直接而明显,这使得大企业往往比小企业缺乏效率,从而使企业随着规模增大而收益递减。

(6)产出增加可能会带来销售方面的困难,增加销售机构和人员的支出,将导致产品成本增加。

2. 外在不经济

如果一个行业规模扩大使一些企业收益减少,这就是外在不经济。其原因:

(1)行业生产规模扩大会引起竞争加剧,使销售变得困难,造成生产能力闲置,产品成本增大。

(2)行业规模达到一定限度,可能会使市场中某种必要的生产要素短缺,增大产品的生产成本。

(3)随着整个行业规模的扩大,产出增加,可能会引起交通运输紧张、地价上涨等不利后果,从而增加经营成本。

(三)企业规模收益与成本

规模收益递增原理可以作为农业企业经营规模分析中的一个重要模型。

1. 规模收益的变动

所谓规模收益是指企业采用一定生产规模而能获得经济上的利益。换句话说,规模收益是指由于生产规模变动而引起的收益变动。随着经营规模的扩大,规模收益会发生变动。这一变动大致要经过三个阶段。

(1)规模收益递增。当规模扩大后,收益增加的幅度大于规模扩大的幅度。如生产要素投入量增加20%,而获得的产出却增加了30%。在这种情况下,企业所获利润呈递增趋势,表明企业可以继续增加投入,扩大生产规模,降低生产成本。同时也表明企业生产处于经济状态。

(2)规模收益不变。当规模扩大后,收益增加的幅度等于规模扩大的幅度,如生产要素投入增加20%,产出也增加20%。在这种情况下,企业所用的资本投入所构成的生产规模呈最佳状态。

(3)规模收益递减。规模扩大后,产出增加的幅度小于规模扩大的幅度,甚至收益绝对减少。如生产要素投入增加20%,而产出增加不到10%,这时企业生产处于不经济阶段。

上述规模收益的三种情况,也可以用代数式表示:

设生产函数 $Q=f(X_1,X_2,\cdots,X_n)$,并假定生产出特定产量 Q^* 所需要素是 $X_1^*,X_2{}^*,\cdots,X_n{}^*$,即 $Q^*=f(X_l{}^*,X_2{}^*,\cdots,X_n{}^*)$

假设所有投入要素都增加到 K 倍,产量就增加到 HQ^*,那么 $HQ^*=f(KX_1^*,KX_2{}^*,\cdots,KX_n{}^*)$。这样,可能有三种情况:

(1)如果 $H>K$,即为规模收益递增;

(2)如果 $H=K$,即为规模收益不变;

(3)如果 $H<K$,即为规模收益递减。

假定技术条件不变,则规模收益递增、不变和递减三个阶段相应表现为平均成本递减、不变和递增三个阶段。如图2-1所示。

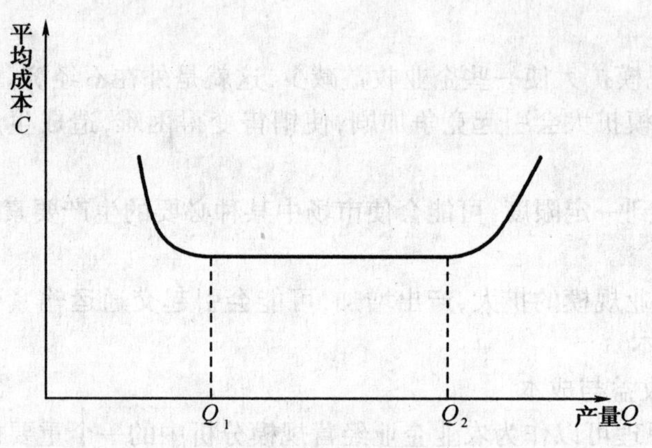

图2-1 规模收益的变动

只有在产出量介于 Q_1 与 Q_2 之间时，生产的投入才有利可图。

2. 规模收益与等产量曲线

可以借助等产量曲线分析收益与规模之间的关系，如图 2－2 所示。假设在生产过程中，每投入 5 个单位时间的劳动必须投入 1 个单位时间的机器使用。图中 OC 射线描述了固定投入比例中进行生产的各种劳动和资产的组合。

在较低的产出水平上，企业的生产函数显示了递增的规模收益，如图中从 O 到 A。在投入组合为 5 小时劳动与 1 小时机器使用时，产出为 10 个单位（图中最低的等产量线所示）。当所有的投入品都增加一倍时，产出由 10 个单位增至 30 个单位；当投入再增加一半（劳动时间由 10 小时增至 15 小时，机器使用时间由 2 小时变为 3 小时），产出增加了一倍，由 30 个单位增至 50 个单位。

在产量适中的情况下，生产函数显示了不变的规模收益，如图 2－2 中，A 至 B 在投入组合为投入增加 1/3，即劳动由 15 小时增至 20 小时，机器使用时间由 3 小时增至 4 小时，产出也增加了 1/3，即由 50 单位变为 80 单位。

在较高的产出水平上，生产函数又显示了递减的规模收益，如图 2－2 中 B 至 C，当投入增加 1/4，即劳动由 20 小时增至 25 小时，机器使用时间由 4 小时增至 5 小时，产出增加 1/4。

从图 2－2 中可以看出，在规模报酬递增时，随着投入的等比例增加，等产量线之间的距离变得越来越近；当规模报酬不变时，等产量线之间是等距的；当规模报酬呈递减趋势变化时，需要越来越多的投入品，等产量线之间会离得越来越远。

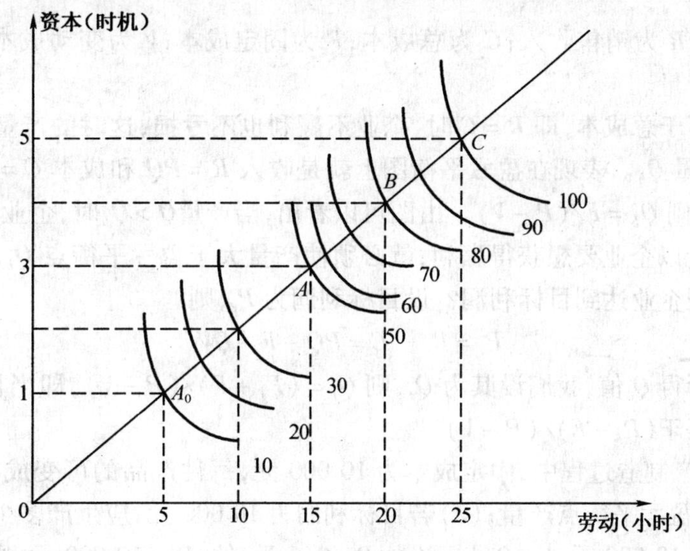

图 2－2 规模报酬图示

3. 规模经济与企业的短期成本和长期成本

规模经济是指在既定技术条件下，随着产出增加，企业单一产品或一定量某种服务的平均成本，在某一区间内呈递减现象。它通常是用成本——产出弹性（Ec）来计量的。Ec 表示单价产出变动百分率所引起的平均生产成本变动（其中 C 是总成本，Q 是产出量）：

$$Ec=(\Delta C/C)/(\Delta Q/Q)$$

成本——产出弹性小于 1 时，说明小于 1 倍的成本增加能够带来 1 倍产出增加，因而存在规模经济；成本——产出弹性大于 1 时，必须有大于 1 倍的成本增加才能带来 1 倍产出增加，因而存在规模不经济；成本——产出弹性等于 1 时对应了有效规模产出点。

变换上式可以看出成本——产出弹性是边际成本与平均成本比率：

$$Ec=(\Delta C/C)/(\Delta Q/Q)=(\Delta C/\Delta Q)/(C/Q)=MC/AC$$

即：边际成本小于平均成本，也就是边际成本与平均成本比率小于 1 时，存在规模经济；边际成本大于平均成本，也就是边际成本与平均成本比率大于 1 时，存在规模不经济；边际成本等于平均成本，也就是边际成本与平均成本比率等于 1 时对应的产出量为有效规模产出量。

（四）盈亏平衡分析

对生产经营进行盈亏分析，就是根据产品的销售量、成本和利润三者之间的关系，分析各种方案对企业盈亏的影响，从中选择出最佳的经营规模方案。

盈亏分析是指产品生产总成本和销售收入随着产量呈线性变化时的分析。企业从事生产经营活动投入的人力、物力等的货币表现就是成本，将生产出的产品销售出去的所得就是销售收入。

设：Q 为产量；R 为销售收入；C 为总成本；F 为固定成本；V 为变动成本；P 为产品单价；Q_b为盈亏平衡点产量。

当销售收入等于总成本，即 $R=C$ 时，企业不赢利也不亏损，这时的产量称为盈亏平衡产量，也叫做临界产量 Q_b。表现在盈亏平衡图上就是收入 $R=PQ$ 和成本 $C=F+VQ$ 两直线的交点，见图 2－3。则 $Q_b=F/(P-V)$。由图可以看出，当产量$Q>Q_b$时，企业可以赢利，当 $Q<Q_b$时企业亏损。所以企业要想获得赢利，就必须使产量大于盈亏平衡点 Q_b。但是，产量究竟应当多大才能保证企业达到目标利润？设目标利润为 P_f，则

$$P_f=R-C=PQ-F-QV$$

解这个方程所得 Q 值，我们设其为 Q_f，则 $Q_f=(P_f+F)/(P-V)$，即当目标利润为 P_f时，生产量应大于或等于$(P_f+F)/(P-V)$。

例如，在某生产制造过程中，固定成本为 10 000 元，每件产品的可变成本为 0.4 元，售价为 0.6 元。求(1)盈亏平衡点产量；(2)若目标利润为 10 000 元，应生产多少？

解　已知：$F=10\,000$ 元，$V=0.4$ 元/件，$P=0.6$ 元/件，$P_f=10\,000$ 元，则

$$Q_b=F/(P-V)=10\,000/(0.6-0.4)=50\,000(\text{件})$$

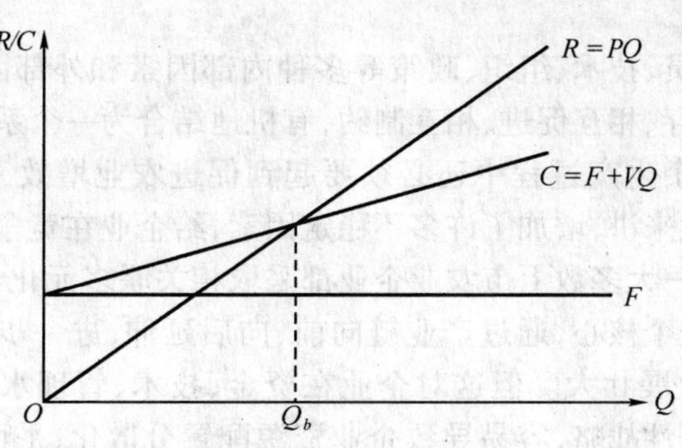

图 2-3 盈亏平衡图

$$Q_f = (P_f + F)/(P - V) = (10\ 000 + 10\ 000)/(0.6 - 0.4) = 100\ 000(\text{件})$$

要确定各种产品的最优产量，使企业获得最大利润，可利用线性规划的方法，在建立数学模型的基础上，通过一定的求解方法，可求得各种产品的最优产量。

企业作为一个独立的经济实体，其行为方式总是要受到自身经济利益和社会经济条件的约束。也就是说，企业生产的目的是要获得好的经济效益，同时也不可避免地要受到社会需求和生产资源的限制。在一定社会经济条件下，企业生产的产品多少是不可能超越资源的可供应数量和社会需求量的。因此，还可采用回归分析法确定经营规模方案。这里不再论述。

第二节 农业企业经营战略

农业企业经营战略是指农业企业为适应未来环境变化，对生产经营和持续与稳定发展中的重大问题进行全局性、长远性、纲领性的谋划和决策。通过制订经营战略，使农业企业对当前和长远发展的经营环境、经营发展方向、企业经营实力有一个正确认识，使企业领导者从长远的、全面的角度研究分析企业发展问题，不失时机地把握机会，避开风险，发展自己，使企业能够在竞争中求得生存和发展。

一、农业企业自身特点

(一)规模制约性

与其他产业相比，农业企业发展起步比较晚，经营规模比较小，经济实力比较弱。尽管在农业企业中出现伊利股份、双汇发展、草原兴发等大型上市公司，但其规模与其他非农业产品公司相比，无论从规模还是经济实力等方面都存在较大差距。农业企业还是我国企业群体中的“小字辈”，直接影响到我国农业企业竞争力塑造。

（二）系统复杂性

企业竞争力是在人员、技术、组织、政策等多种内部因素和外部因素共同作用下形成，各个影响因素之间相互依存、相互促进、相互制约，有机地结合为一个系统。

然而农业企业在整个生产过程中还必须要起到促进农业增效、农民增收的经济带动作用。因此，相对其他企业来讲，增加了许多不稳定因素，给企业在竞争力的宏观把握上带来一定难度。经营多元性——大多数上市农业企业都采取相关联多元化经营的发展战略，以主导产品为核心，紧紧围绕这个核心，通过产业链向前、向后延伸，进一步加强相关辅助性产业建设，从而实现企业不断发展壮大。但这对企业在资金、技术、管理水平等方面条件要求比较高，如果盲目地采取扩张性战略，容易导致企业资源配置分散化、平面化，不利于企业核心竞争力的构建。

（三）动态开放性

农业企业竞争力并不是静止的、封闭的系统，而是一个动态的、开放的系统。在持续的市场竞争过程中，企业的竞争优势是不断发展变化的，企业内在的各个因素无时无刻不在与外部环境之间进行着物质、信息、知识的交换。因此，农业企业在摒弃封闭式的惯性思维，重视内部因素和外部因素之间生生不息的联系，采取正确的策略，变竞争劣势为竞争优势。

（四）行业束缚性

农业产业地域性强，生产周期性、季节性强，对周围自然环境依赖性较强，再加上农业行业为低利长期回报产业，自身资本积累速度较为缓慢等特点，无疑都会在农业企业生产经营过程中有所体现，成为企业发展的制约性因素。

二、农业企业发展需要破解的问题

（一）农产品营销观念、方式和手段需要改变

我国绝大多数农业企业是由国营商业机构和乡镇企业演变而来的，都具有浓厚的计划经济色彩，企业的营销观念大多以生产为中心，缺乏市场导向。在营销手段和方式上，要改变过去传统单一的营销方式，要积极创新，采用连锁经营、委托销售、商业代理、特许经营、网络营销、期货交易等多种手段，促进企业营销的发展。

（二）农业企业组织形式需要转变

当前，农业企业仍然处于规模小、资金不足、实力弱、企业组织联结不紧密、中介组织发展滞后的状况，很难与国外大型农业企业进行竞争。这就要求农业企业提高组织化程度，积极加强产供销垂直一体化和企业联盟水平一体化，使企业的外部性约束因素转化为企业内部经济性利益，壮大竞争实力。

（三）市场竞争方式和内容需要改变

长期以来，我国农产品经营是政府商业机构垄断。为了适应市场化经营特点，农业企业市场竞争方式和内容将发生质的变化，由过去国营商业机构为主体的垄断经营，改变为企业

独立自主的市场竞争;由过去简单的产品市场份额的竞争转化为产品质量和服务的竞争;由对土地资源和政策支持的竞争转化为技术和人才的竞争。无论如何变化,当务之急是企业应积极加强国内企业的竞争合作,提高自身的规模效益,通过优势互补、资源共享,避免市场风险和过度竞争,从而面对国际市场的激烈竞争。

(四)农业企业经营战略需要剖析

近几年来,我国农业结构调整,农业企业面临的相对稳定的市场环境发生了变化。鉴于我国农业企业自身特点,应加快战略创新,以迎接新挑战。适时选择和运作合作联盟战略和品牌战略等,为企业创造良好营销外部环境。注重市场定位,加强产品包装,采取多种营销手段,营造农产品营销优势。

农业企业为了规避产业风险、市场风险和社会风险,必须以产业链为中心,时刻关注市场实际需求状况,快速识别市场需求,及时满足市场需求,甚至创造市场需求。农业企业产业链一般较长,从养殖(农田)到餐桌,涉及育种(动物与植物)、养殖(种植)服务、饲料加工(化肥农药)、屠宰(收割)、流通、食品等各种产业环节,市场创新平台就是将以上产业以企业核心竞争力为中心形成产业链互动。以四川铁骑力士饲料科技集团的蛋鸡产业链互动为例,就是两个"1 +1 +1",即"公司 + 园区 + 农户"和"品牌 + 标准 + 规模"。"公司 + 园区 + 农户"就是由公司统一规划修建养殖园区,农户到园区承包一定数量的鸡苗,按照统一的饲养管理程序进行养殖,公司通过"三种结构"和"七个统一"实现产业链互动。"三种结构"指家庭承包、家庭投资、公司自控。农户用投资部门资金购买鸡苗和饲料等物资,并根据自身的资金、技术、人力方面的实力,承担起饲养任务。根据承包量赚取相应的稳定利润,而公司则承担起生产经营的全过程监控、经销产品、开拓市场、创建品牌、扩大规模等多项责任,并对完整产业链进行持续性地全过程维护。这种经营结构方式,明确了主体之间的关联性和一体化。"七个统一"具体指统一环境规划监测、统一优良鸡苗供应、统一组织生物防疫、统一提供绿色饲料、统一饲养管理程序、统一产品生产标准、统一品牌销售。"品牌 + 标准 + 规模"又叫"耐克 + 麦当劳 + 沃尔玛"模式,即公司打造著名食品品牌,并且像麦当劳一样严格按照生产标准进行生产,然后经过超市或团购等市场全封闭地流通到消费者手中,这就建立起了多主体参与、利益共享、风险共担的产业链互动式的市场创新平台。

三、农业企业经营环境分析

(一)企业经营环境分析的内容

企业经营环境,是指对企业经营与发展产生直接或间接影响的各种外部条件的总称。任何企业的生产经营活动,都是在一定的环境条件下进行,而且,各种环境因素总是不断变化。环境因素的变化,有时会给企业带来发展的机遇,有时也会给企业生存和发展造成威胁。因此,企业必须经常分析、监视和预测其经营环境的变化,并以此制订企业经营战略。由于农业生产以及农产品的特殊性,农业企业所面临的经营环境更具有不可控性,并且自然环境因素影响力很大。

企业经营环境是一个多因素、多层次且不断变化的系统。从宏观角度分析,企业外部环境包括:经济环境、自然环境、政治法律环境、社会文化环境、科学技术环境和国际环境等。

1. 经济环境:主要包括经济制度、经济发展水平、市场供求和市场竞争状况等方面。

2. 自然环境:自然环境的变化,会给企业造成一定的环境威胁或提供市场机会。

3. 科学技术环境:在知识经济时代,技术环境是企业经营决策重点关注的方面。

4. 政治法律环境:包括一个国家或地区的社会制度、政治体制、对外关系,以及相应的方针、政策、法律、法规等。政治法律因素规范着企业的经营活动和经营行为,直接或间接地影响企业经营战略制定。

5. 社会文化环境:是指一定社会条件下形成的价值观念、伦理道德、宗教信仰、风俗习惯、教育水平、行为方式、社会群体及其相互关系等。

6. 国际环境:21 世纪经济全球化的进程更加快速,突出表现在生产的全球化。农业企业将面临着更加激烈的国外市场竞争。

(二)农业企业经营环境的分析方法

1. PEST 分析法

英国学者格里·约翰逊(Gerry Johnson)和凯万·斯科尔斯(Kevan Scholes)在其著作《公司战略教程》中,将企业经营环境概括为政治法律(Political)、经济(Economic)、社会(Social)和技术(Technological)等四个方面,故称之为 PEST 分析法。应用这种方法,主要是对企业的过去、现在和将来的经营环境进行时间序列分析。

2. SWOT 分析法

SWOT 是优势(Strength)、劣势(Weakness)、机会(Opportunities)和威胁(Threats)的缩写。SWOT 分析法,主要是分析经营环境中的关键性影响因素,确认企业当前的优势和劣势,认识外部环境变化所能提供的机会和可能面临的威胁。

3. 波特模型分析法

1979 年,哈佛大学迈克尔·波特教授提出,影响企业经营战略形成的因素有政治、经济、法律、科技、文化等方面。影响企业赢利能力或竞争能力的关键因素有五种:现有竞争者的威胁、潜在进入者的威胁、替代产品或服务的威胁、顾客的砍价能力和供应商的砍价能力等。该模型通过对五种竞争力的分析,找出关键性影响因素,具体勾勒出企业与外部环境的关系,并由此指导企业经营战略的制定。

四、农业企业经营战略类型

(一)农业企业经营战略的特点

1. 方向性

战略管理的中心是方向指导,即首先要把握住企业发展的大方向,对于农业企业而言,确定企业的经营范围或者活动领域属于战略决策。企业的经营或活动范围是战略决策的根本问题,因为这涉及高层领导人对于企业的活动边界的看法,也牵涉到他们希望把企业办成什么类型或什么业务范围的问题。

2. 整体性

战略决策的整体性要求把企业管理作为一个完整的系统考虑,企业所有部门所有员工都以一系列共同的基本认识为主线,相互联系,相互制约。战略出发点是强调企业整体效益。

3. 风险性

战略决策要解决企业与其所处的环境适应性问题。前边曾经指出:外界环境是企业自身不能控制的力量,但却是决定企业盛衰的关键因素。战略是针对企业未来复杂环境所作出的反应,对未来的预测充满着不确定性因素。战略管理的本质在于如何动员可用资源承担一项其结果还不能肯定的未来事业。战略制定是创新活动,任何企业战略都伴随高风险。

4. 可行性

企业战略是建立在现有的主观因素和客观条件基础上的,战略不是孤立地探讨抵消环境带来的威胁和利用环境赐予的机会,战略必须研究企业采取任何战略行动的资源能力问题。通常在一个企业面前存在许多有利机会,但企业必须根据自己的投资能力排出优先顺序,然后逐步实行。企业的任何战略只有在了解企业能力与主要竞争对手的实力后,才能正确地作出。

5. 复杂性

战略决策在本质上是复杂的。战略决策和其他一般管理决策的一个重要区别就在于复杂性。复杂性的来源至少有 3 个方面:①战略决策的不确定性,决策者们要基于自己对未来的设想作出决策,而任何人对未来的判断都不可能是肯定的;②战略决策需要对企业用一个整体的观点来经营管理,而任何一个部门的专家、经理和决策人员都不能独立完成。基于一个部门的观察也不能解决战略问题,而具有不同背景、利益、责任和观点的管理人员必须达成一致,当然对一般管理问题这种跨部门的协调问题同样存在,而对于战略问题特别突出;③战略决策还往往包含组织结构的变化,这无疑是最为困难的一项工作。

(二)农业企业经营战略类型

农业企业经营战略,是指对企业未来发展方向作出具有长期性和全局性的谋略、规划和决策。它是企业高层管理者指导和控制其生产经营行为的最高行动纲领。按企业战略态势可以分为发展型战略、稳定型战略和紧缩型战略。

1. 发展型战略

发展型战略是一种使企业在现有的战略基础水平上向更高一级目标发展的战略。该战略以发展为导向,引导企业不断地开发新产品,开拓新市场,采用新的生产方式和管理方式,以扩大企业的产销规模,提高企业的竞争地位,增强其竞争实力。

发展型战略一般包括:产品 - 市场战略、一体化战略、多样化战略、集团化战略。

(1)产品－市场战略

产品－市场战略具体分为市场渗透战略、市场开发战略和产品开发战略三类。

①市场渗透战略,是指企业在现有产品和现有市场的基础上,通过改善产品和服务等经营手段、方法,逐步扩大销售,占领更大市场。这种战略的核心是提高原有产品的市场占有率。市场渗透战略适用于那些处于成长期或刚刚进入成熟阶段的产品,产品一旦进入成熟期以后,这种战略就不适用了。

②市场开发战略,是发展现有产品的新顾客或新的地域市场,从而扩大产品销售量的战略。市场开发战略的核心是为现有产品寻找新用户、新市场。

③产品开发战略,是以不断改进原有产品或开发新产品的方法进入企业原有市场的战略,是企业创新的一个基本战略。由于人们的需求不断变化和提高,企业只有不断改进产品,以新的外观包装、质量和性能来满足人们的需要,巩固原有市场,并进一步扩大市场占有率。这一战略一般适用于成熟期和衰退期的产品。

(2)一体化战略

一体化战略是从企业经营业务的角度,将若干部分有机地结合成一个整体的战略。一体化战略的基本形式有三种:纵向一体化战略、横向一体化战略和混合一体化战略。

①纵向一体化战略,是指在同一个行业内扩大企业的经营范围,包括把企业的业务范围后向扩大到供给资源和前向扩大到最终产品的直接使用者。实行纵向一体化战略的主要目标是提高企业的市场地位,提高竞争优势,增强企业实力。

②横向一体化战略,是指企业通过购买与自己有竞争关系的企业或者与之联合及兼并来扩大营业,获得更大利润的发展战略。该种战略的目标是扩大企业的实力范围,提高其竞争能力,一般是企业在竞争比较激烈的情况下进行的一种战略选择。这种选择既可能发生在产业成熟化的过程中,成为增加竞争力的重要手段,也可能发生在产业成熟之后,成为避免过度竞争和提高效率的手段。

③混合一体化战略,是上述两种一体化战略同时加以运用的一体化战略。这种战略主要适用于一些特大型农业企业,只是它在造就大企业方面虽有明显作用,但实施起来难度较大,风险较大。因此,必须谨慎。

(3)多样化战略

多样化战略,是指企业通过将开发新产品和占领新市场相结合而扩大经营范围的战略,通常适用于规模庞大、资金雄厚、市场开拓能力强而适应能力差的大型农业企业。其作用主要在于分散风险和有效利用经营资源。多样化战略是企业产品－市场化战略中最复杂、最难掌握、误区最多、最容易失误的,然而一旦成功收效也是最大的一种战略。所谓"成也多元化,败也多元化",深刻地揭示了它是一把"双刃剑"。多样化战略分为同心多样化和复合多样化。

①同心多样化战略,是指企业以现有设备和技术能力为基础,增加或生产与现有产品或服务相类似的新产品或服务。虽然经营种类众多,但各种经营在某些方面是相互配合的,是

以某些共同的要素为基础，如相关的技术、共同的分销渠道、共同的供应商和原材料来源、类似的经营方法、相仿的管理技巧、互补的市场营销渠道等。这是对企业很有吸引力的一种扩大经营领域的战略。因为，它不仅能保持经营业务在生产技术上的同一性，充分利用生产技术、原材料、生产设备的类似性，节约成本，增加利润，分散风险，而且能把企业原有的经验运用到新的领域，通过资源共享和经营匹配，迅速建立起比单一经营企业更强的竞争优势，获得更高的利润。

②复合多样化战略，是指企业增加与现有产品或服务、技术、市场等都没有直接或间接联系的不同的新产品或服务的一种战略。实行复合多样化战略可以通过向不同行业渗透或向不同的市场提供产品或服务，可以分散企业的经营风险。企业可以在各种经营业务之间进行平衡，并逐步向具有更优经济特征、更大市场的行业转移，改善企业的整体赢利能力和灵活性，从而提高企业的应变能力。但是，由于经营领域介入不同的行业，会导致企业资源的分散，难于形成重心，也不可能在各类市场上都取得领先地位，同时带来企业组织规模的膨胀，加大管理难度，投资也较大。因此，复合多样化战略一般适合于规模大、资金雄厚或资金筹措能力较强、市场开拓能力强的大型企业。

(4)企业集团化战略

企业集团是由有关企业在平等互利基础上结合而成的多功能经济实体。集团化经营是当前和今后相当长时期内我国政府鼓励的企业发展形式。我国现有的企业集团通常以一个或几个实力雄厚的大型骨干企业为核心，以名优产品为龙头，联合生产、技术、金融、原材料供给、产品营销、经营管理等方面的企业而组成，其联合紧密程度互有差异，形式多种多样。集团化经营有利于企业通过相互协调、相互渗透和相互扶助，扬长避短，挖掘资源潜力，获得规模效益，实现经营目标，增强企业后劲，提高企业综合经济效益。目前，我国在农业领域的企业集团数量还比较少，农业的整体竞争力较弱。

2. 稳定型战略

稳定型战略，是指受内外环境的约束，企业在战略期所期望达到的经营状况基本保持在战略起点范围和水平上的战略。其中，经营状况基本保持在战略起点范围和水平上，是指企业在战略期基本维持原有经营领域或略有调整，保持现有市场地位和水平，或仅有少量增减变化。

采用稳定型战略的企业经营风险相对较小。由于企业基本维持原有的产品和市场领域，从而可以用原有的生产领域、渠道，避开开发新产品核心市场的巨大资金投入、激烈的竞争抗衡和开发失败的巨大风险。由于经营领域主要与过去大致相同，因而稳定战略不必考虑原有资源的增量或存量的调整，相对于其他战略态势而言，显然要容易得多。稳定型战略能给企业一个较好的修整期，使企业集聚更多的能量，为今后的发展做好准备，适时的稳定型战略将是发展型战略的一个必要的酝酿期。

稳定型战略的实施是以市场需求、竞争格局等内外条件基本稳定为前提。一旦企业的这

一判断没有得到验证，就会打破战略目标、外部环境、企业实力之间的平衡，使企业陷入困境。稳定型战略也会使企业的风险意识减弱，甚至形成害怕风险、回避风险的文化，这就会大大降低企业对风险的敏感性、适应性和冒风险的勇气，从而增加风险的危害性和严重性。

采用稳定型战略的农业企业，由于所面临的外部环境和企业资源条件及竞争地位的不同，在战略目标、战略重点、战略对策等方面也存在不同的选择，从而使稳定型战略有不同种类。

(1)无增战略

无增战略是指企业经过各种条件分析后，只希望能保持现有战略基础水平上的一种战略。对于希望经营活动按照原有方针在原有经营领域内进行，而且对其在同行业所处的市场地位、产销规模、效益水平等也都希望维持现已达到的状况，保持不变。

(2)微增战略

微增战略是指企业在保持稳定的基础上略有增长与发展的战略，其中包括小幅度地提高市场占有率，改善市场地位，或者随着市场的稳步增长而扩大产销规模，保持适当的市场占有率，也包括谨慎地推出新产品和扩大市场面。

(3)暂停战略

暂停战略是指在一段较长时间的快速发展后，企业可能会遇到一些问题使得效率下降，这时就可以采用暂停战略，即在一定时期内降低企业的目标和发展速度，使企业的发展速度、企业资源、管理力量保持一致。暂停战略是企业进行临时性休整，可以充分达到让企业积聚能量，为今后的发展做准备的战略。

(4)谨慎战略

谨慎战略是指企业根据外部环境中某一重要因素的变化或由于难以预测环境，而有意识地降低实施进度，步步为营，谨慎实施的一种战略。

3. 紧缩型战略

紧缩型战略是指企业从目前的战略领域和基础水平收缩和撤退，且偏离战略起点较大的一种经营战略。与稳定型战略和发展型战略相比，紧缩型战略是一种消极的发展战略。一般说来，企业实行紧缩型战略只是短期性的，有时候企业陷入困境，只有采取收缩和撤退的措施，才能抵御对手的进攻，避开环境的威胁和迅速地实行自身资源的最优配置。其基本目的是使自己摆脱困境，渡过危机，保存实力，或者消除效益差的项目，集中资源，转而采取其他战略。因此，紧缩型战略是一种以退为进的战略。

紧缩型战略与发展型和稳定型战略不同，它是对企业现有产品或市场领域实行收缩、调整和撤退的措施。如削减某些产品的市场面，放弃某些产品的系列，甚至完全退出目前的经营领域；逐步缩小企业的产销规模，降低市场占有率，同时相应地降低某些经济效益指标水平；在资源的运用上，采取严格控制和尽量削减各项费用支出，只投入最低限度的经营资源的方针和措施。紧缩型战略具有过渡的形式，一般来说，企业只在短期内奉行这一战略。

紧缩型战略的类型有：

(1)抽资转向战略

抽资转向战略是指企业在现有经营领域不能维持原有的产销规模和市场的情况下，采取缩小规模和减少市场占有率，或者企业存在新的更好的发展机遇的情况下，对原有的业务领域进行压缩投资，控制成本，削减人员，目的是逐步收回资金和抽出资源，以发展新的经营领域，在新的事业中找到出路，从而推动企业更快地发展。

(2)调整战略

调整战略是指企业试图扭转财务状况欠佳的局面，提高运营效率，而对企业组织结构、管理体制、产品和市场、人员和资源等进行调整，使企业能渡过危机，以便将来有机会再图发展的一种战略。

(3)放弃战略

放弃战略是指转让、出卖或停止经营企业的一个或几个战略经营单位、一条生产线、或者一个事业部，将资源集中于其他有发展前途的经营领域，或保存农业企业实力，寻求更大的发展机遇。

(4)清算战略

清算战略是指企业受到全面威胁，濒于破产时，通过拍卖企业的资产或停止整个企业的运行而终止全部经营活动的一种战略。在特定的情况下，及早地进行清算较之追求无法成功的事业对企业来说也是一种明智的战略。

五、农业企业经营战略制定与实施

(一)农业企业经营战略的制定

一个农业企业经营战略的制定过程一般包括识别和鉴定现行的战略方案，分析企业的外部环境，评价企业内部实力，拟定战略方案，评价和比较战略方案，选择战略方案等步骤。

1. 识别和鉴定现行的战略方案

任何农业企业的经营战略都要随着企业的发展和外部环境的变化而不断地调整和修改，尤其是如果企业面对的市场变化程度较大，则相应的企业战略需要具有较大的灵活性。因此，识别和鉴定现行的战略方案，判断其是否有改变的必要，是制订新战略的前提。

2. 分析企业的外部环境

社会化的企业从社会上获得资源，又为社会而生产或提供服务，其生存完全依赖社会是否接受。外部环境是影响企业经营战略发生改变的主要因素，这些因素是如此复杂，以至没有任何办法可以列举全部可能的影响因素，并全部把握影响的形式和程度。环境分析的核心问题，就是要抓住影响企业生存及发展的竞争力量来源，从而把握环境因素发挥作用的方式，确定出关键机会和威胁。

3. 评价企业内部实力

通过对企业资源拥有状况、核心竞争能力以及企业价值链的分析和评价,明确企业在该行业所处的地位,实事求是地评价企业的实力状况。

4. 拟订各种战略方案

拟订方案是战略决策的基础。拟订战略方案要求具备两个条件:第一,整体的详尽性,所有的拟订方案应当尽可能包括到达战略经营目标的所有方案;第二,相互排斥性,不同的方案必须相互排斥,以利于比较。

5. 评价和比较战略方案

如何判断和评价一个战略方案的优劣,是理智选定一个战略的关键。战略评价要回答:战略的合理性如何?战略是否利用了企业面临的机会,是否发挥了企业的优势,是否有利地抵消了恶劣环境因素威胁和避免了企业的弱点?战略是否与产业环境和企业资源能力相适应?战略的可行性如何等。评价的另一项内容是战略的可接受性,即战略是否能为与决策有关的主要成员所接受,是否体现了大多数人的利益等。

6. 选择战略方案

一个战略的优点与缺点往往不是一清二楚的,优缺点会相伴而生,巨大的收益伴随着巨大的风险。因此,战略方案选择与作业层决策选择的最大差异就在于前者的选择往往不是一次的,而是谨慎、综合地考虑方案实施过程中的多种复杂因素之后,进行多方面的权衡,逐步加以确定。

(二)农业企业经营战略实施

农业企业经营战略实施是企业通过一系列行政和经济手段,组织企业职工为实现企业的战略目标所采取的一切行动。在把制定的战略转化为实际行动的过程中,企业必须开展多方面的工作。

1. 建立适应战略实施要求的企业组织

企业战略实施成功,主要取决于企业的组织是否适应战略实施的要求。组织结构必须服从战略,因此要根据新制定战略来调整企业原有的组织机构,并配备适当人员,明确其相应的责任和权力,建立各种规章制度。

2. 合理配置资源,制订预算和规划

企业必须搞好预算和规划,把所有的资源配置到下属单位,使其实现战略目标。各下属单位要根据自己承担的战略任务,规划各项业务活动,制订工作进度表等。制订详细的战略实施规划,包括详细的战略项目和行动技术、资金资源的筹措和市场开拓计划,确认预算实施计划所规定的业务活动费用。

3. 调动群体力量,实现战略计划

通过激励机制,如增加工资、奖金、津贴、分享股份、晋升、表扬等,必要时也可实施惩罚措施,鼓励企业员工投身于实现战略目标的工作中去,建立支持战略实施的企业文化。

4. 建立行政支持系统,实行有效的战略控制

在战略实施过程中,行政系统的主要任务是制定战略实施的政策和方法,及时获取有关重要战略信息,保证组织按照战略规划要求行动。同时,对战略实施的状况进行全面的评价,及时发现偏差并纠正偏差。

六、农业企业战略选择建议

(一)树立现代营销观念,农业企业应审时度势,及时树立与国际市场相吻合的现代营销观念

1. 发展绿色农业和特色农产品

着眼绿色、安全农副产品,以有机农业为发展方向,打造绿色农业特色品牌。有机农业是世界农业发展的方向,当今市场竞争在很大程度上是品牌竞争。因此,大力发展名、特、优农副产品,树立品牌意识,建立特色品牌,将在竞争中取得持续优势。

2. 大力发展高附加值的农副产品

进行深加工精加工,能使农副产品增值,增强市场竞争力,提高市场占有率。

(二)实施联盟合作战略,培育和发展农业企业实力

增强农业企业实力要做好三方面的工作。

1. 实行行业内和行业间企业联盟,加强产业内的产、加、商一体化和产业对外水平一体化合作,形成强有力的多种企业组织形式。

2. 加强技术合作,以获得先进技术和管理经验。采用"技术外取"的方法,与国内和国际上拥有先进技术和管理经验的企业合作,在协作中掌握先进技术和技能,以弥补我国农业企业技术落后的不足。

3. 营销策略的联盟。实施产品联盟,共同开发新产品,借助合作资源推出新产品;分销渠道联盟,充分利用国外分销网络,使本企业产品迅速进入目标市场。品牌共建策略,我国农产品知名品牌少,市场认知度不高,合理利用国外品牌"借壳上市",获取理想市场份额,为自己创建名牌,打牢基础;促销联盟,加强与品牌产品促销合作,充分利用国外促销阵地宣传自己的产品和品牌,以提高产品的认知度。

(三)建立高效、快捷的农产品市场营销渠道

农产品营销渠道问题是我国农业企业发展亟待解决的问题。在计划经济体制下确立的农产品分配销售渠道已不能适应新的环境要求,并逐步解体,使农业企业的市场营销渠道处于无序状态。另外,农业企业普遍缺乏市场营销经验。建立营销渠道的盲目性和依赖性一方面增加企业成本,另一方面不能有效把握市场情况,我国农业企业无法保护现有市场并开拓新的市场。运用联盟合作的方式,建立农业企业畅通、高效的市场营销渠道,通过产供销的垂直一体化,扩大企业内部市场,降低成本并提高竞争力。同时,注重和加强与批发商、流通企业、合作社、连锁店等的横向合作,迅速建立市场销售网络,创造农产品跨领域的大流通格局,

促进农产品流通，刺激农产品生产，规避或减小市场风险，以进一步提高企业的综合实力。

（四）加强农业企业信息系统的完善

信息收集和分析是农业企业进行市场营销活动的首要工作。准确、全面的信息为企业制定战略和营销组合策略提供了基础，国外农业企业的主要特征之一就是及时、全面的信息服务。

企业对内部的认识、企业自身的结构和企业的知识资源，在企业战略实施的过程中起着很重要的作用，并在企业的战略形成和实施中扮演着不同角色，直接影响到企业战略实施效果。建立企业环境和资源的阶梯模型，完整阐述企业对内部的认识、自身的结构和知识资源之间的关系，在模型的基础上对农业企业做出共性的分析，提出实质性建议。

在市场经济条件下，企业竞争力是企业赖以生存和发展的重要标准，它体现了企业在市场竞争中的比较关系。因此，企业竞争力首先表现在市场上市场占有能力和获得长期利润的能力。而企业直接所表现出来的竞争力的背后，是由企业内部所拥有的资源和成长过程中形成的能力来支撑的。其中，企业资源是企业创造竞争优势的基础和前提条件，企业能力来源并附在资源之上。能力的形成过程是将资源组合的营运过程，能力既有对资源的依赖性，又有自己的独立性和对资源的反作用性。要获得一定的能力必然要有相应的资源作保障，同时还必须提高资源向能力转化的效率，企业能力运用的过程也是资源进一步集聚、优化的过程。总之，企业的资源和能力相互作用、相互促进，并不断提升企业的竞争力，与此同时，企业竞争力还受到包括产业环境、经济环境和政治环境等在内的因素的影响。

（五）增强农业企业的管理水平

1. 建立农业企业农副产品的标准化体系。在欧美和日本等农业高度现代化的国家，都是以高度的标准化为基础，比如日本的农产品生产从播种到收获、加工整理、包装上市，都有一套严格的标准。参照国际组织的标准和有关发达国家的标准，结合我国的实际，逐步制定农产品的安全质量标准以及合格评定秩序和检测方法。

2. 增强农业企业的核心竞争力。通过先进的技术、产品和管理等手段，实现“平面式”向“立体式”发展方式的转变。利用各种农作物在生长过程的时间差和空间差，进行各种综合技术的组装配套，充分利用土地、光照和作物、动物资源，形成多功能、多层次、多途径的高产、高效、优质生产模式。充分采用现代信息技术，利用国内国际信息网络，及时了解国内外对农副产品种类、品质的需求、市场动向和科研成果，以便及时调整农副产品生产结构和研究方向。

3. 加强物流及供应链管理水平。农业企业可以根据自身的状况，建立和发展现代农副产品物流，通过超市化进程，逐步推行物流中心的建设，最终通过农副产品供应链条打造其核心竞争能力。

复习思考题

1. 农业企业经营决策的概念、类型、内容、原则、程序的内容？
2. 怎样正确制定农业企业经营方向？
3. 怎样判断农业企业经营规模决策？
4. 如何理解农业企业经营战略？它有什么特点？
5. 农业企业环境分析包含哪些内容？
6. 农业企业经营战略类型主要有哪些？
7. 怎样制定与实施农业企业经营战略？

第三章　农业企业经营计划与风险

第一节　农业企业的经营计划

现代化生产是由众多劳动者通过广泛的分工协作来完成，生产过程、流通过程十分复杂。只有通过科学的计划，对生产经营活动进行周密安排，达到管理最优化，才能使企业总目标得以顺利实现。与其他企业一样，农业企业也是一个由人力、物力、财力、技术、信息等多种要素组成的系统。为使系统有效运行，必须有一个完备的计划体系，将系统的各要素优化组合，协调发展，使之成为一个具有再生能力的有机体。

本章从农业企业特点出发分析阐述经营计划的涵义、内容及编制方法等。

一、农业企业经营计划的概念、特点及作用

（一）农业企业经营计划的概念

在市场经济条件下，计划和市场都是配置资源和调节经济的手段。计划应当以市场为基础，充分体现价值规律、竞争规律和供求规律的要求，切实反映市场的需求和变化。计划过程是决策的组织落实过程。计划是将组织在一定时期内的活动任务，通过目标管理，分解给组织的每个部门、环节和个人，从而不仅为这些部门、环节和个人在该时期的工作提供了具体依据，而且为企业经营决策目标实现提供了组织保证。

经营计划是企业经营决策的具体化，是企业进行经营活动的行动准则。经营计划，是企业为实现一定时期的经营目标，根据市场经济规律，应用一系列计划去组织、指导、监督和调节企业组织的活动，为企业及其各部门之间制定具体目标和实施规范。

（二）农业企业经营计划的基本特点

概括起来，经营计划的基本特点有以下四个方面：

1. 目标性

每个计划及其派生计划都是为了促使企业经营目标和各个分目标的实现。明确目标是制订和实施计划的首要任务，因为其后的所有工作都是围绕目标进行的。

2. 主导性

计划在管理诸项职能中处于主导地位。这是因为管理中的其他职能都是为了促进、保证目标的实现，只能在计划工作确定目标之后进行。企业里厂长、经理只有在明确目标之后才能确定合适的组织结构，下达任务和授予权利，以及如何控制组织和个人的行为不偏离计划等。所有组织、领导、控制和协调职能都是根据计划而转移的。没有计划工作，其他工作就无

从谈起。

3. 普遍性

计划涉及到组织内各个层次、各个部门以至全体成员。组织内高层、中层和基层的任何管理活动都需要进行计划，组织内各层次管理人员都会不同程度地参与计划的活动。就一个公司而言，最高层领导负责制订总公司的战略计划；市场销售部经理负责制订有关市场销售方面的计划；生产部门经理则制订降低生产成本和充分有效利用有限资源的生产计划；计划工作的特点和范围会因管理层次和职权大小的不同而不同，但每个管理者都必须从事计划工作则是肯定无疑的。

4. 效益性

计划要讲经济效益，计划的经济效益可用计划的效率衡量。计划的效率，是以实现企业的总目标和一定时期的目标所得到的利益，扣除为制订和执行计划所需要的费用和其他预计不到的支出之后的总额来测定的，可以用产出/投入之比来表示。如果一个计划能够达到目标，但他需要的代价太大，这个计划的效率就很低，当然不是一份好的计划。

(三)经营计划的作用

如果说管理是一种有目的的活动，那么这活动就是从计划开始，由计划反映，并用计划来保证其实现。所以，计划是企业一切生产经营活动的纲领，是企业一切管理活动的基础。现代企业中的管理者，董事长、总经理、部门经理、厂长，车间主任、班组长等，实际上都在行使着计划的职能，只是职位不同，部门不同，所做计划的范围和内容不同而已。概括地说，计划的具体作用主要有：

1. 指导作用

计划的重要性就在于能够确定一个具有指导意义的目标、实施过程和手段。企业的生产经营活动要以计划为依据，开展各项活动，以保证明确的活动方向与组织活动的一致性，避免盲目性。

2. 协调作用

企业的生产活动是由企业的各个部门在分工协作的基础上完成的。因而，企业总体计划应分解到各部门乃至个人，形成计划体系，从而保证企业整体活动协调发展。

3. 控制作用

经营计划不仅是经营活动的纲领，而且是对生产经营过程中的数量指标、质量指标进行控制的尺度和标准，以保证企业的生产经营活动，按照预定的经营方针、经营目标的方向发展。

4. 鼓舞作用

经营计划通过展示出的一幅长期或中期的企业发展蓝图，可以起到统帅、组织、鼓舞、动员全体职工完成企业经营目标的重大作用。如企业人均收入目标、福利目标、市场占有率目标、行业竞争目标等计划指标，制定得合理，就可以激励和调动职工的积极性。

二、农业企业经营计划的内容

农业企业经营计划包括长期经营计划、年度经营计划和阶段经营计划三种。他们相互联系、相互补充，构成了农业企业经营计划体系。

(一)长期经营计划

亦称长远规划，它是从战略上、整体上确定农业企业发展的方向和主要措施，并展示出可能达到的战略目标。长期经营计划必须依据市场需求、企业自然资源和经济条件，合理地确定企业在一个较长时期内的经营方针，充分发挥企业的优势，使企业发展的重大问题，诸如生产结构与布局、新产品的更新换代、人力资源开发利用、技术设备的更新改造等，能够有计划、有步骤地进行。

长期经营计划的期限，一般应在5年以上，长的可达10年、20年，但最好应与国民经济发展计划相适应。由于长期经营计划时间较长，影响因素较复杂，发展水平难于准确预测。因此，它的内容不宜过细，应简明扼要，其基本内容包括：

1. 企业的经营发展方向与经营规模。包括：企业专业化方向、部门结构、生产布局、各产业的发展规模和速度，以及它们之间的比例关系等。

2. 实现战略目标的基本步骤。包括：实施战略目标的阶段划分、分阶段发展的计划任务和主要指标。

3. 实现长期规划的基本措施。包括：企业发展战略的突破口的选择、土地资源开发和利用、劳动力素质提高的规划、企业经营资金的筹措与使用、新技术的引进和应用等。

4. 测算主要经济指标。包括：计划期内，企业主要产品的增长率、总产量、总产值、净产值、劳动生产率、土地生产率、职工人均收入、企业集体福利等。

(二)年度经营计划

是指在计划年度内，为落实生产经营活动的具体指标而编制的计划，用于反映当年生产发展、赢利水平等。它是长期经营计划的实施计划。其主要内容有：

1. 产品销售计划。包括：产品品种、数量、销售方式、销售渠道、销售时间、销售费用和销售收入等。

2. 生产计划。它是按照不同生产项目来制订的，如农作物生产计划包括：各种作物的播种面积、单位面积产量、总产量和商品量等；渔业生产计划包括：水产养殖面积、水产品种类、产量、总产值等。

3. 土地利用计划。反映计划年度内土地利用的变动情况，各产业部门用地面积及其构成。包括：土地合理改造与利用计划、农田基本建设计划、水土保持计划等。

4. 劳动工资计划。包括：人员编制、劳动力投放结构、劳动力利用率和劳动生产率、职工培训计划、工资计划等。

5. 技术措施计划。它是完成生产计划的重要保证，包括计划年度内的技术改造，先进技术、工艺、材料的引进与利用以及生产操作规程和原材料消耗量等计划。

6. 物资供应计划。主要包括各种原材料的需要量和采购量,以及各种辅助材料的供应期限和合理储备量等。

7. 财务成本计划。主要有财务收支计划、资金筹集方式、流动资金计划、企业投资计划、成本计划等。

8. 收入分配计划。也称利润分配计划,它以生产、销售和成本计划为依据进行编制,其内容包括目标利润、利润增长额及增长幅度。

(三)阶段经营计划

又称作业计划。它是组织生产经营活动的具体实施计划,其主要内容有:作业项目、作业期限、工作量、质量要求、操作规程、劳动力安排、物资和资金使用额度等。它把企业当年的各项生产(劳务)活动按季、月、旬、班次具体地分配到企业、班组和个人,从而保证年度计划的执行。

三、农业企业经营计划的编制

(一)农业企业经营计划编制的原则

1. 市场导向原则:农业企业生产的目的,是为了满足社会需求,并获取赢利。因此,编制经营计划,首先应根据市场需要,在保证完成国家下达的农产品商品合同订购计划任务的前提下,制订企业的各种经营计划。

2. 弹性原则:农业生产是自然再生产和经济再生产相交织的复杂过程,在计划执行过程中,存在着许多难以预料的不确定因素。因此,经营计划要留有余地,具有弹性,能较好地适应内外环境的变化。

3. 统筹安排原则:农业企业经营活动是在一定时空条件下进行的,人力、物力、财力是有限的,故不可平均分配。因而,企业制定经营计划,要坚持统筹兼顾,综合平衡,使生产经营活动的各个环节之间、各种经营计划之间,企业的供、产、销、人、财、物等各个方面,保持协调关系,保持一定的平衡和衔接。

(二)农业企业经营计划编制的程序

1. 编制经营计划的准备工作:搜集和分析资料;确定计划指标体系;核定企业生产能力。

2. 拟订计划方案:实现任何一个目标,可以有许多不同的方案(备选方案)。计划工作这一步,就是要提出多种方案,以供比较选择,权衡利弊,从中选择较为满意的计划方案。

3. 审议修改计划草案:计划草案编制好以后,还需听取企业上下各方面的意见,做必要的修改,审核,最后经职工代表大会审议通过。

(三)农业企业经营计划编制的方法

1. 综合平衡法,是企业为了达到既定的计划目标,将人力、物力、财力等资源条件,在各部门和各生产项目之间进行合理分配,实现需求与可能之间的平衡。它是编制经营计划常用的方法，一般是通过系列平衡表来反映。由于计划的内容、目的和要求不同，平衡表的格式也不尽相同。

2. 滚动计划法，是保证计划在执行过程中，能够根据实际情况适时地修正和调整的一种现代计划方法。采用滚动计划法修订长期计划，可根据每年计划实际执行情况，针对客观条件的变化，每年调整一次，将计划向前推进一年，这样年复一年不断地修订，不断地滚动和延伸，将近期计划同长期计划很好地结合起来，使企业的长期计划由静态平衡变为动态平衡。另外，滚动计划能按照“近细远粗”的原则，边执行、边修正，使长期计划能保持对年度计划的指导作用。

3. 产品系列评价法的要点，根据市场引力和企业实力两个综合性指标，通过评分的方法进行评价，依据分数的高低，对产品进行综合评价，然后做出相应的决策，经过平衡工作，编制产品品种计划。

第二节　农业企业的经营风险

风险管理是现代企业管理的一项特殊职能。它是应用管理原理来管理一个企业组织的资源和运作，以合理的成本，尽量减少意外事故的损失，从而提高企业的经济效益。研究农业企业经营风险，特别是研究和防范市场风险显得尤为重要。本章首先简要介绍风险及经营风险的概念、特征，然后讨论农业企业风险的种类以及风险的规避与防范的方法。

一、经营风险的概述

(一)经营风险的含义

经营风险，指由不确定因素导致经营者蒙受风险损失或获得风险报酬的可能性。风险损失是风险项目收益低于无风险项目收益的损失额；风险报酬是风险项目收益高于无风险项目收益的额外收益。

风险损失和风险报酬是生产经营过程中不确定性因素(如市场供求状况)作用的结果，从而使经营者面临着风险报酬和风险损失这两种可能性。在管理学中，风险与不确定性是既有联系又有区别的一对概念。不确定性表现为两个方面，一是“因素的不确定性”；二是“结果的不确定性”，可用图 3 - 1 表示。

由于不确定因素的存在，哪里有风险报酬，哪里就有风险损失；风险报酬大，风险损失往往也大。不敢冒风险的经营者，就会错失良机。所以，农业企业经营管理中的不确定型和风险型决策，其实质是对不同方案的风险报酬和风险损失加以权衡，从中选择最佳方案。

在风险管理研究与实践中，企业经营风险损失通常有以下几种含义：

1. 风险是损失的可能性

当企业面临某种经营损失的可能性时，这种可能性以及可能引起损失的状态，可称之为

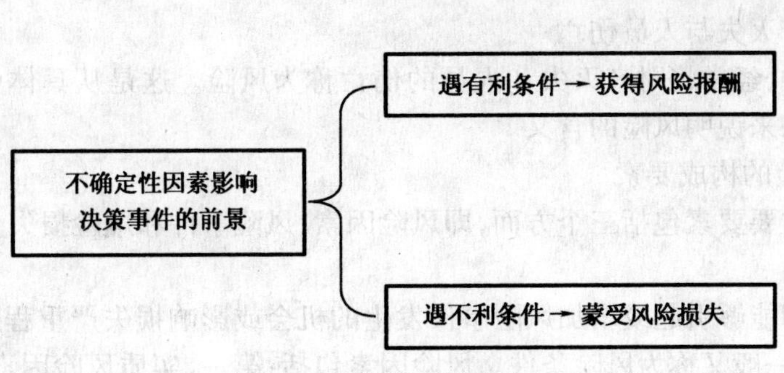

图 3-1 风险因素与结果

经营风险。这种含义强调风险的存在与否，但无法预测和衡量其大小。

2. 风险是损失的概率

从概率论的角度，将风险理解为损失出现的概率，即指损失在一定时间或范围内发生的相对可能性。损失发生的概率只可能在 0~1 之间波动，损失的概率越接近于 0，表明风险出现的可能性越小；损失的概率越接近 1，表明风险出现的可能性越大。风险的这一含义不仅表明了在某一确定的范围内损失将会出现，而且还表明风险是能够被测度和衡量的。可见，损失的可能性强调了对损失是否存在的定性分析，而损失的概率则强调了损失的可能性的定量分析。

3. 风险是潜在损失

潜在损失是指可能发生但尚未发生的损失。这是一种非故意的、非计划性的、非预期的经济价值的减少。潜在损失与损失的可能性不同，前者侧重于损失的非预期性，后者则强调损失的存在性。

4. 风险是潜在损失的变化范围与幅度

风险的这种含义与风险是损失出现的概率含义相近，即可以测定和衡量风险的大小，并且这一涵义还更为实用。损失出现的概率含义强调的是当概率为 0 时，无损失出现；当概率为 1 时，损失必定出现。潜在损失的幅度这一含义则是指在对大量风险标的分析基础上，分析和确定出某种损失出现的大致幅度和范围，这对风险的处置非常重要。保险人可以通过对大量风险标的集中，从而使保险人所面临的潜在损失的变化幅度缩小，以致风险分散，消除风险。

5. 风险是指导致损失产生的不确定性

由于人们主观的认识能力有限性和客观环境因素的复杂性之间的矛盾，因而人们无法确切地知道何时何地会发生何种损失以及损失程度的大小，从而便产生了风险。风险的这一含义与人的主观心理状态有关。由于人们获得的信息不同，对风险的认识也不同。即使是获得相同的信息，人们对同一潜在的损失所作的解释也不同。

6. 风险是财产灭失与人员伤亡

在保险实务中,经常将财产灭失和人员的伤亡称为风险。这是从具体业务的角度,侧重从风险事件的后果来说明风险的含义。

(二)经营风险的构成要素

构成风险的主要要素包括三个方面,即风险因素、风险事件和风险损失。

1. 风险因素

风险因素是指能够引起或增加风险事件发生的机会或影响损失严重程度的因素,是事故发生的潜在条件,一般又称为风险条件。风险因素包括:第一,实质风险因素,属于有形因素,指增加某一标的的风险发生机会或损失严重程度的直接条件,如恶劣的气候、地壳的异常变化等。第二,道德风险因素,属于无形因素,与人的品德修养有关,是指由于个人不诚实或不良企图,故意使风险事件发生或扩大已发生风险事件的损失程度的因素,如故意纵火以索取保险赔款。第三,心理风险因素,也属于无形因素,是指由于人们主观上的疏忽或过失,如不够小心谨慎等行为而导致增加风险事件发生的机会或扩大了损失严重程度的因素,如违章作业、玩忽职守等。

2. 风险事件

风险事件又称风险事故,指直接导致损失发生并可能引起经济损失或人身伤亡的偶然事件。换言之,风险事件是指风险的可能变成了现实,以致引起损失的后果。如洪涝灾害、地震、火灾等均是典型的风险事件。

3. 风险损失

风险损失是指非故意的、非预期的、非计划的经济价值的减少,这种减少可以用货币来衡量。一般而言,风险和损失构成一对因果关系,风险是原因,损失是结果。可见,风险并不是损失的同义语。风险往往也就是指发生损失的可能性,而损失是指实际上发生的财产、物资等的消耗或损耗。风险只有转化为现实,才能造成损失,但它本身并不是损失。值得注意的是,风险与损失的这种因果关系只适用于分析纯粹风险(静态风险),而不适用于分析投资风险(动态风险)。风险损失有两种形态。一是直接损失,包括财务损失、收入损失、费用损失等;二是间接损失,包括企业信誉、企业形象、业务关系、社会利益等的损失。

4. 风险因素、风险事件和风险损失三者的关系

解释这三者关系有两种理论:一是亨利希的骨牌理论,二是哈同的能量释放论。虽然他们都认为风险因素引发风险事件,而风险事件导致风险损失,但侧重点不同。前者理论强调,风险因素、风险事件和风险损失三张骨牌之所以相继倾倒,主要是由于人的错误行为,即人的因素所致;后者理论则认为,之所以造成损失是因为事物所承受的能量超过其所能容纳的能量所致,即物理因素起主要作用。

(三)经营风险的特征

1. 客观性

人类社会发展的历史证明,无论是自然界中的地震、台风、洪水等,还是社会领域中的战争、瘟疫、冲突、意外事故等,都是不以人的意志为转移的,他们是独立于人的意识之外的客观存在。无论是自然界的物质运动,还是社会发展变化,都是由事物的内因及其客观规律所决定的。表明人类只能认识和利用这些客观规律,在有限的时空条件下改变风险存在和发生的条件,降低其发生的频率和减少损失程度,不能也不可能完全消除风险。

2. 普遍性

人类为了生存和发展,不得不与各种各样的风险作斗争。斗争的结果是,某些风险得到控制和抑制,同时又会产生新的风险。另一方面,与风险斗争的结果,促使了科学技术的发展、生产力的提高、社会的进步。农业企业不仅面临着自然风险,更有市场风险、技术风险、破产风险等。

3. 偶然性

风险虽然是客观存在的,但是就某一风险(事故)而言,它的发生是偶然的,是一种随机现象。风险在发生之前,企业无法准确预测风险何时会发生及其发生的后果。

4. 必然性

个别风险事故的发生是偶然的、无序的,然而通过对大量独立的风险事故的统计分析表明,风险的发生呈现出明显的规律性。风险发生的必然性和规律性,使人们利用概率论和数理统计方法去预测风险发生的概率和损失程度成为可能。

5. 可变性

风险发生的可变性是指风险在一定条件下可转化的特性。它取决于以下三个方面:一是人们对风险规律性的认识;二是企业抵御风险的能力;三是科学技术的发展。

人们能在一定的程度上降低风险所带来的损失,减少风险的不确定性,降低风险存在与发生的可能性,从而使某些风险不再存在,或者即使存在,也能被人们所控制;同时,随着现代科学技术的发展,给人们带来了新的风险和新的损失机会,新的风险事件和风险因素也会增加。并且,这些新的风险可能导致的损失,往往比自然灾害和意外事故所引起的风险损失大得多。如核电站的应用既给人类带来了新的能源,也给人类带来核污染和核辐射的巨大风险。现代化生产条件下,企业之间的分工合作协作关系紧密,企业之间的技术经济联系密切,因而企业之间的关联风险增大,一旦某个企业或其某个生产环节出了问题,就会给其他企业乃至整个行业造成重大损失。

(四)风险对企业经营的影响

现代企业生产经营活动是处在一个充满风险的外部环境中,风险对企业的经营产生了巨大的影响,具体表现在以下几个方面:

1. 增加了决策难度

现代企业在经营决策中，面临着比以往任何时期都多得多的风险和不确定性。众多风险因素，使决策变量的数目骤然增加，也使其更加难以准确预测。然而，世界是在相互作用中运转的，在预期和博弈机制的作用下，企业预测和预防风险本身也构成了风险发展的一个因素。预测和预防风险永远是企业决策中的重大难题。

2. 增加了营运成本

为了避免风险所引起的各种波动对企业经营产生不利的影响，各企业不得不投入大量的人力、财力、物力和精力进行深入研究，以期能够及时、准确地预测各种风险。另外，企业还要采取多种措施，对其财产、人员和业务实施保护，如投保、参与期权期货市场等。总之，对于风险的了解、决策、防范等工作，占用了企业大量的资源，增加了营运成本。

3. 增加了潜在损失的可能

企业在生产经营过程中，不可避免地会遇到各种损失，这是自企业产生起就始终存在的问题。企业家就是在愿意承担风险，并在风险经营中获取报酬的。然而现在的企业所面临的风险是越来越复杂，在企业家的经营决策中，风险因素繁多，给企业造成损失的可能性也随之加大。企业不但要考虑国内的因素，还要考虑国际上的因素；不但要考虑实物经济因素，还要考虑货币价值因素；不但要考虑近期的因素，还要考虑远期的因素；不但要考虑效益的损失，还要考虑财产和人员的损失，等等。

4. 存在潜在的收益

在企业生产经营活动中，各种各样的风险，可能会给企业带来损失，但是风险和报酬总是相对而存在的。从风险的定义中，我们知道风险也可能给企业带来收益，而且可能给企业带来比无风险时更大的收益。可见，风险并不总是危险和损失，也意味着潜在的收益。因此，农业企业更要加强风险管理。

企业经营风险管理程序，大致由风险识别、风险估计、风险处置三个步骤所组成。风险识别主要是认识风险的成因和类型；风险估计主要是估计风险发生的概率、风险报酬与风险损失额；风险处理是提出应对风险的对策，以期减少风险损失，争取获得更大的风险报酬，这是风险管理的主要目的。经营风险管理程序如图 3－2 所示。

二、经营风险的识别

企业经营风险的识别，是指对企业面临的尚未发生的潜在的各种风险进行系统的归类分析，并加以认识和辨别的过程。识别风险在企业的风险防范中占有非常重要的地位。不管整个企业生产经营计划多么完善、科学，如果不能正确地识别风险，不能及时地对即将发生的风险做出科学的判断，不知道企业将发生什么风险，风险的程度如何，就不能有效地控制和处置风险，企业的生产经营活动便无法正常进行。

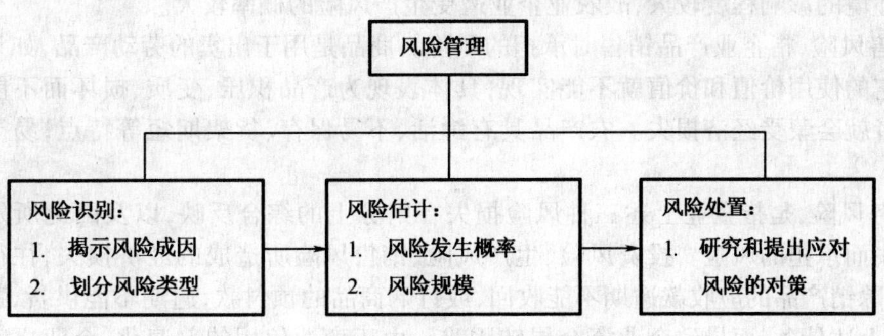

图 3－2 经营风险管理程序

(一)经营风险的类型

企业经营风险的识别，主要是划分风险类型，从中揭示风险成因，为风险估计和风险处理提供科学依据。

1. 按风险的成因分

(1)自然风险，是指由于自然力的不规则变化所引起的物理化学现象而导致物质毁损和人员伤亡，如风暴、洪水、地震等所引起风险。农业企业的劳动对象多以动植物等生物体为主，生产环境受自然条件的影响较大。因此，遭受自然风险的可能性大于其他类型的企业。

(2)社会风险，是由社会中不确定因素引起的风险。如贪污盗窃、工伤事故、战争动乱等不确定因素，对于企业来说是难以完全控制、难以完全消除的，以致造成损失。

(3)经济风险，指在生产经营和购销过程中，因经营管理不善、市场预测失误、价格波动较大、消费需求变化等因素，而引起经济损失的风险。由于存在市场竞争，就存在商品生产者竞争失败的风险。同时，也包括通货膨胀、外汇行市的波动而发生的经济损失。

(4)技术风险，科学技术发展的负面影响而带来的种种风险。农产品生产过程中，使用农药、化肥等化学物质造成的环境污染、产品等有害物质超标等，不仅给社会带来负面影响，也给农业企业造成经济损失。

2. 按风险的表现形式分

(1)投资风险，是指企业在进行基本建设投资时承担的风险，因为基建项目在较长时间内垫付的大量资金，只能在竣工投产后，才能从逐年获得的利润中得到补偿。如因盲目投资，重复建设，或因产品缺乏竞争能力而不得不停产，或因基建项目投产后连年亏损，无力偿还贷款和利息，负债累累等引发风险。农业企业的生产周期较长，投资回收期较长，遭受投资风险的可能性大。

(2)生产风险，是指企业生产过程中受到不确定性因素的影响，如自然灾害、技术事故、质量问题等带来的经济损失。农产品生产过程是自然再生产过程与经济再生产过程的统一，受

自然灾害、环境的影响程度较大,故农业企业遭受生产风险的概率较大。

(3)销售风险,指企业产品销售时承担的风险。商品是用于出卖的劳动产品,如果产品销售不出去,它的使用价值和价值就不能实现,具体表现为产品积压、变质、损坏而不能转化为货币,经营者就会蒙受经济损失。农产品具有鲜活、不易保存、货架期短等特点,易于遭受销售风险。

(4)财务风险,是指企业上述三种风险损失在财务上的综合反映,以及因此所发生的死账、呆账损失而承担的风险。投资风险、生产风险、销售风险所造成的经济损失,往往反映为财务亏损。赊销产品的应收款逾期不能收回,或订购商品的预付款,逾期不能供货,甚至债务人无力偿还上述债务,而导致企业资金周转困难。由于商业信用的普遍化,企业之间可能形成债务链,一个企业,往往同时具有债权人和债务人的双重身份,一旦某一方不能按时偿还债务,就可引起相关企业发生财务风险。

(5)人事风险,由于人事制度不合理,造成企业高级管理人才和技术骨干流失所带来的风险,还包括由于负责人或在重要岗位上的人员,突然发生意外或不称职等原因带来的经济损失等。

3. 按风险可否投保分

(1)静态风险,即可投保风险,主要指遇自然灾害、意外事故等原因所造成的风险。这类风险具有偶然性、客观性和无力性等特点,只有损失的机会而没有获利的可能。但可以依据调查资料,进行统计分析,计算其发生的概率,估算其风险损失,以作为确定保险费的依据,可向保险公司投保。这类风险损失可以保险费形式计入产品的成本。

(2)动态风险,即不可投保风险,主要指市场供求变化、价格升降和经营决策失误所造成的风险。这类风险的发生除了不确定因素外,还受经营者的决策能力的影响,兼有风险报酬和风险损失两种可能性,且难以较准确地预测其发生的概率、风险报酬与风险损失的规模。这类风险损失不能计入产品成本,也不可向保险公司投保。认识这两类风险的差别,是风险估计和风险处理的重要前提。

(二)经营风险认识的方法

识别企业经营风险,需要对企业内外环境进行详细调查、系统分析与综合分类,以揭示潜在的风险及其性质。

农业企业生产面临的自然、社会、法律和政治环境如何,如面临的技术挑战怎样,产品竞争环境如何,企业产品占有市场份额怎样,企业生产经营的优势与弱点在哪里,容易发生和可能发生的损失有哪些,相关管理制度是否健全,等等,企业都要进行认真分析和识别,以使企业对经营中存在的潜在风险作出较准确地判断。

识别风险的具体方法很多,如宏观领域中的决策分析、可行性分析、统计预测分析、投入产生分析和背景分析等;微观领域中的流程图分析、资产负债分析、因果分析、故障树分析、损失清单分析、保障调查法和专家调查法等。随着管理技术的发展和实践经验的不断积累,风险识别的方法和手段会越来越完善与合理。

三、经济风险的估计

风险估计的主要任务，一是查明各种风险发生概率(P)；二是估计某些风险可能带来的损失规模(C)。风险(R)是风险事件发生的概率和风险规模的函数。其函数式为

$$R = f(P, C)$$

(一)静态风险估计

静态风险具有客观性，其发生与否不以决策人的主观愿望为转移。所以，从单个的风险事件看，它是否发生和损失规模是不确定的，但从大量的风险事件看，其发生概率和损失规模则是一个确定的数值。只要遵循大数法则，依据充分的统计资料和历史资料，就能较准确地求得。

(二)动态风险估计

与静态风险不同，动态风险在一定程度上受决策人判断能力的影响，其后果具有风险报酬与风险损失两种可能性，且难以估计。因此，这类风险估计，则要依据动态风险静态化的原则，采用统计方法和经验判断方法来实现。

1. 风险事件发生概率估计

对于静态风险，人们可以依据统计和历史资料，准确地求出其发生的客观概率。对于动态风险，则是在占有大量信息基础上，推断其发生的概率。例如，农业企业风险决策中，各种销售状态的发生概率，就要依据农产品供求状态的信息，加以推断；有时主要依靠经验来判断其发生的主观概率，如对各种自然状态采用的均等概率，或采用专家调查法来预测其发生概率。这些方法是动态风险静态化原则的具体应用。

2. 风险强度估计

既要估计风险报酬，又要估计风险损失，两者综合，表现为盈亏波动度。波动度大，就意味着风险强度高，反之则风险强度低。衡量风险强度的高低，一般采用标准离差率指标来反映。其计算公式为

$$标准离差率\ q = 标准离差(\sigma) \div 期望值(\bar{E})$$

$$标准离差\ \sigma = \sqrt{\sum_{i=1}^{n} (X_i - \bar{E})^2 \cdot P_i}$$

$$期望值\ \bar{E} = \sum_{i=1}^{n} X_i P_i$$

式中 P_i——第 i 种自然状态的发生概率；

X_i——某种方案在第 i 种自然状态下的收益值。

标准离差(σ)反映随机变量(此处指动态风险事件不确定收益值)对期望值($\bar{E}$)的离散程度，即盈亏波动度。这一数值大，表示盈亏波动度大，风险强度高。但不同方案的标准离差

往往缺乏可比性。为了克服这一局限性，就要采用标准离差率指标，兹举例说明。

例 3-1 假设 A，B 两种方案的有关资料如表 3-1 所示。

表 3-1 A，B 两种方案的盈亏值及概率分布表

销售状态	发生概率	A 方案盈亏值/千元	B 方案盈亏值/千元
畅销	0.2	100	150
一般	0.6	60	100
滞销	0.2	20	-100

首先，计算期望值：

A 方案的期望值 $=0.2\times100+0.6\times60+0.2\times20=60$（千元）

B 方案的期望值 $=0.2\times150+0.6\times100+0.2\times(-100)=70$（千元）

其次，计算标准离差：

$$A\text{ 方案的标准离差}(\sigma)=\sqrt{(100-60)^2\times0.2+(60-60)^2\times0.6+(20-60)^2\times0.2}=25.3\text{（千元）}$$

$$B\text{ 方案的标准离差}(\sigma)=\sqrt{(150-70)^2\times0.2+(100-70)^2\times0.6+(-100-70)^2\times0.2}=87.2\text{（千元）}$$

最后，计算标准离差率 q：

A 方案的标准离差率 $q=25.3\div60=0.4217$

B 方案的标准离差率 $q=87.2\div70=1.2457$

标准离差率是无量纲的纯数值，具有可比性。由于 A 方案的标准离差率小于 B 方案，故 A 方案的风险强度要低于 B 方案。

3. 企业生存风险度分析

不论是静态风险，还是动态风险的估计，都要对企业的生存风险度作出估计，用以反映企业承受风险损失的程度。所谓企业生存风险度，指各种决策可能造成最大的风险损失与企业致命损失（一般以企业占有的资金总额为限度）之间的比值。

企业生存风险度 = 某决策可能造成的最大风险损失 ÷ 企业致命损失

不同的企业，占有的资金总额不同，所承受风险损失的能力也就不同。因此，在等量的风险损失情况下，不同企业的生存风险度也将不同。假定甲、乙两个企业占有的资金总额分别为 500 万元、100 万元，它们各自以 100 万元投资于风险产业，估计最大风险损失为 100 万元，则其生存风险度为：

甲企业的生存风险度 $=100\div500=0.2$

乙企业的生存风险度 $=100\div100=1$

当风险损失达到100万元时,甲企业尚可承受,乙企业则有致命之虞。因而,企业在决策时,应尽可能地选用风险损失较小的方案。

四、经营风险的处置

(一)经营风险处置的原则

1. 风险和报酬相均衡

有一些风险,如由于自然灾害、意外事故等原因所造成的风险,对企业来说,只有损失的机会,而没有获利的可能。因此,企业应采取各种措施,加强防范,尽量规避风险;还有一些风险,如新产品开发的投资风险,既可能给企业带来损失,也可能给企业带来超额回报。对此,企业既不应为了避免潜在的损失,而过于保守,一味地防范和规避风险,也不应不顾风险的大小,盲目的追求利润。通常风险和报酬是同增的,即报酬越高,风险越大,报酬的增加是以风险的增加为代价的,而风险的增加会直接威胁企业的生存。因此,企业应该正确地判定风险的高低,调用各种手段控制风险,力求风险与报酬的均衡。

2. 采用的方法与企业承受能力相适应

如果某些风险的发生是人们无法消除和防止的,且预计损失程度较轻,即使是最大的损失,也可由企业自身来承受,而不会对企业的生产经营活动产生大的影响,这种风险企业可以自己来承担。如果风险事故发生后,对企业的经营活动产生很大的影响,给企业造成巨大损失,甚至导致企业停产或破产,这种风险就不是企业本身的力量所能承受的,必须采取转移风险的方法来减轻企业的损失。如向保险公司投保等方法来分散和减轻损失,在采用防止和规避措施时,要注意转移风险所需费用与转移风险所产生的收益之间的合理比例关系。

3. 全面性和针对性相统一

面对各种发生的风险,不论企业是自身承担风险,还是转移风险,都需要选择最佳处置方案,使风险的处理能够收到应有的效果,使每一种风险都有对应的处理方案,而不遗漏对任何潜在风险的处理,即风险处理要力求全面;同时,对各种风险的处理还要有针对性,即对各种风险要进行具体的分析,有些风险发生的概率虽然很小,然而一旦风险事件发生了,就会产生较大的损失,后果非常严重。相反,有些风险发生的概率虽然较高,但每次发生后产生的损失程度却较轻。因此,企业应根据不同风险的性质和特点,采取不同的处理策略。此外,有些风险是人为因素所致,则可事先通过一些措施来加以避免。还有一些风险,可以通过加强对相关信息的分析和管理来加以防止。总之,对企业风险的处置,要在力求全面的基础上,讲求有的放矢。

(二)经营风险处置的对策

风险处置是针对不同风险的特点、成因、发生概率、损失规模而采取相应的对策,使风险损失减少至最低程度。其主要对策如下:

1. 风险避免

即风险预防,是风险处置的首要对策。农业企业经营风险避免,有以下主要措施:

(1)加强农业基础设施建设,改善农业生产条件,增强企业抵御自然灾害的能力,以预防自然风险;

(2)增强企业经营的应变性,根据市场供求变化,适时调整企业的组织结构,生产适销对路的产品,以预防和减少市场风险;

(3)提高企业经营预测和决策的科学性,减少盲目性,以预防经营风险;

(4)强化安全生产意识,严格技术操作规程,以及各种责任制度,以预防和减少生产风险;

(5)建立和健全企业购销信息服务体系,完善经济合同制度,充分利用农产品期货贸易,沟通供销渠道,以避免和减少销售风险。

2. 风险自留

风险自留是指企业以自身的财力承担风险损失。一般是将风险损失分期摊入产品成本,或者从风险报酬或企业经营利润中,提取风险基金,用于补偿风险损失。风险自留方法,通常适用于应付损失规模小的风险。如果风险损失规模过大,则企业自身财力难以承担。

3. 风险分散

风险分散是指当风险无法避免时,采取措施,减少风险规模,即将企业的风险损失分散给他人承担。现代企业经营风险分散,其主要方式:一是向保险公司投保,可以"千家万户保一家";二是实行股份制经营,使众多的股东"利益均沾,风险共担",从而使企业经营风险分散给股东承担;三是通过各类合同来实现风险转移,如租赁合同、服务合同、销售合同等。

4. 风险组合

风险组合,指将不是同时发生或不同强度的风险生产经营项目组合起来,以期相互依赖、相互弥补,增强企业整体的抗风险能力,从而减少企业风险损失。风险组合方式更多地适用于规模较大的企业。

复习思考题

1. 农业企业经营计划的概念是什么?
2. 农业企业经营计划有哪些基本特点?
3. 农业企业经营计划有哪些内容?
4. 农业企业经营计划编制的原则、程序、方法有哪些?
5. 经营风险的含义、构成要素、特征是什么?
6. 风险对企业经营的影响具体表现在哪几个方面?
7. 经营风险有哪些类型和方法?
8. 经济风险怎么估计?
9. 经营风险处置的原则和对策有哪些?

第四章 农业企业经营制度与经营组织

第一节 农业经营制度

一、农业经营制度的含义和内容

(一)农业经营制度的含义①

所谓经营制度,是指一定生产资料所有制中经营单位的具体组织形式和经营管理制度。如企业所采用的合伙制、合作制、公司制等组织形式以及企业的财产占用、资产经营管理以及人事、财务、分配等经营管理制度。由此可见,经营制度与生产资料所有制是相互联系又相互区别的制度。具体表现在以下几方面:

(1)生产资料所有制包括经营制度的选择问题。所有制是生产关系的基础,决定包括经营制度在内的全部生产关系。但是从一般意义上讲,所有制主要是指生产资料归谁所有的问题,而经营制度是指在一定的生产资料所有制下,生产资料或企业资产的占有、支配和使用等问题。

(2)生产资料所有制是反映社会属性的生产关系问题;而经营制度既是生产关系问题,又包含生产力问题,是生产关系与生产力的整合。经营制度合理与否,不仅关系到所有制以及生产关系的巩固和发展,而且影响生产要素能否得到合理的配置和运行。

(3)生产资料所有制一旦形成就比较稳定,在生产力没有发生质变、社会制度没有重大改革时,所有制一般不会变动。经营制度是变动的,也就是说,在所有制不变的情况下,经营制度可能发生变化,它将随着生产力的发展产生新的经营制度。

特别需指出的是,一种所有制可以有多种经营制度,不同的所有制也可以有相同的经营制度,但是,同一经营制度中的不同所有制决定了它们的不同社会属性。

(二)农业经营制度的内容

所谓农业经营制度,是指一定宏观环境条件下,以财产权益关系为前提的产权制度、积累和分配制度、管理与服务制度,以及对外能够与市场经济相适应、对内能够整合资源和收益的组织载体。农业经营制度的内容可从以下几个方面加以理解:

(1)农业经营制度是指在一定经济发展水平下,国家组织和管理农业经济的各种制度的

---

① 朱道华.农业经济学.北京:中国农业出版社,2002.

总称,反映在农业中所有制既定的前提下,生产资料的占有、支配和使用问题,它包括一切经营组织之间,以及组织内部之间的相互关系和责权利的划分等内容。

(2)农业经营制度属于上层建筑范畴,是生产关系的具体体现。根据生产关系一定要适应生产力和促进生产力发展的一般规律,农业经营制度是否完善,是否适应生产力水平,对农业经济发展具有重大甚至是决定性的影响。当农业经营制度有碍生产力的发展时,就需进行改革和创新。从这个意义上说,农业经营制度改革的实质就是生产关系的自我调整和自我完善。

(3)农业经营制度是生产力的具体体现。农业经营制度是以相对明晰的财产关系为基础,形成有利于扩大小农经济内部规模和村社经济外部规模的一整套积累、管理、分配制度,以及相应的结构合理的组织载体。从这个意义上说,农业经营制度的改革就是生产力的不断提高。

二、现阶段我国农业基本经营制度及其特征

改革开放以来,我国废除了人民公社,确立了以家庭联产承包为基础的统分结合的双层经营制度。该经营制度是指在组织内部——集体统一经营层次与其成员——基础经营层次(全国绝大多数是以家庭为单位)之间,根据宜统则统、宜分则分的原则,实现两者有效结合的一种经营制度。实践证明,以农户家庭经营承包制为基础的农业基本经营制度,不仅符合我国的国情,符合农民的意愿,符合现阶段我国农村生产力水平,而且调动了广大农民积极性,促进了生产力的发展,并使集体经济走上健康的发展道路。

现阶段我国农业基本经营制度的特征如下。

1. 家庭承包的基础经营

集体经济组织坚持了农业中最重要的生产资料——土地的公有制,从根本上保证了土地的合理利用和防止土地私有制下农民的两极分化。与此同时,在不脱离生产力实际要求的前提下,寻找到了以家庭承包为土地公有制的实现形式。这种经营制度,通过承包把土地所有权与经营权分离,赋予农民家庭有土地的使用权和经营权。

基础经营层次主要以农户家庭为经营单位,也有以专业组、专业队或农民的其他劳动组织为经营单位的。基础经营层次的基本职能是:承包使用集体土地等生产资料,实行劳动者与生产资料的直接结合,自主地、相对独立地从事生产经营活动,具有生产经营的决策权,直接对生产经营的成败负责,具有经营成果的支配权。

2. 集体经济的统一经营

集体经济组织中,除了家庭承包经营为基础外,还有集体统一经营的层次。农村集体经济组织是统一经营的主体,负有管理、营运土地和集体资产的职责。在保证农户拥有独立自主经营权的基础上为农户的产前、产中、产后提供服务,组织公共性的基础设施建设和集体资源开发,发展集体经济,提高农民收入水平。

统一经营层次是双层经营的主体,其主要职责是:(1)管理协调职能。统一经营层次对农业经济的发展实行规划与控制,对集体土地等生产资料、大型设施和资金进行统一管理,合理使用;通过发包与承包,把不同农户的分散劳动当作联合劳动的一部分去使用,使劳动在各个项目的分布上保持合理的比例,使劳动者与生产资料有效地结合起来,对分散的家庭经营进行协调,帮助农户解决生产经营中出现的各种矛盾。(2)服务职能。统一经营层次根据农户生产的需要,为农户提供产前、产中、产后的系列服务。通过服务促进农村专业分工的发展,推动农户在自愿互利基础上的各种形式的经济联合。(3)分配与积累职能。统一经营层次对合作经济组织的生产经营成果按照统筹兼顾的原则,在国家、集体和劳动者个人之间进行合理分配,并在发展生产的基础上,逐步增加集体积累,壮大集体经济。

3. 统一经营层次与基础经营层次是农业经济组织不可分割的两个方面

统一经营层次与基础经营层次二者是相辅相成的,对农业生产力的发展具有较强的适应性。在生产经营过程中,"统"是为了发挥协作优势,解决基础经营层次无法解决的各种具体问题;"分"是为了充分发挥基础经营层次的主观能动性和创造性,使生产经营活动具有更大的灵活性。"统"是建立在分散经营基础上的,统一经营层次必须尊重基础经营层次的生产经营自主权;"分"是在统一经营层次指导下进行的,基础经营层次必须维护和促进集体经济的发展。通过上述两个经营层次的有机结合、相互补充,有效地克服了人民公社高度集中统一和平均主义"大锅饭"的弊端,同时,也克服了小农经济分散经营的局限性,从而调动了集体统一经营和家庭分散经营的积极性,有效地推动了农村经济的发展。

实践证明,双层经营制度既能适应农民和农业生产分散经营的要求,又能适应农业社会化生产的需要,而且还适应部分集体兴办的二、三产业,从而成为我国农村集体经济的一项基本经营制度;它不仅适应以手工劳动为主的传统农业,也能适应采用先进科学技术和生产手段的现代农业,具有广泛的适应性和旺盛的生命力。

第二节 农业经营组织

一、农业经营组织与经营制度

(一)农业经营组织

经营组织是建立生产经营实体的一系列活动,或者如法约尔所说:"组织就是建立企业物质和社会的双重结构。"作为经济单位或企业经营管理的基本职能,计划形成经济组织或企业的目标和策略,而组织则提供实施策略,是实现组织目标的具体手段。从这个意义上说,经营组织既包括通过对人们分工,确定协作及权利关系,建立社会经济系统活动,又包括建立由人、工具、场地、原料等组成的社会技术系统的活动,这两者都是经营组织或企业生产经营不可缺少的物质手段。

所谓农业经营组织，是指整合农业生产资源及对农业生产活动进行实施、组织、管理的机构或实体。它有两层含义：一是指动态的组织活动过程，即通过分工合作对农业生产要素在不同层次、不同空间进行合理有效的配置过程；二是指对农业生产活动进行组织、管理、实施的机构或实体。

在农业经营组织体系中，直接整合资源，从事农业生产经营活动的实体构成了农业经营组织体系的基本单元。但由于这些机构或实体拥有不同类型、数量及质量的农业生产资源，从事不同的农业生产活动，具有独立的法人地位以及“经济人”的理性，是最直接的农产品生产者。同时，这些机构或实体为适应农业生产社会化的要求，为在市场竞争中获得良好的生存与发展机会，又会以不同的方式进行联合与协作，在农业生产领域形成同行业或跨行业的更高层次的机构、实体或联合体，从而形成农业经营组织与它们之间的联合组织并存的格局。

根据上述对农业经营组织的理解，便可以得出，目前我国农业经营组织不仅包括直接从事农业生产活动的农户、国营农场、农业企业，还包括农村中农业生产者之间不同的联合与合作行为所形成的组织形式，如各种合作经济组织和农业产业化组织等。

(二)农业经营组织与农业经营制度的关系

制度为组织提供了基本的社会游戏规则，组织则是制度安排和制度变迁的载体。农业经营组织与农业经营制度之间相互促进，相互联系。

1. 农业经营组织对农业经营制度的影响

制度是约束人们行为的一系列规则，依据规则的作用方式和演绎机理，可将其分为正式制度与非正式制度两种类型。正式制度的主要特征在于其具有强制性，主要有法律法规、组织安排、政策和契约等。非正式制度是人们在长期交往中无意识形成的，具有持久生命力，并构成代代相传的文化的一部分。制度变迁则是制度的替代、转换与交易过程。它既可理解为一种更高的制度对另一种制度的替代过程，也可理解为对一种更有效益的制度的生产过程，还可理解为人与人之间交易活动的制度结构的改善过程。组织是制度变迁的代理，当相对价格发生变化时，组织根据最大化目标采取行动，从而勾画出制度变迁的方向。因此，制度变迁的过程，实际上就是实施制度的各个组织在相对价格或偏好变化的情况下，为谋取自身利益最大化而重新谈判，达成更高层次的合约，改变旧的规则，最终建立新的规则的全部过程。

2. 农业经营制度对农业经营组织的影响

任何一种社会经济制度的任何一个经济部门，其经济活动的运行都是以一定的所有制为基础，并受其制约。农业经营组织也不例外，农业经营组织变迁也必然受农业经营制度，尤其是生产资料所有制的制约。

在生产资料私有制情况下，生产要素的配置完全由生产者自主决定，生产者可以根据外部环境的变化，按利润最大化的原则对生产要素进行重新组合。因而，经营组织的演进基本上是在市场调节机制的作用下自发进行的。在生产资料公有制情况下，生产资料归国家所有和劳动群众集体所有，经营组织在通过结构转换实现生产要素的重新组合过程中，要素的流转要受到国家、集体以及市场的双重制约，因而其组织变迁的过程往往主要是由国家强制和生产者在有限范围内的自主行为共同推动的。在这种情况下，经营组织的变迁往往与政府的行为密切相关。如果国家干预经济的愿望十分强烈，经营组织往往由国家强行安排。如在生产资料公有化的程度非常高的前苏联和计划经济体制下的我国农业中，经营组织只拥有生产资料的使用权，只能在国家安排的制度框架下，对生产活动进行简单的分工和协作，完全没有对组织进行变迁的自主权利。此时，农户经营组织被由国家强制力推行实施的集体农庄和人民公社所取代，农业的组织化程度极高，但组织效率极为低下。

生产资料所有制决定了特定时期农业经营组织的形成以及组织形式变迁的途径，但在同样的所有制情况下，经营组织的形式仍然可以是多种多样的。这是因为，在生产资料所有制一定的情况下，产权制度的安排可以有多种选择。产权是一组权利束，它包括对物品的所有权、使用权、收益权和让渡权，即同一种物品的产权是可分的。产权的可分性意味着构成产权的全部权利可以通过空间和时间上的分割进行多种构造，从而扩大了产权安排形式的选择空间。这一方面为同一资源能够满足不同行为主体在不同时间的不同需要，增强资源配置的灵活性与配置资源的效率提供了可能；另一方面也为通过产权要素的不同组合来选择交易费用最小、运作效率最高的生产组织提供了可能。同时，产权的可分性还意味着在同一产权结构内存在着多种权利，如果权利界定不清楚，缺乏约束与保护，就会造成组织内不同权利之间的相互侵蚀，导致产权残缺，由此产生的外部性及机会主义行为泛滥就会严重影响组织的运行效率，导致生产组织的无序性。

在农业中，所有制与产权制度安排的一个重要特点是，它们实际上是围绕着土地所发生的权利体系，因而农地制度的安排对农业经营组织起着关键作用。在土地私有制的情况下，土地归各农户所有，一般情况下，土地所有权的转移和使用权的转让，都需要通过买卖或租赁，当土地的分配格局已定时，除非发生重大的政治经济制度的变动，否则要做大的改变很难。在社会主义公有制条件下，土地属国家或集体所有，农户只有经营、使用权，国家和集体可以行使其作为土地所有者的权利，对土地的分配和使用进行调整，因而土地制度对农业经营组织的规模限制较小。

二、农业经营组织与经营手段

(一)农业经营手段

农业经营手段是指土地、建筑物、农具、机器、家畜、各种各样的辅助材料和人类劳动等。

1. 土地

从纯粹技术上来考察，土地表现为每一个农业经营组织最主要的基础；从经济上来考察，土地是农业经营组织必须首先占有的手段或者能够提供它支配的手段。任何一种人类经济活动都需要土地，因为只有土地才能提供人类不可缺少的立足地，人类只有从土地上面才能从自然界得到他们的生产生活条件，如阳光、空气和热量。如果没有土地，人类就没有办法去

利用这些自然产物,也没有活动的场所。

对农业来说,土地更负有一种特殊的任务,因为农业可以说几乎完全依靠土地生长植物。这种依靠或者是直接从土地上取得植物性产品,或者是间接取得动物性产品,动物又以植物生命为其绝对的前提。植物生长与气候条件紧密相关,气候条件又取决于土地的地理位置、纬度、地平面的倾斜度和倾斜方向等等,这些都是农业组织经营成败的重要条件。在国民经济较高的发展阶段上,各个农业组织经营上的成功,还取决于农业组织对其他人类居住集中地和劳力集中地的位置。

2. 劳动力

在奴隶制时期,人类本身在奴隶形态之下被看作一种经营手段。而在今天,自由的雇佣劳动者却不被理解为构成农业组织经营的一部分。只有根据雇佣合同,他提供给农业经营者支配的他的那一部分劳动力,才被大家看作是农业经营中的一种手段。在此处所说的人类劳动,必须和农业经营者领导的工作和他的辅助人员执行命令的工作区别开来。但这样说,并不排除农业经营者本人还表现为执行命令的器官或者辅助他的人员执行领导机构的任务。

3. 辅助手段

农业组织能否取得经营上的成功,还需要一系列的辅助手段,这些辅助手段既包括建筑物、农具、机器和牲畜,还包括在大多数场合下也是不可缺少的肥料和饲料等等。农业发展的程度是按照工具与机械技术高度以及工具与机械普及程度来衡量。利用没有武装起来的双手,农业经营者只能做出很少的事情,取得较少的利润。

(二)农业经营组织与经营手段的关系

农业经营手段是农业经营组织进行生产经营的逻辑起点,农业经营组织选择经营手段的种类和数量,并促进经营手段技术含量的提升。因此,农业经营组织与农业经营手段是相互补充、相互促进的关系。

1. 农业经营手段是农业经营组织的逻辑起点

成功的经营农业必须拥有一定的经营手段,并且要合理配置经营手段。农具和机器必须适应耕地以及现有家畜劳动力和人类劳动的要求,饲料必须适应现有家畜种类和数目,购买人造肥料之种类和数量也必须作为厩肥补充物来决定。然而为力求达到各种经营手段的合理配置,还必须注意经营中现有的而且还须长期利用的那些东西,例如现有的建筑物、农具、机器、牲畜和可供支配的人类劳动力。这些经营手段首先为现有经营组织设定了一种框架,农业经营暂时不得不在其范围以内按谱演奏。此后购置的饲料、肥料种类、数量以及常年经营中许多措施都必须以它们为标准来决定。只有经营组织旧框架在本质上被改变以后,常年的经营管理制度才能跟着改变。只有在种植业种类比例、耕作物耕作比例改变以后,适应此类改变的建筑物、牲畜存栏数、工人宿舍、劳动者家庭数目、农具和机器种类和数目等等才能改变。同时,土地耕作、施肥、播种,还有作物培育和收获、实物工资和日工工资、添购农具和机器等也必须改变。

2. 农业经营手段决定经营组织中经营部门的结构

农业经营手段可以用来取得各种各样的动物性产品和植物性产品。不同的农作物,不同的"农业种类",把每一种这样的经营称为一种特殊的"经营部门"。通常是经营手段的区分,例如土地可以用来取得牧草、干草、农作物、园艺产品和木材等,人们就可以把上述部门称为饲养业、种植业、园艺业和林业。

3. 农业经营组织影响经营手段的种类和数量的选择

经营组织依据组织中出现的经营部门来安排经营手段。例如,经营中所需要的建筑物种类和数量,主要是依照已有的农业种类,在耕地上已经种植的耕作物,已经创设的和准备创设的家畜饲养部门和工艺副业种类、数量和收益而决定的。这种道理也同样适用于农具、机器、牲畜、人类劳动和农业经营所购置的各种辅助材料。

4. 经营手段在经营组织中可以共享

某一个经营组织所需要的经营手段,不是经常地只用于某一部门,而且按照惯例,绝不是仅仅用于这一个部门,而是在大多数情况下为多数部门轮流地利用。例如,同一张犁,不只是轮流地用于各种农作物,而且还常常甚至于用在不同的农业种类上面。同一张耙,可能按照一定的顺序被用在小麦地、燕麦地、甜菜地上面,甚至在某种情况下,也用来在林地和草地上工作。同一的经营手段为不同的经营组织共同地利用,这种事情在更大程度上同样适用于劳动力,不论是人类劳动力或家畜劳动力。

此外,在一个农业经营组织中所安排的经营部门的种类和数量,和由此而必须采用的经营手段是由一系列条件所决定的,特别是由农业经营组织的经济环境和农业经营组织土地面积等自然特征所决定的。也就是说,是由土地面积大小、土壤构成和占优势的气候决定的。在经济和气候条件差别不大的国家里,总是农场所拥有的土地面积广狭及其特性在决定农场性质上起着决定性的作用。

三、农业经营组织形式

(一)农业经营形式

经营形式是企业经营方式和方法的总和。农村实行经济体制改革以来,按照生产资料所有权与经营权适当分离的原则,我国农业企业的经营形式由单一的集体经营形式转变为家庭经营与集体经营相结合的双层经营、承包经营、租赁经营、联合经营和国际化经营等多种形式。

1. 统分结合的双层经营

统分结合的双层经营,是指统一经营(集体经营)与分散经营(承包制家庭经营)相结合的双层经营。

(1)分散经营,集体经济组织中的分散经营(承包制家庭经营)是在坚持土地等主要生产资料公有制的基础上,在集体经济组织的统一管理下,将集体的土地发包给农户耕种,实行自主经营，包干分配。家庭经营的责、权、利是借助于承包合同来规定的。其责任是完成按家庭人口和劳力确定包干任务；其权利是在完成包干任务的前提下，获得土地的使用权和经营的自主权；其利益是完成包干任务后的生产收益，即“保证国家的，完成集体的，剩下就是自己的”。

(2)统一经营，是集体经济组织的另一个经营层次，是以生产资料集体所有制为基础的集体经营。它主要从事不适于家庭经营的以及为家庭经营提供产前、产中、产后的服务项目，如农田水利设施、农产品加工、储运、销售、农机修理、信息服务等。

统一经营大都存在于机械化程度高、不便分散操作的专业化企业或公司中，如国有、集体经济中的机械化鸡场、猪场以及农业中的加工企业。它具有两大特点：一是共同协作劳动，统一经营核算；二是按一定的形式计算劳动成果的数量和质量，并以此分配劳动报酬。在这种经营方式下，生产资料的所有权、经营权及产品分配权结合在一起，统一筹划一切生产经营活动。

统一经营与家庭经营构成农业经营的两个层次，相互依存，相互补充，相互促进。这种经营形式把集体和家庭的优势有机地结合起来，把农业社会化生产同专业化管理有机地结合起来，既保留了家庭经营的长处，调动农民生产、投入的积极性，又有利于在更大范围内合理配置生产资源，实行宏观决策和调控，弥补了小生产的局限性；既克服了过去集体管理过分集中的缺点，又发挥了集体统一经营的优势。双层经营符合农业生产的特点，适应当前我国农业生产力发展和农业企业管理水平。

2. 承包经营

承包经营，是在所有权与经营权分离的前提下，企业投资主体把所有的资产经营权按约定条件，承包给承包人经营的一种特定经营形式。

承包经营由发包方和承包方构成，发包方把自己所拥有的一部分生产资源交给承包方经营；承包方对承包经营的资源和财产安全负责，并按承包合同规定的责任、指标，完成上缴任务。

承包经营方式在目前相当普遍。无论是国有经济中农牧场的“大套小”形式，或是集体经济中的双层经营形式，都是以这种经营方式为基础的。它的特点是，按照所有权与经营权分离的原则，以承包合同形式，确定发包方与承包方的权责利关系，使承包者能按约定条件自主经营、自负盈亏。通常，在承包合同中必须规定双方的责任、权力和利益三方面内容，以便共同遵守和执行。承包方的责任，一是对承包资产进行合理使用，保证资产不受侵犯，保护资产安全；二是全面完成承包任务指标；三是遵纪守法，合法经营。发包方的责任，一是赋予承包人以经营自主权、生产指挥权、用人自主权和利益分配权等各种权力；二是为承包方提供各种有效服务。由于通过合同明确了双方的经济关系，因此有利于调动承包者的生产经营积极性，所不足的是，短期行为比较严重。

3. 租赁经营

租赁经营,是指在不改变财产所有权的前提下,资产所有者将其资产出租给承租者使用,并定期收取租金的一种经营方式。租赁经营的对象是企业资产。租赁程序和方法,一般是通过公开招标、投标确定中标者。

租赁经营一般适用于小型微利、亏损或濒临倒闭的企业。其特点在于,一是通过签订租赁合同,在一定时期内,出租人将资产经营权有偿让渡给承租人自主经营;二是租赁以后,原有法人代表应让位于承租人,由承租人任法人代表;三是原有资产仍归出租方,但承租期间,承租者享受充分的经营自主权,人事制度和分配办法全由承租者自行确定。因此,形成了利益更直接的激励机制。

4. 联合经营

联营经营,是指把不同所有制性质的单位共同投资组成新的经济实体,从事经营活动。其特点是,参加经营的单位基本上保持原有的独立经营者的地位,不改变各自所有制性质,按平等、自愿、互利的原则联合经营。联营的内容有生产联合经营、产销联合经营、购销联合经营、科技生产联合经营等;联营的对象有劳力、资金、技术、设备和土地等;联营的方式有紧密联营和松散联营等。近些年来,农村中推行的农业产业一体化,也是一种联营形式,它包括产供销、贸工农和农科教等相互结合而形成的一条龙经营方式,并以“公司+农户”的特有方式,引导农民发展生产,进入流通领域。

5. 股份合作经营

股份合作经营,是融合作制因素和股份制因素为一体,实行劳动联合和资金联合,以财产共同占有和个人所有相结合为基础而形成的一种经济组织形式。股份合作经济组织是由两人以上的劳动群众或其他经济组织自愿组合,以资金、实物、技术等入股,按照股份合作制原则运行,并依法登记,取得法人资格的经济实体。股份合作经营的本质特点是:实行劳动联合与资本联合相结合,按劳分配与按股分红相结合。与其他类型的农民合作经济组织类型不同的是,资本在股份合作企业的生产经营活动和收益分配中占有比较重要的地位。这类组织一般也是实体型和紧密型的,全国各地都有,尤其在东部较多。山东周村最早出现股份合作型企业,很快扩展到农业领域。农民、农村在兴办龙头企业进行农产品加工、销售、运输、储藏、资源开发和水利建设等方面,多采用这种形式。

股份合作经济组织以其灵活的组织制度优势,在一些有条件的农村地区得到前所未有的发展,但作为中间型企业组织形式,其发展很不稳定。

6. 集团化经营

集团化经营,是在生产力发展到一定水平,企业经营规模进一步扩大,向多元结构、多角化经营、多功能性质、国际化方向发展的基础上,建立起来的一种开发性的经济联合体。其典型的集团化经营形式是企业集团或集团公司。企业集团一般以生产要素为纽带,以扩大生产能力为着眼点,由规模不等的多个法人企业联合组成,实行资产一体化经营。在我国比较成功的农业集团公司是泰国的正大集团,它在我国的不少省份建立了成员企业,重点进行养鸡、饲料加工的综合经营,包括选育优良品种、孵化种鸡供应、肉鸡蛋鸡生产和各种配合饲料的生产等。

(二)农业经营组织形式

农业经营组织是指农业生产本身的、具有独立经济实体(法人)地位的劳动组织,我国现行的农业经营组织包括分散的农户、国营农场、农业企业以及新型农业经营组织。

1. 农户

我国目前的农业生产经营制度是以家庭经营为基础,实行统分结合的双层经营。在这种形式下,农户家庭作为集体经济内部的一个相对独立的经营单位,从事农业生产经营活动,它直接构成农业生产经营的主体和基本核算单位。农户家庭经营是一种弹性很大的经营形式,可与不同的所有制、不同的物质技术条件相适应,可以与不同的生产力水平相适应;既可以作为全民所有制或集体所有制的一个经营层次而成为社会主义公有制的组织部分,也可成为个体经济的主体,联营经济的参与者。

在具体的运行中,农户具有如下几方面的特点。

(1)农户的相对独立性。我国的家庭经营同国外的家庭经营不同,它是集体经济内部的承包经营。因而农户是集体经济内部的一个相对独立的经营单位,农户从事农业生产活动的最重要的生产资料——土地的所有权与使用权是分离的,所有权在集体,农户拥有土地的使用权和收益分配权。这一点决定了我国农户经营主体地位的相对独立,它既是集体经济的一个经营层次,又不同于集体经济内部的一般分工,可以直接构成市场的经营主体,拥有充分的经营自主权。

(2)土地经营规模狭小。由于土地经营权的平均分配制度和生产要素交易市场的缺乏,造成了我国农户经营规模过小。根据全国农村固定观察点的数据,2003 年我国农户户均经营耕地面积 0.50 hm^2。与其他国家相比,美国每个农场的平均面积在 200 hm^2 以上,就连人均耕地面积比中国少的日本农户,农户平均经营面积也有 3.48 hm^2。就是在这种严峻的情况下,中国农户经营的耕地面积还有进一步缩小的趋势,主要表现在,第一,随着农民家庭的不断分化,现有农户耕地面积不断细分。1986 年,我国农户户均经营耕地面积为 0.61 hm^2,到了 2003 年就只有 0.50 hm^2;第二,土地承包到户时,不同质量等级的土地分别被平均承包,使本来就少的承包地被分割成零碎的小块。2003 年,我国农户平均经营耕地块数 5.72 块,其中,不足 0.07 hm^2(即约 1 亩)的耕地地块占 70.8%,耕地极为零碎,农户经营很不方便。

(3)兼业化经营现象突出。由于土地经营规模过小,仅靠农业生产经营难以满足农户生活上的需要。同时,也使农村有大量的剩余劳动力,于是就出现了农户的兼业化经营现象。按照农户收入构成为主并结合投工量的多少来划分,我国农户目前可分为纯农业户(在家庭全年生产性纯收入中有 80% 以上来自农业,或家庭农村劳动力的绝大部分时间从事农业)、以农为主兼营他业农户(在家庭全年生产性纯收入中有 50%~80% 来自农业,或家庭农村劳动力一半以上的劳动时间从事农业)、以非农为主兼营农业农户(在家庭全年生产性纯收入中有50%~80%以上来自非农业,或家庭留存劳动力一半以上劳动时间从事非农业)、纯非农业户(在家庭全年性纯收入中有80%以上来自非农业,或家庭农村劳动力的绝大部分时间用来从事非农业)和其他类型农户(因某种原因难以或不能确定为上述类型的农户)。按照上述划分,目前我国纯农业户占农产总数的40%,以农为主,兼营他业的农户占37%,以非农为主兼营农业的农户占16%,纯非农业户占5%,其他类型农户占2%,农户兼业化经营现象比较突出。

2. 国营农场

国营农场是由国家投资,在国有土地上建立起来的全民所有制农业企业,是我国农业生产经营中的一种非常重要的组织形式。国营农场的全部生产资料和产品都是国家的财产,它根据国家计划要求组织生产经营。

国营农场的类别多种多样,通常主要有四种不同的分类方法:

(1)按照所承担的具体任务的性质,可分为一般生产农场、良种繁育农场、教学实习农场和科学试验农场。

(2)按经营的项目,可分为综合性农场和专业性农场。综合性农场一般以种植业起家,实行农林牧副渔多种经营。专业性农场,一般经营比较单一,地域性较强,主要从事某一两种资源的开发和利用,如橡胶农场和园艺特产农场等。

(3)按照生产专业化的特点,可分为:以生产小麦、稻谷、大豆等为主的粮食作物农场;以生产棉花、甘蔗、甜菜等为主的经济作物农场;以饲养畜、禽为主的养畜(禽)场;以生产水产品为主的水产养殖场;以种植橡胶、茶叶、人参等为主的特种作物农场和园艺场;以良种繁育为主的良种繁育场等。

(4)按隶属关系分,通常主要有五类,包括归农垦部门管理的国营农场、归侨务部门管理的华侨农场、归军队管理的部队农场、归司法部门管理的劳改农场以及归农业部门管理的良种场、园艺场和种畜场等。

各种不同类型的国营农场,大多都实行场部和生产队两级管理。有些规模较大的农场,在场部和生产队之间还设有分场,作为场部的派出机构,对若干生产队进行管理。除了上述各种不同类型的农场外,在我国还有一种特殊建制的兵团农场。这种农场基本是按照前苏联模式和军队建制建立起来的混合型直线模式,编制和干部配备都按部队管理的方式进行。国营农场运行的主要特点在于其运行目标的多重性。由于国营农场建立和发展的特殊背景,它除了负有一定的生产建设任务之外,还有示范农民、屯垦戍边、为国家经济建设积累资金的特殊使命,是农业领域的“国有企业”。与农户相比,国营农场的技术装备较好,职工素质也较高,有较高的劳动生产率。但国营农场拥有的土地资源有限,其产出量所占份额不大,主要为社会提供大宗商品农产品和特殊农产品。近年来,随着市场化程度的加深,国营农场政企不分、负担过重、职工生产积极性不高的问题越来越突出,正面临着重大的变革。

3. 农业企业

农业企业是指使用一定生产资料，独立经营，自负盈亏，从事商品性农业生产的经济组织。农业企业主要有合伙制企业、股份制企业、股份合作制企业和农业公司等。

(1)合伙制企业，是两个或两个以上的企业主共同出资，为了利润而共同经营，并归若干企业主共同所有的企业。这是一种资本联合的企业组织。与个人业主制相比，扩大了资本来源和信用能力，扩大了企业的规模，集合了合伙人的经验，提高了企业竞争力。合伙制的弱点是：合伙人承担了企业的无限责任以及连带责任，具有较大风险；合伙人之间在产权转让和经营决策上，容易产生意见分歧，而合伙制需要合伙人的共同意见才能决定，所以合伙制企业容易变动。

(2)股份制企业，是较能适应市场经济的一种现代企业组织形式，在我国农业中也得到发展。股份制企业的特点是：①企业的资产属于为企业提供股本资金的股东所有，股东不受所有制或地区的限制。股东为企业提供的入股资金折合成等额的股份。股东入股后有权分取企业利润，股权可以转让，但不得退股。②企业的经营决策权属于全体股东或股东代表大会及由其选举产生的董事会，股东会实行一股一票和少数服从多数的原则。③董事会聘请经理(或厂长)，负责企业的日常经营管理工作。④企业税后利润的分配实行按股分红的原则。⑤企业的亏损和债务也按入股多少承担经济责任，但这是有限责任，即最多不超过其所提供的股本。

(3)股份合作制企业，是既具有合作制属性，又具有股份制属性的混合制企业。这种企业大多在原集体经济的合作组织中引进股份制的因素而形成的，也有一些是新成立的股份合作制或在原股份企业中增加了合作制的因素。股份合作制企业一般应具有以下特点：①股份合作制的财产所有权也属于为其提供股本资金的股东所有，其股权属于作为股东的社员，也可以属于合作组织的集体，但股东一般要受地区和职业身份的限制，通常是原合作组织的成员。②股份合作制的企业的股东可以申请退股，但股权不转让给非股东。③股份合作制企业的最高决策权属于股东大会及其选举产生的理事会。股东大会的表决权既不完全按照一人一票制，也不完全按照一股一票制，往往采取按人、按股双重标准(具体标准通常由企业自定)。④股份合作制在税后利润的分配上，强调必须提留规定比例的公积金、公益金，然后再根据按股分红和按劳分配或按社员同企业的交易额相结合的原则分配。

(4)农业公司。公司制是现代企业组织形式，是以赢利为目的、由两个或两个以上的出资者以一定的形式共同出资组成的法人企业。农业中的公司制(即农业公司)，是指在农业的产前、产中、产后从事农用生产资料的生产、农产品的生产、加工、营销的现代企业组织形式。

4. 新型农业经营组织

家庭承包经营重建了我国的农户经济之后，分散经营的农户出于对社会化分工和协作的基本需求以及抗御农业风险的需要，开始以各种方式寻求联合与合作，涌现出了各类不同的新型农业生产组织。具体看来，我国现阶段农业经营组织的联合与合作形式主要有三种。

(1)社区集体经济组织,是一种政府主导型的合作经济组织,一般是以行政村为组织界限,在土地集体所有和农户家庭承包经营基础上,实行“统分结合、双层经营”方式的合作组织。作为农民联合与合作的一种组织形式,社区集体经济组织在发展中存在很多问题,一直具有较强的行政色彩,合作属性淡化;基层政府和经济自治组织的职能难以划清;较强的封闭性和排他性妨碍了它对市场配置资源和生产要素流动要求的适应力。这些弱点导致了它对农户的服务、协调能力不强,不能有效地组织农民发展生产和引导农民进入市场。

(2)农民专业协会,是一种市场导向型的合作经济组织,是应市场经济发展而产生的,它是农村各种专业技术协会、技术研究会以及专业合作社的统称,也是歧义较大的一类组织。

(3)农业产业化经营组织。二战后,美国率先在农业与关联产业间出现农工商一体化经营,从而围绕农业生产构成了一个庞大的农业产业群。在我国,与农业相关联的部门,如产前服务、生产资料供应和产后服务、产品加工、贮运、销售等部门,在传统的计划经济体制下处于分离状态,实行多部门分割管理,中间环节多,交易费用高,农业比较效益低。

作为农业与关联产业融合的有效方式,农业产业化经营具有特定的组织含义,即农业的关联企业以某种非市场安排与农业生产者在经济上和组织上建立起稳定的合作(或协作)关系,从而达到节约交易费用,获取规模经济效益的目的。

第三节 农业企业的组织设计与创新

一、农业企业组织结构的形式

现代企业组织结构,包含既相互联系又相互区别的法律上的结构和管理上的结构。“法律上的结构”是指出资人与公司的法律关系和股权关系;“管理上的结构”是指为了更好地管理企业、提高企业的经营效益而构造的企业组织内部关系。在这里,我们主要讨论企业管理上的组织结构形式。

(一)单体型企业组织形式

单体型企业组织是指单一企业法人的企业。依据我国公司法规定,即有限责任公司和股份有限公司两种形式。

1.有限责任公司的组织形式

常见的有两种,一是职能型;二是参谋型。

(1)职能型。一般规模较小,产品数量少的企业采用这种形式,如图4-1所示。

(2)参谋型。一般适合于规模大,产品数量多的企业采用,如图4-2所示。

2.股份有限公司的组织形式

一般地说,如组织规模大,可采用事业部制形式,如图4-3所示;如组织规模小的企业,则采用职能制。

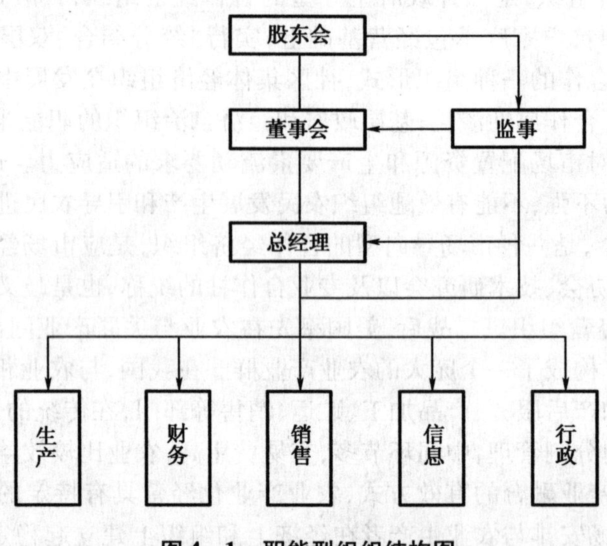

图4-1 职能型组织结构图

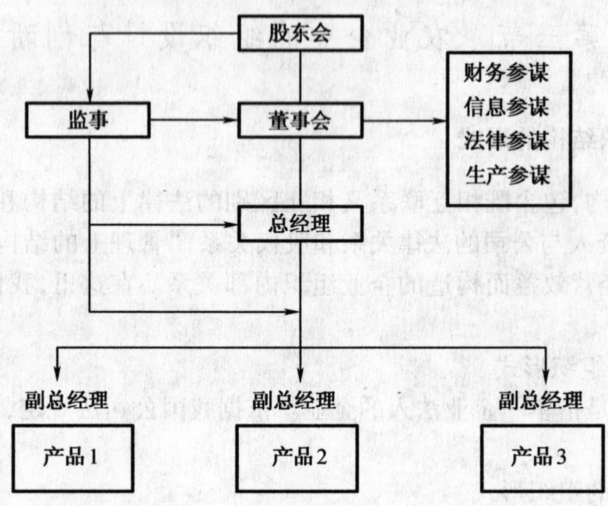

图4-2 参谋型组织结构图

事业部制组织,也称"M型"组织。其特点是"集中政策,分散经营",即在集权领导下实行分权管理。这种组织结构,就是在总公司的领导下,按产品或地区或市场(顾客)划分而建立的、具有产供销权限、实行相对独立的类似于分公司的事业单位。事业部设立职能部门,实行单独核算,对产品设计、原材料供应、产品生产、销售和售后服务等负全面责任。总公司只

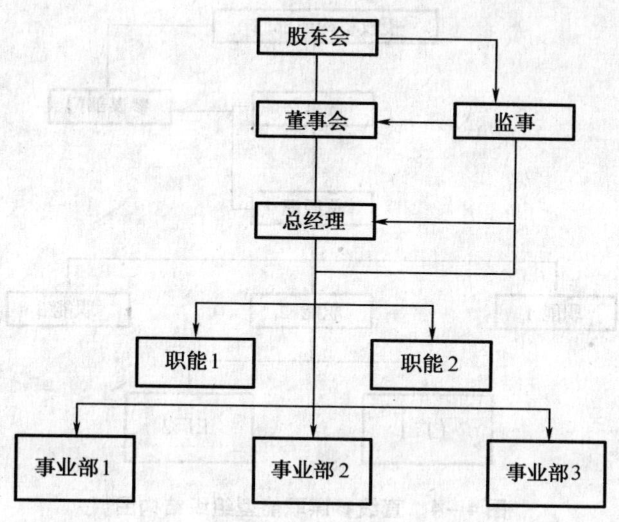

图4-3 事业部制组织结构图

保留预算、人事任免和重大问题的决策等权力，运用利润等指标对事业部进行控制，而不要求与事业部的职能部门上下对口，垂直领导。

事业部制的优点：①事业部作为一种分权组织，有利于企业高层管理者摆脱日常行政事务，专心致力于战略决策、长期规划；②事业部作为相对独立自主、相对独立利益和相对独立市场的结合体，有利于调动部门和职工的责任心和积极性，培养管理人才；③事业部任务单一，便于组织专业化生产，开发新产品，采用新技术；④事业部有较大的管理权限，实行独立经营，有利于按照市场需求变化做出经营决策，提高企业的应变能力和竞争能力。其缺点：增加了管理层次、管理人员和管理费用；由于各事业部实行独立经营，不利于事业部之间信息、人才、技术等交流，容易滋长不顾总公司整体利益的本位主义倾向。事业部组织适用于产品多、市场分布广的大型或超大型的股份公司。

3. 国有独资公司的组织形式

国有独资公司，是受国有资产管理委员会的委托或授权，专司国有资产的运营，并参与市场平等竞争的法人实体。它是代表国家行使国有资产的投资经营权，其本身不直接参与公司的生产经营活动，只是通过委派董事和董事会及董事会聘请的总经理，间接地参与公司的管理。为了更好地管理公司，监督公司的经营，一般采用直线参谋职能型的组织形式，如图4-4所示。

直线参谋职能型，兼有直线职能型和参谋型的管理优势。由于直线领导，有利于统一指挥和集中控制；由于参谋机构的谋划帮助，有助于解决因公司过分集权而带来的风险问题；由于实行管理专业化，可以提高管理效率。但也有缺点，各参谋部门与指挥部门之间的目标有

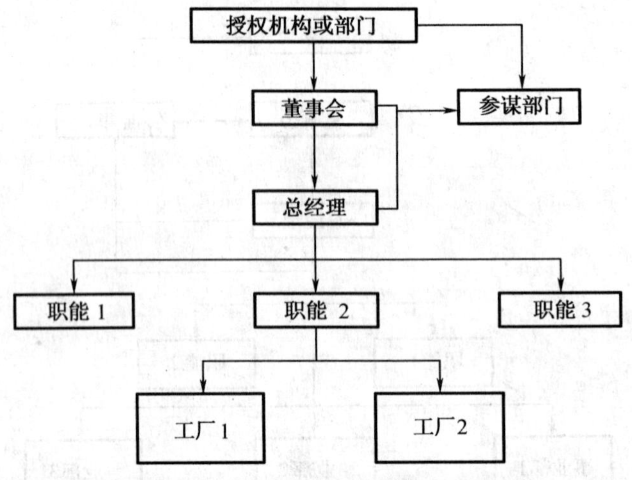

图 4－4　直线参谋职能型组织结构图

时不一致，容易产生矛盾；而且要求各职能部门的经理具备许多不同行业的专业知识是比较困难的。

（二）联合型企业组织形式

联合型企业组织形式，是指由若干个独立法人企业所组成的联合体。按其联结方式的不同，可分为契约联合型企业组织和资产联合型企业组织两种形式。

1. 契约联合型企业组织

即指联合的企业为了某一个共同目标，或某一段时间的共同利益，通过契约、合同等联结方式而联合起来的企业组织。联合企业组织中的各企业仍保持独立法人资格，享有平等权利，整个联合企业组织的管理都是通过契约、合同进行。这是一种松散型的联合，其具体组织形式有以下几种。

（1）特许连锁经营企业组织形式。特许连锁经营企业的联合组织，一般有一个声誉较大的中心企业（授权方），它拥有著名产品及其商标、技术、服务标志等，其他成员企业（被授权方）则通过契约、协议联结方式获得以上特许经营权。参加这种联合组织的企业，经营同一标准商品，使用同一服务标志，采用同一经营方式；联合组织的管理是由授权方负责，主要监督特许经营合同的执行情况。

连锁经营是生产力发展和经营方式发达的产物。它是以消费的增长、交通的便利、科技的进步和市场竞争为前提的。我国的连锁经营从 20 世纪 90 年代初起步，发展较快，连锁经营已成为我国商品流通体制改革和结构调整的主要方向。

（2）联营企业组织形式。它是由产品上、品牌上、技术上享有声誉的大企业，联合若干个小企业而组成的联合体。参加联营的企业各自独立地生产销售，但它们生产相同或相配套的产品,销售相同的品牌,并由提供产品、品牌和技术的龙头大企业(或中心企业)按照协议负责某些方面的协调。如联营企业是协作型单位,中心企业只负责把好配套产品或零部件的质量关,同时负有包购这些配套产品或零部件的义务。联营企业同特许连锁经营企业相类似,在管理上是松散的。

(3)战略联盟公司组织形式。战略联盟公司,是指为完成某一特定任务,通过电子手段、信息技术而临时组成的暂时性网络式联盟组织。这种全新的联合企业组织模式,其突出特点,一是组织灵活,聚散迅速。如有某一商机或特定任务,一个公司会立即联合其他公司协同会战,一旦各自需求解除,则马上各奔东西;如又有别的机会,该公司将用相同方式去达到目的。这样有助于利用变化多端的市场机会。二是技术先进,联结便捷。它主要借助于信息网络、通讯技术,打破了联合公司之间的时空阻隔,利用了联盟企业的智力、技术等资源,从而形成一种力量强劲、效益最佳的组合。三是彼此信任,发挥优势。这类组织要取得成功,联盟企业之间必须有更多的相互信任,为着"一种共同的使命",每个公司都将自己的"核心优势"贡献出来,因而可能创建一个"一切都是最优秀"的机构。此类组织形式,只用于高新技术的共同研究和开发。

2. 资产联合型企业组织

即指以资产为纽带所形成的联合体。联合体中的成员企业之间的联结纽带是资产,也就是一个企业持有或控制另一个企业的股份。

(1)企业集团(Enterprise group),即由两个或两个以上企业以资产为纽带形成的有层次的企业联合组织。企业集团本身不是法人,而其成员企业都是法人。一般来说,企业集团分为四个层次。第一为核心层,由一个或多个大的企业构成,它对其他成员企业都有持股和控股行为;第二为紧密层,即由核心层的控股子公司构成;第三为半紧密层,它由紧密层的子公司或核心层的控股公司构成;第四为松散层,主要由与企业集团成员有一定联系,如持股关系、协作关系等的企业组成。

企业集团是当今世界最有影响、最具成熟的企业联合组织。不同国家或地区的企业集团都有各自的特色,如日本的三菱集团、住友集团、三井集团等,它们的最高权力机构是经理会;经理会是由集团成员企业的经理或董事长组成。德国的企业集团称为康采恩,其最高权力机构是企业集团的董事长;董事会成员由集团成员的企业董事长组成。我国企业集团的核心层是集团公司,它是一个独立的经济实体,其本身可能是国有独资公司或股份有限公司或有限责任公司等形式,它作为母公司既负责本公司的生产经营,又要通过控股、持股对成员企业进行管理、控制。可见,我国企业集团的最高权力机构管理是由集团公司兼管。

(2)跨国公司(Transnational corporation),是指通过资产纽带控制着多个在不同国家的公司(子公司)的总公司(母公司)。尽管跨国公司的类型和形式多种多样,但它们具有一些共同特点:一是跨国公司在国外的子公司是独立的经营实体,在人力和资金方面拥有统一的核算体制;二是企业具有全球性的经营战略;三是跨国公司控制或持有国外子公司的大部分股

权,并使其服务于母公司的全球战略;四是跨国公司的经营活动大部分是在公司体系内进行的。

二、农业企业组织的创新

(一)农业企业组织创新的动因

1. 来自企业外部的压力

经营环境的不确定性,必然影响企业组织的稳定性、适应性、创新性。经营环境对组织创新的影响主要有以下几方面。

全球经济一体化,主要表现是市场竞争的国际化,使得任何一个企业都难以摆脱奇特经济主体的影响,最明显的例证就是2008年爆发起来的金融危机,严重影响到各个主要经济体的主要企业。在这种背景下,必须适时地对企业组织结构进行改革与创新。

与此同时,与工业经济时代相比较,新型经济形态的发展,也对企业的组织结构创新形成了要求。在知识经济时代,企业管理理论与实践,已经和正在发生着深刻的变化,管理方式逐渐由"以产值为中心"的依法治厂管理,转向"以信息为中心"的智能化管理。随着科学技术的发展和生产力的提高,企业以往凭借价廉物美在竞争中取胜的简单模式已经被多层面的竞争所替代,过去那种在静态假设下四平八稳的管理方法已经过时,变化成为知识经济时代的主旋律。这就使得过去金字塔式的等级森严的官僚化管理被一种扁平式、网络式的管理体系所替代。

2. 来自企业内部的推力

(1)战略调整

外部经营环境的变化,给企业带来了风险和机遇,因而,企业经营战略必须适时地做出调整。作为实施战略的组织本身也应做出相应的变革,例如采取扩张战略,必然要求组织结构扩展;采取收缩战略,必然导致机构精简等。

(2)规模经济

包括两方面含义,一是企业经营必须逐步实行适度规模经营,提高内在规模经济。即以企业经营规模的扩大而获得的经济效益。主要包括劳动力规模扩大,优化分工协作而获得的效益;土地规模扩大,采用先进技术而获得的效益;机械设备规模扩大,提高其利用效率,降低作业成本而获得的效益;购销规模扩大,节省流通费用,增强市场竞争力而获得的效益;以及在上述基础上,优化生产要素组合和合理组织经营过程,提高整体效应而获得的效益。二是农业企业必须克服传统的"小而全"的经营格局,提高外在规模经济。即在一定地域内,产业规模扩大,社会化协作和服务使企业获得的经济效益。主要包括:产业规模扩大,当地通信、道路等基础设施改善而获得的效益;扩大社会化生产协作,改变"大而全"或"小而全"的经营格局,促进生产专业化而获得的效益;改善农业社会化服务体系而获得的效益等。

(3)企业技术进步

技术进步推动着企业组织变革,如新产品开发导致科研机构的增加;新设备、新工艺的采用引起劳动生产率大幅度提高,可能会导致生产组织减少;网络技术和办公自动化技术导致管理机构精简等等。

(4)企业功能的变化

现代企业除了具有生产功能外,诸如企业内部人际关系、企业与外界关系的协调功能,更是不可或缺的。良好的公共关系是企业宝贵的无形资产,它能为企业带来长期效应。因而,企业增设“公关部”、“外联部”等组织机构已成为必然。

(5)企业文化的推动

企业文化是指一个企业所创造的具有本企业特色的精神财富,包括思想道德、价值观念、人际关系、精神风貌,以及与此相适应的组织与活动。企业文化也是一种生产力,良好的企业文化能优化组织结构。它强调组织结构和行为应具有高度的弹性与适应性,以激发员工进行创造性劳动,企业效益即可持续增长。

(二)农业企业组织创新的思路

1. 坚持以农户家庭经营为基础的组织创新观念

家庭经营组织具有广泛适应性和多种优越性。在农业现代化水平较高的日本,70%的耕地和草地是由小规模农户经营的,其中经营面积在1公顷以下的农户占69%。韩国在小规模的农户家庭经营组织的基础上实现由农业社会向工业社会的转变。美国在实现农业现代化的过程中,家庭农场始终占主体地位。早在1987年由个人或夫妇经营的独资农场占87.3%,合伙农场占10%,公司农场占2.7%。而且,大多数合资农场和88%的公司农场是委托给家庭经营的。到20世纪90年代中期,家庭农场的比重上升到89%,拥有81%的耕地,83%的谷物收获量和77%的农场销售额。虽然美国家庭农场的规模比日本、韩国大,但以家庭为组织单位的特征没有变。实践证明,家庭经营组织既适应传统农业,又适应现代农业;既适应小规模经营,又适应大规模经营;既适应农业生产的特点,又适应农民的组织习惯和文化心理。

2. 克服农户家庭经营组织创新的制约因素

作为分散的农户家庭经营单元,与农业现代化生产要求相比,有局限性的一面。

(1)生产经营规模较小

农户家庭经营规模小,对新技术的推广与应用往往形成一定制约,在农业机械化技术的应用方面表现特别突出,不利于获得规模经济效益;在市场经济条件下,抵御市场风险能力差,实现产品价值的交易费用高,农产品商品率低下。

(2)组织结构缺乏弹性

农业现代化不仅要求生产手段、生产技术和生产管理的现代化,而且要求组织结构富有弹性化。我国农户家庭经营组织具有明显的地域性、血缘化的特点,组织结构缺乏弹性,其创新的空间较小。

(3)土地使用权流转不畅

目前,我国土地使用权流转的法律法规尚不健全,农户之间耕地使用权流动尚未法制化,有偿转包制度尚不规范等。这些都不利于各类种养大户和家庭农场的形成,即不利于推动家庭经营的组织创新。

(4)产业链延伸较困难

世界经济发展经验证明,农业是发达的产业。一些发达国家从现代化伊始,城市与乡村,工业与农业发展就大致保持一种同步状态。而我国农业之所以成为"弱质产业",主要是因为产业化程度低,比较效益低。在传统的小农经济思想束缚下,农业产业长期处于被分割的状态,由于部门和地方利益的驱动,农业产业链各自封闭运行,使得家庭经营组织很难向非农产业延伸。因而,制约了农业企业组织的发展和创新。

3. 农业家庭经营组织创新的思路

按照创新理论,农业家庭经营的组织创新有两种方式,即内涵式创新和外延式创新。我国农业家庭经营组织应以内部组织创新为主,走内涵式与外延式组织创新相结合的道路。

(1)内涵式组织创新

内涵式组织创新就是提升家庭经营组织的素质和效率及其竞争力。主要包括完善产权制度、转换经营机制、扩大经营规模、实行科学管理等等。一要完善土地产权制度,建立灵活的农地流转机制,促进家庭经营规模的适度扩大,进而推动家庭经营组织的变革。产权改革应致力于推动所有权与经营权的完全分离,并实现经营权的流转和可交易性,这是家庭经营组织创新的制度基础。二要提升家庭经营组织的素质和竞争力。除了国家要加大对农业支持的力度外,新型农民的培育和现代经营意识的培养是家庭经营组织创新的前提保证。积极采用现代农业科技和设备,加大投入,实行集约化和规模化,向非农产业扩展。三要大力培养现代农场主。现代农场主是组织创新的主要的、最有力的推动者。

(2)外延式组织创新

外延式组织创新是指企业组织跨越原有企业的边界。如一体化组织、企业联合、兼并、组建跨国公司、建立战略联盟、设立虚拟工厂(或商店)等等。农业家庭经营组织的外延创新,可以与相关企业组织,在利益共享、风险共担的原则下,通过契约方式建立各种形式的联合经营组织,形成以家庭经营组织为轴心的农业微观组织链。其基本的组织运作模式有:农户承包、区域联片、专业合作、一体化经营、农业科技园区等。最典型的是农业产业化组织形式,具体有:公司 + 农户;公司 + 基地 + 农户;市场中介 + 农户;专业协会 + 专业户;农户联合体;专业合作社和股份合作制企业等等。又如,在国外,美国和日本的组织扩展模式:"垂直式"一体化农业公司;大公司与农场主"契约式"一体化组织;韩国实行的"农协 + 家庭农场";泰国实行的"政府 + 公司 + 银行 + 农户"的组织扩张模式等,都具有参考借鉴意义。

(三)农业企业组织创新的三大功能

现代企业制度的建立与经济增长方式和增长质量的转变,使农业企业的发展越来越依赖于高效率的组织运行体系与科学的组织结构。因此，组织创新已成为农业企业改革的重要内容，并对农业企业的生存和发展产生重大的影响。

主要体现在：

1. 对农业企业市场地位的保障功能

企业（特别是农业企业）市场地位具有动态的特征，随时都可能因内外环境的变化（主要是企业内部以及市场适应能力的变化）而变化。因此，农业企业要想在市场竞争中保持良好的竞争业绩和相对稳定的市场份额，必须进行创新活动，这是企业所有创新活动的重要保证。

2. 对农业企业生产诸要素的优化配置功能

企业经济活动效率的高低，取决于企业各生产要素配置的合理程度。近年来很多农业企业效益下降、经济滑坡的原因是多方面的，其中企业长期超负荷的运转，以及资源浪费则是重要的原因。改变这一状况的重要途径，就是通过企业组织创新，优化组织结构和组织规模，在保证农业企业高效运行的前提下，尽可能节约人、财、物资源，并通过权利的重构对农业企业的信息资源进行合理分配，以提高农业资源的利用率。

3. 对农业企业技术创新风险的防范功能

技术创新是实现市场经济所要求的资源配置最优化目标的有效手段和主要途径。技术创新从本质上是一种变革，而变革就意味着风险，要降低风险，就需要与之相适应的具有弹性的组织制度和组织体系结构。适应新技术要求而建立的企业组织体系，是在打破旧组织体系的基础上对生产要求（主要是人力资源）的一种新的组合。因此，组织创新不仅能加快新技术的产生的应用速度，提高技术创新质量，而且能消除组织采用新技术的壁垒障碍，提高有限资源的利用效率，为技术上的重要突破提高组织保证，从而有效地防范技术创新风险。

（四）农业企业组织创新的主要内容

由于各个企业的具体条件不同，例如企业的环境、战略、技术、人员、规模、文化、成长阶段等主要制约因素不同，其组织变革的创新的内容自然各不相同。

农业企业组织创新和其他类型的企业一样，就是要全面系统地解决企业组织结构与运行以及企业间组织联系方面所存在的问题，使之适应农业企业发展的需求，具体内容包括企业组织的职能结构、管理体制（组织体制）、机构设置、横向协调、以流程为中心的管理规范和跨企业联系六个方面的变革的创新。

1. 职能机构的变革和创新

组织设计的一个基本原理就是“战略决定结构”。但是，人们无法从战略直接推导出具体的组织结构，只有经过分析企业及其管理组织实现战略目标所必须具备的基本职能，并从这些基本职能中寻找确定对实现战略目标起着决定作用的关键职能，然后再进一步设计执行这些职能的结构，战略才能切实找到组织上的落脚点。

就中国农业企业而言，建立科学合理的职能机构所要解决的主要问题是：①走专业化道路，分别由辅助作业、生产与生活服务、附属结构等构成的企业非生产主体，发展专业化社会协作体系，精于企业生产经营主体，集中资源强化企业核心业务与核心能力。②适应市场经济的需要，优化基本职能结构，其重点一是加强生产过程之前的市场研究、技术开发、产品开发和生产过程之后的市场营销、用户服务等过去长期薄弱的环节，二是加强对信息、人力资源、资金与资本等重要生产要素的管理，不断壮大企业实力。③突出关键职能，建立富有农业企业特色的职能结构。如果把农业企业比作一座建筑物，那么关键职能就好像是承受负荷最重的那部分构建。关键职能应配置在组织结构的中心位置，其他只能给予配合，不能大家都当主角。只有解决好了上述几个重要问题，农业企业才能真正实现精干、高效，具有强大竞争力。

2. 管理体制（组织体制）的变革和创新

所谓管理体制，就是指以集权和分权为中心、全面处理企业纵向各层次特别是企业与二级单位之间的责权利关系的体系，亦称为企业组织体制。管理体制关系到企业能否既保持必要的统一性，又具有高度的灵活性，因而是企业纵向结构设计的重大问题。

3. 组织结构的变革和创新

组织变革不仅要正确解决上述管理体制等企业纵向组织结构问题，还要同时考虑向上每个层次应设置哪些部门，部门内部应设置哪些职务和岗位，怎样处理好它们之间的关系，以保证彼此间的协调配合，这些都属于企业横向组织结构范畴。长期以来，很多农业企业横向结构普遍存在分工过细、过死，机构过多，人浮于事，矛盾多、扯皮多、效率低、效益差的现象，问题十分突出。

对于机构设置，改革的方向之一是贯彻“一贯管理”原则，推行结构综合化。即针对分工过细、分段管理的问题，适当简化专业分工，力求在管理方式上实现每个部门对其管理的物流或业务流，能够做到从头到尾、连续一贯的管理，达到物流畅通、管理过程连续。具体做法就是把相关性强的职能科室归并到一起，做到一个基本职能设一个部门、一个完整流程设一个部门。其次是推选领导单职制，即企业高层领导尽量少设副职，中层和基层领导基本不设副职。

4. 横向协调的变革和创新

横向协调所要解决的问题是采取哪些组织形式和办法，使各个部门之间既有分工、又能密切配合。现代组织设计给我们提供了三大类协调方式，这就是制度性协调方式、结构性协调方式和人际关系协调方式。针对中国农业企业横向协调存在的突出问题，应特别强调在以下三个方面有所突破，并采取行之有效的具体方式：①突破单纯依靠上级协调、权利服从、实行自我协调、工序服从制度。这就是在各项业务活动中，根据工序的地位与作用，实行相关工序之间的指挥和服从，即上工序要服从并服务于下工序，一般工序要服从并服务于核心工序，辅助作用要服从并服务于基本作业。②突破传统的责任制单纯强调划清责任的僵化倾向，实行主动协作、工作渗透的专业搭接制度。有意识地安排一些必要的重叠与交叉，有关科室分别享有决定、确认、协助、协商等不同责权，以保证同一业务流程中的各个部门能够彼此衔接

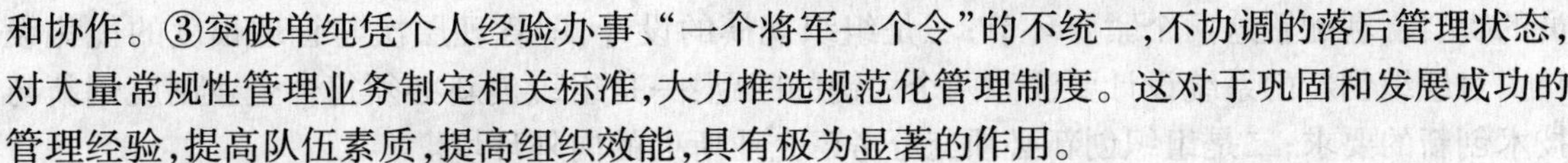

和协作。③突破单纯凭个人经验办事、“一个将军一个令”的不统一,不协调的落后管理状态,对大量常规性管理业务制定相关标准,大力推选规范化管理制度。这对于巩固和发展成功的管理经验,提高队伍素质,提高组织效能,具有极为显著的作用。

5. 管理流程的变革和创新

管理流程是企业管理制度的核心部分,它是把各个管理业务环节,按照管理工作的程序联结起来,而形成的管理工作网络。对管理流程继续设计与优化,实际上就是要建立健全以业务流程为中心的一整套管理制度。

在流程再造过程中,需要着力解决的问题是:①建立横向的“市场链”,确保市场与用户需求等信息顺畅地传递到每一个管理部门和环节,让以用户为中心的经营思想和市场导向的原则真正获得组织保证。②要明确规定各部门、各岗位之间的相互协作要求和信息传递关系,使“管理孤岛”变成上下左右相互衔接、流程畅通的管理网络,实现管理的高效率。③从用户需求出发,运用取消、合并、简化、调序、一体化、自动化等方法与手段,对原有程序复杂、周期过长、成本高、效率差的流程,真正其进行彻底的改造,给用户带来更多的方便与利益,使企业赢得更多的商机和效益。

6. 跨企业组织联系的变革和创新

现代信息技术的应用,一方面能够使企业与企业之间因需要进行信息沟通、合作、谈判以及签订和履行契约等而发生的市场交易成本大大降低;另一方面,又能够使组织内部信息沟通、业务协调、监督控制等管理活动变得十分便捷、方便,费用也大大降低。因此,在企业发展战略指导之下,加快应用现代信息技术的步伐,重新调整农业企业与市场的边界,重新整合农业企业之间的优势资源,推进农业企业与其他企业组织联系的网络化,这是经济全球化新世纪农业企业组织创新的一个重要方向。

(五)农业企业组织创新的对策

现代企业制度的一个基本内容是管理科学化,管理科学化必须全面推行现代化的管理思想、管理组织与管理手段以及人才的高度知识化。组织创新是管理科学化的核心内容。对于农业企业而言,可以从以下两个大的方面着手进行组织创新:

1. 完善农业企业组织创新机制

(1)培育农业企业组织创新意识。这是建立和完善农业企业组织创新机制的前提。组织创新是一种组织变革活动,也是一个复杂的系统工程,要受到多方面因素的影响和制约,其中企业家对组织创新的认识态度起到极为重要的作用。因此,培育农业企业组织创新意识,必须从企业家入手,创新活动本身就是一个综合性概念,一个要素的变动肯定会带来一系列因素的变化,仅仅强调制度创新和技术创新是不够的,组织创新必不可少。培育组织创新意识又必须全面、深刻、正确认识组织创新。

(2)加强组织创新的系统设计。组织创新的系统设计包括三个方面的内容:一是组织形式的选择;二是组织结构的优化设计,特别要把握信息资源的分布和传输效果以及部门与成

员的责、权、利配置这两个紧要环节；三是组织规模的设计，即管理层次与管理幅度的优化设计。对组织创新的系统设计要注意两个关键的问题：一是组织创新必须符合企业制度创新与技术创新的要求；二是组织创新必须充分考虑企业所处的内外环境。

(3)明确农业企业组织创新的目标与方向。组织创新只有符合农业企业自身的目标、方向和战略要求才能发挥作用。因此，组织创新的目标与方向必须始终紧扣农业企业的目标、方向和战略。

(4)对权利体系结构进行优化设计。对于农业企业来说，权利的作用有两个：一是维护组织的稳定和统一。二是领导农业企业的经营活动，以实现企业目标。组织创新实质上权利在企业内部的重新分配和运用。为此，要优化这个权力体系的结构，其形式取决于权力体系对组织的控制、方式，主要有直接控制的集权方式或者是所有权与经营权分离的间接控制方式，采用何种方式，应视农业企业的具体情况而定，适当的集权与分权是组织创新应把握的基本原则。

2.着眼于三项任务

(1)通过有效的组织创新，推动和完善农业企业的制度创新。企业组织存在的形态和方式由企业组织制度的特征所决定。因此，农业企业进行组织创新必须使组织形式、组织结构及规模适应制度创新。目前，农业企业改革的中心任务是建立现代企业制度。它包括三个相互依托的要点：企业法人制度、有限责任制度和科学的组织制度。企业法人制度和有限责任制度靠企业依法进行制度创新来实现，而科学的组织制度必须由企业组织创新来实现。企业内部各成员间的关系，保证现代企业制度的有效实施。具体而言，一是要将企业的组织创新纳入到制度创新活动中，并使之成为制度创新的重要组成部分；二是组织创新应符合制度创新的要求，并推动和完善制度创新。

(2)建立适应技术创新要求的组织体系与组织结构。技术创新是经济增长的动力和源泉，而技术创新作为实现市场经济要求的资源配置最优化目标的有效手段和主要途径，从实质上讲，又是一个高风险的变革活动，要防范和降低变革风险，就必须有与之相适应并且有弹性的组织制度和组织结构来支撑。因此，农业企业的组织形式、规模与结构也必须适应技术创新的要求，通过建立适应新技术要求的企业组织体系与组织结构，对企业生产要素(主要是人力资源)进行重组，提高有限资源利用率，有效地防范技术创新风险，为企业走集约化经营道路提供组织保障。

(3)通过有效的组织创新提高农业企业组织运行效率。企业运行效率的高低直接影响着企业的生存与发展。而企业组织运行效率高低又取决于企业组织体系与结构和科学设计。因此，对农业企业组织形式、组织结构及其规模的重构，是农业企业组织创新的核心。

农业企业组织形式的创新，首先，要选择与市场经济相适应的组织存在形式—公司制。通过企业的公司制改革，进一步明晰产权关系，有效地实现产权运营，为法人制度和有限责任制度的实施提供组织保证。其次，随着农业企业公司化、股份化改造的进一步深入，农业企业面临着建立支薪式公司还是分享式公司的选择。组织结构创新主要是解决两个关键问题,即信息资源的分布与传输效果;部门及其成员的责、权、利配置。通过对企业组织结构的创新设计与优化,应建立科学合理的组织结构以改善责、权、利配置,加强目标的共识,从而可提高组织内各部门及其成员的相互支持度,以便尽快适应外界环境的变化。

总之,组织规模创新要实现的目标,就是对管理层次和管理幅度实现优化设计,疏通信息渠道,实行最有效的管理。

复习思考题

1. 农业经营制度的含义是什么?其内容可从几个方面理解?
2. 现阶段农业基本经营制度具有哪些特征?
3. 农业经营组织的概念是什么?农业经营组织与农业经营制度的关系?
4. 农业经营手段有哪些?农业经营组织与经营手段的关系?
5. 农业经营有哪些形式?农业经营组织有哪些形式?
6. 农业企业组织结构的形式有哪些?
7. 农业企业组织创新的动因、思路、三大功能、主要内容、对策是什么?

第五章　农产品质量管理

随着产品的日益丰富,大部分产品已处于买方市场,人们购买商品时越来越挑剔;同时人们的生活水平也迅速提高,购买商品的标准逐步从"价廉"向"物美"转变。在这种宏观环境中,企业要想长久生存,必须把握好产品质量关。

第一节　质量与质量管理

一、质量的概念

质量有狭义和广义之分。狭义质量,是指产品质量,包括外观、强度、纯度、尺寸、寿命、包装等方面;广义质量,是指全面质量,包括产品质量、工程质量和工作质量。

产品不同,对质量要求的表现也不同,总的来说,产品质量包括产品的内在质量特性和外观质量特性,概括起来有以下几方面:

产品性能,指产品具有适合用户要求的物理、化学和技术性能。

产品寿命,指产品在正常情况下的使用期限。

产品可靠性,指产品在规定的时间内和规定的条件下使用,不发生故障的特性。

产品安全性,指产品在使用过程中对人身及环境的安全保障程度。

产品经济性,指产品经济寿命周期内的总费用多少。

产品的外观质量,指产品的外部属性,包括产品的光洁度,造型,色泽,包装等。

产品的内在质量是主要的、基本的,只有在保证内在特性的前提下,外观质量才有意义。

二、质量管理

(一)质量管理的含义

质量管理是指为了保证和提高产品质量而对各种影响因素进行计划、组织、协调和控制等各项工作的总称。

(二)质量管理的内容

质量管理是指确定质量方针、目标和职责,并通过质量体系中的质量策划、质量控制、质量保证和质量改进来使其实现所有管理职能的全部活动。

质量管理具体包括以下内容:

1. 制定质量方针和目标。质量方针是指由机构的最高层领导正式颁布的总的质量宗旨和目标。如产品质量要达到的水平、售后服务的总原则等。质量目标是企业按照质量方针所提出的当前一定时间内质量上要达到的预期成果。

2. 建立质量体系。质量体系是指为实施质量管理所需的组织结构、程序、过程和资源。建立质量体系时，应形成质量手册、管理性程序文件、技术性程序文件、质量计划、质量记录等文件。

3. 开展质量控制和质量保证活动。质量控制是为保证产品的生产过程和出厂质量达到质量标准而采取的一系列作业技术检查和有关活动，是质量保证的基础；质量保证活动涉及企业内部各个部门和各个环节。从产品设计开始到销售服务后的质量信息反馈为止，企业内形成一个以保证产品质量为目标的职责和方法的管理体系，称为质量保证体系。建立这种体系的目的在于确保用户对质量的要求和消费者的利益，保证产品本身性能的可靠性、耐用性、可维修性和外观式样等。

4. 进行质量改进。质量改进是指为了给各类组织及其顾客提供更多的收益，在整个组织内所采取的旨在提高活动和过程的效益和效率的各种措施。

（三）全面质量管理

1. 全面质量管理的含义和特征

全面质量管理就是一个组织以质量为中心，以全员参与为基础，目的在于通过让顾客满意和本组织所有成员及社会收益而达到长期成功的管理途径。全面质量管理从市场—现场—市场的观点出发，以用户需要为方向，实现全面、全过程、全员质量管理，强调人的因素，以预防为主。

20 世纪 50 年代末，美国通用电气公司的费根堡姆和质量管理专家朱兰提出了“全面质量管理”的概念，认为“全面质量管理是为了能够在最经济的水平上，并考虑到充分满足客户要求的条件下进行生产和提供服务，把企业各部门在研制质量、维持质量和提高质量的活动中构成为一体的一种有效体系”。全面质量管理的特征：

第一，全面的质量管理，是用全面的方法管理全面的质量。全面的方法包括科学的管理方法、数理统计的方法、现代电子技术、通信技术等。全面的质量包括产品质量、工作质量、工程质量和服务质量。

第二，全过程的质量管理，指质量贯穿于生产的全过程，必须在市场调研、产品的选型、研究试验、设计、原料采购、制造、检验、储运、销售、安装、使用和维修等各个环节中都把好质量关。产品的设计过程是全面质量管理的起点，原料采购、生产、检验过程实现产品质量的重要过程，而产品的质量最终是在市场销售、售后服务的过程中得到评判与认可。

第三，全员参加的质量管理，即要求全部员工，无论高层管理者还是普通办公职员或一线工人，都要参与质量改进活动。强调全员把关，组成质量管理小组。

第四，全企业的质量，目的是建立企业质量保证体系。

另外，全面质量管理还强调以下观点：

用户第一的观点，并将用户的概念扩充到企业内部，即下道工序就是上道工序的用户，不将问题留给用户。

预防的观点，即在设计和加工过程中以预防为主为核心，变管结果为管不良因素，消除质量隐患。

定量分析的观点，只有定量化才能获得质量控制的最佳效果。

以工作质量为重点的观点，因为产品质量和服务均取决于工作质量。

2. 全面质量管理的四个阶段

第一个阶段称为计划阶段，又叫 P 阶段(Plan)。这个阶段的主要内容是通过市场调查、用户访问、国家计划指示等，摸清用户对产品质量的要求，确定质量政策、质量目标和质量计划等。

第二个阶段为执行阶段，又称 D 阶段(Do)。这个阶段是实施 P 阶段所规定的内容，如根据质量标准进行产品设计、试制、试验以及计划执行前的人员培训。

第三个阶段为检查阶段，又称 C 阶段(Check)。这个阶段主要是在计划执行过程中或执行之后，检查执行情况，是否符合计划的预期结果。

第四个阶段为处理阶段，又称 A 阶段(Action)。主要是根据检查结果，采取相应的措施。

通过全面质量管理，可以提高产品质量，改善产品设计，加速生产流程，鼓舞员工士气和增强质量意识，改进产品售后服务，提高市场接受程度，降低经营质量成本，减少经营亏损，降低现场维修成本，减少责任事故。

第二节　标准与标准化

一、标准与标准化的概念

我国国标 GB/T 2000.1—2002《标准化工作指南》第 1 部分：标准化和相关活动的通用词汇》中对标准和标准化的定义是：标准是为了在一定范围内获得最佳秩序，经协商一致制定并由公认机构批准，共同使用和重复使用的一种规范性文件。标准化是为了在一定范围内获得最佳秩序，对现实问题或潜在问题制定共同使用和重复使用的条款的活动。这一活动主要包括编制、发布和实施标准的过程。标准化的主要作用在于为了其预期目的改进产品、过程或服务的适用性，防止贸易壁垒，并促进技术合作。

二、标准的分类

按照标准发生作用的范围不同，可分为国际标准、国家标准、行业标准、地方标准和企业标准。

国际标准——是指国际标准化组织 ISO 和国际电工委员会 IEC 所制定的标准，以及国际标准化组织已列入《国际标准题内关键词索引》中的 27 个国际组织制定的标准和公认具有国际先进水平的其他国际组织制定的某些标准。例如国际标准化组织(ISO)、联合国粮农组织、国际食品法典委员会(CAC)和世界贸易组织(WTO)等国际组织颁布的标准均属于国际标准。国际标准属于推荐性标准。

国家标准——是指对全国经济技术发展有重大意义,需要在全国范围内统一的技术要求所制定的标准。国家标准在全国范围内适用,其他各级标准不得与之相抵触。国家标准是四级标准体系中的主体。

行业标准——是指对没有国家标准而又需要在全国某个行业范围内统一的技术要求所制定的标准。行业标准是对国家标准的补充,是专业性、技术性较强的标准。行业标准的制定不得与国家标准相抵触,国家标准公布实施后,相应的行业标准即行废止。

地方标准——是指对没有国家标准和行业标准而又需要在省、自治区、直辖市范围内统一工业产品的安全、卫生要求所制定的标准,地方标准在本行政区域内适用,不得与国家标准和标业标准相抵触。国家标准、行业标准公布实施后,相应的地方标准即行废止。

企业标准——是指企业所制定的产品标准和在企业内需要协调、统一的技术要求和管理、工作要求所制定的标准。企业标准是企业组织生产经营活动的依据。

第三节　ISO9000 质量管理体系简介

ISO 是国际标准化组织(International Organization for Standardization)的简称。ISO 为一非政府的国际科技组织,是世界上最大的、最具权威的国际标准制订、修订组织。它成立于 1947 年 2 月 23 日。ISO 的最高权力机构是每年一次的“全体大会”,其日常办事机构是中央秘书处,设在瑞士的日内瓦。ISO 共有 200 多个技术委员会,2200 多个分技术委员会。ISO 标准由技术委员会制订。

自从 1987 年 ISO9000 系列标准(9000—9004)的第一版问世以来,为了加强品质管理,适应品质竞争的需要,企业家们纷纷采用 ISO9000 系列标准在企业内部建立品质管理体系,申请品质体系认证,很快形成了一个世界性的潮流。目前,全世界已有 100 多个国家和地区正在积极推行 ISO9000 国际标准。

ISO9000 国际标准族最初发布是在 1987 年,1994 年发布了第二个版本即 1994 版,后来在 1994 年版的基础上经过修订成为 2000 版,2008 年 8 月 20 日,ISO 和 IAF(国际认可论坛)发布联合公报,一致同意平稳转换全球应用最广的质量管理体系标准,实施 ISO9001:2008 认证。

一、ISO9000 的核心标准简介

ISO9000:2008 族标准核心标准为下列四个:

1. ISO9000:《质量管理体系——基础和术语》

标准阐述了 ISO9000 族标准中质量管理体系的基础知识、质量管理八项原则,并确定了相关的术语。

2. ISO9001:《质量管理体系——要求》

标准规定了一个组织若要推行 ISO9000,取得 ISO9000 认证,所要满足的质量管理体系要求。组织通过有效实施和推行一个符合 ISO9001:2000 标准的文件化的质量管理体系,包括对过程的持续改进和预防不合格,使顾客满意。

3. ISO9004:《质量管理体系——业绩改进指南》

标准以八项质量管理原则为基础,帮助组织有效识别满足客户及其相关方的需求和期望,从而改进组织业绩,协助组织获得成功。

4. ISO19011:《质量和环境管理体系——审核指南》

标准提供质量和(或)环境审核的基本原则、审核方案的管理、质量和(或)环境管理体系审核的实施、对质量和(或)环境管理体系审核员的资格要求等要求。

为了有效地指导组织实施质量管理,帮助组织实现预期的质量方针和质量目标,必须有一套完善的、行之有效的、普遍适用的并且能在全世界范围被接受的质量管理理论。ISO/TC176 于 1995 年成立了一个工作组,整理并编撰出八项质量管理原则,同时又把八项质量管理原则应用于 ISO9000 族标准中。

质量管理八大原则的内容:

原则 1　以顾客为关注焦点:组织依存于其顾客。因此组织应理解顾客当前和未来的需求,满足顾客并争取超越顾客期望。

原则 2　领导作用:领导者确立本组织统一的宗旨和方向。他们应该创造并保持使员工能充分参与实现组织目标的内部环境。

原则 3　全员参与:各级人员是组织之本,只有他们的充分参与,才能使他们的才干为组织获益。

原则 4　过程方法:将相关的活动和资源作为过程进行管理,可以更高效地得到期望的结果。

原则 5　管理的系统方法:识别、理解和管理作为体系的相互关联的过程,有助于组织实现其目标的效率和有效性。

原则 6　持续改进:组织总体业绩的持续改进应是组织的一个永恒的目标。

原则 7　基于事实的决策方法:有效决策是建立在数据和信息分析基础上。

原则 8　互利的供方关系:组织与其供方是相互依存的,互利的关系可增强双方创造价值的能力。

二、ISO9000 族标准在中国

1987 年 3 月 ISO9000 系列标准正式发布以后，我国在原国家标准局部署下组成了"全国质量保证标准化特别工作组"。1988 年 12 月，我国正式发布了等效采用 ISO9000 标准的 GB/T 10300《质量管理和质量保证》系列国家标准，并于 1989 年 8 月 1 日起在全国实施。

1992 年 5 月，我国决定等同采用 ISO9000 系列标准，发布了 GB/T 19000—1992 系列标准。

1994 年我国发布了等同采用 1994 版 ISO9000 族标准的 GB/T 19000 族标准。

2000 年至 2003 年我国陆续发布了等同采用 2000 版 ISO9000 族标准的国家标准，包括：GB/T 19000，GB/T 19001，GB/T 19004 和 GB/T 19011 标准。

2008 年我国根据 ISO9000：2005，ISO9001：2008 版的发布，同时也修订发布了 GB/T 19000—2008，GB/T 19001—2008 标准。

三、农业企业实施 ISO9000 族标准的作用

ISO9000 族标准是在总结了世界经济发达国家的质量管理实践经验的基础上制订的具有通用性和指导性的国际标准。概括起来，实施 ISO9000 族标准具有以下几方面的作用和意义：

（一）有利于提高产品质量，使消费者放心购买

现代科学技术的高速发展，使产品向高科技、多功能、精细化和复杂化发展。组织是按照技术规范生产产品的，但当技术规范本身不完善或组织质量管理体系不健全时，组织就无法保证持续地提供满足要求的产品；而消费者在购买或使用这些产品时，一般也很难在技术上对产品质量加以鉴别。如果组织按 ISO9000 族标准建立了质量管理体系，通过体系的有效应用，可以完善组织内部管理，使质量管理制度化、体系化和法制化，提高产品质量，并确保产品质量的稳定性，这无疑是对消费者利益的一种最有效的保护，使消费者放心地采用其生产的产品，提高产品的市场竞争力，并可借此机会树立组织的形象，提高组织的知名度，形成名牌企业。

（二）为提高组织的运作能力提供了有效的方法

ISO9000 族标准鼓励组织在建立、实施和改进质量管理体系时采用过程方法，通过识别和管理相互关联和相互作用的过程，以及对这些过程进行系统的管理和连续的监测与控制，以实现持续地提供顾客满意的产品的目的。此外，质量管理体系提供了持续改进的框架，帮助组织能够不断地识别并满足顾客及其他相关方的要求，从而不断地增强顾客和其他相关方的满意程度。因此，ISO9000 族标准为组织有效的提高运作能力和增强市场竞争能力提供了有效方法。

(三)有利于增进国际贸易,消除贸易壁垒

在国际经济技术合作中,ISO9000 族标准提供了国际通用的共同语言和准则,被作为相互认可的基础,ISO9000 的质量管理体系认证制度也在国际范围中得到互认,并纳入合格评定的程序之中。贯彻 ISO9000 族标准有利于发展外向型经济,扩大市场占有率,是农业企业向海外市场进军的准入证,是消除贸易壁垒的强有力的武器。

(四)有利于农业企业获得综合效益

通过 ISO9000 认证具有综合效益,非一般广告投资、策划投资、管理投资或培训可比,企业可因此享受国家的优惠政策及对获证单位的重点扶持。通过 ISO9000 质量管理体系的建立,企业还可以举一反三地建立健全其他管理制度。

四、企业开展 ISO9000 认证的步骤

企业开展 ISO9000 认证,通常按照以下步骤进行。

第一步:企业原有质量体系识别、诊断;

第二步:任命管理者代表、组建 ISO9000 推行组织;

第三步:制订目标及激励措施;

第四步:各级人员接受必要的管理意识和质量意识训练;

第五步:ISO9001 标准知识培训;

第六步:质量体系文件编写(立法);

第七步:质量体系文件大面积宣传、培训、发布、试运行;

第八步:内审员接受训练;

第九步:若干次内部质量体系审核;

第十步:在内审基础上的管理者评审;

第十一步:质量管理体系完善和改进;

第十二步:经过若干次内审并逐步纠正后,若认为质量管理体系已符合所选标准的要求,申请外部认证。

第四节　农产品标准

农产品标准是由农产品标准化主管部门以特定的形式发布,在一定时期和一定范围内具有约束力,是农产品生产、检验、验收、监督、认证、维护和贸易洽谈等活动的技术依据,也是农产品生产部门、流通部门以及消费者评价农产品质量的共同依据。它包括对农产品的品种、外形结构、化学组成、质量等级、检验、包装、储存、运输等方面所做的规定。

我国将农产品大致分为普通农产品、无公害农产品、绿色农产品、有机农产品。不同农产品的生产标准各不相同。

一、无公害农产品(食品)标准

20 世纪 80 年代后期,部分省、市开始推出无公害农产品,2001 年农业部提出“无公害食品行动计划”并在北京、上海、天津、深圳 4 个城市进行试点,2002 年,“无公害食品行动计划”在全国范围内展开。

(一)无公害农产品概念

无公害农产品是指产地环境、生产过程、产品质量符合国家有关标准和规范的要求,经认证合格获得认证证书并允许使用无公害农产品标志的直接用作食品的农产品或初加工的农产品。无公害农产品是对农产品的基本要求,严格地说,一般农产品都应达到这一要求。无公害农产品以初级农产品为主,价格略高于一般农产品。

(二)无公害农产品产地环境质量要求概述

无公害农产品产地选择的基本原则:生态环境良好,远离污染源,并具有可持续生产能力的农业生产区域。具体来说就是,产地最好集中连片,具备一定的生产规模,产地区域范围明确,产品相对稳定;产地区域范围内、灌溉水上游,产地上风向,均没有对产地构成威胁的污染源;另外,应尽量避免公路主干线。在无公害种植业环境要求中,对产地环境条件的审查准则主要依据农业部发布实施的无公害农产品标准进行评价(NY5010—2002 无公害产品 蔬菜产地环境条件)。

(三)无公害农产品的标准控制

无公害农产品执行的是国家质检总局发布的强制性标准及农业部发布的行业标准。产品标准、环境标准和生产资料使用准则为强制性国家或行业标准,生产操作规程为推荐性行业标准。目前,国家质检总局和国家标准委已发布了 4 类农产品的 8 个强制性国家标准,农业部发布了 200 余项行业标准。

(四)无公害农产品的技术保障

1. 无公害农产品生产基地环境控制技术

无公害农产品开发是农业生态环境保护工作适应市场经济发展需要应运而生的,是将农业环保工作的社会效益、生态效益转化为现实经济效益的一种形式和途径。无公害农产品开发也是将生产建设与环境保护于一体的生态农业发展到一定阶段的产物,无公害农产品以生态农业为技术保障,生态农业以无公害农产品为市场载体,从而形成以产品开发带动生态农业,以生态农业建设促产品开发的良性发展机制。因此,无公害农产品开发基地应建立在生态农业建设区域之中,在生态农业建设中强化无公害技术份额。具体地说,其基地在土壤、大气、水上必须符合无公害农产品产地环境标准,其中土壤主要是重金属指标,大气主要是硫化物、氮化物和氟化物等指标,水质主要是重金属、硝态氮、全盐量、氯化物等指标。无公害农产品产地环境评价是选择无公害农产品基地的标尺,只有通过其环境评价,才具有生产无公害农产品的条件和资格,这是前提条件。

2. 无公害农产品生产过程控制技术

无公害农产品的农业生产过程控制主要是农用化学物质使用限量的控制及替代过程。重点生产环节是病虫害防治和肥料施用。病虫害防治要以不用或少用化学农药为原则，强调以预防为主，以生物防治为主。肥料施用强调以有机肥为主，以底肥为主，按土壤养分库动态平衡需求调节肥量和用肥品种。在生产过程中制定相应的无公害生产操作规范，建立相应的文档、备案待查。

3. 无公害农产品质量控制技术

无公害农产品最终体现在产品的无公害化。其产品可以是初级产品，也可能是加工产品，收获、加工、包装、贮藏、运输等后续过程均应制定相应的技术规范和执行标准。

产品是否无公害要通过检测来确定。无公害农产品首先在营养品质上应是优质，营养品质检测可以依据相应检测机构的结果，而环境品质、卫生品质检测要在指定机构进行。

(五)无公害农产品标志(如图 5－1 所示)

图 5－1 无公害农产品标志

无公害农产品标志图案主要由麦穗、对勾和无公害农产品字样组成，麦穗代表农产品，对勾表示合格；颜色由绿色和橙色组成，橙色寓意成熟和丰收，绿色象征环保和安全。标志图案直观、简洁、易于识别，涵义通俗易懂。

二、绿色农产品(食品)标准

绿色农产品于 1990 年由我国农业部发起，1992 年农业部成立中国绿色食品发展中心，1993 年农业部发布了“绿色食品标志管理办法”。

(一)绿色农产品概念

绿色农产品遵循可持续发展原则，按照特定生产方式生产，经专门机构认定，许可使用绿色食品标志的无污染的农产品。绿色食品 70% 为加工产品，30% 为初级农产品。绿色农产品的价格高于普通农产品 10%~20%。

(二)绿色农产品分类

我国的绿色食品分为 A 级和 AA 级两种。其中 A 级绿色食品生产中允许限量使用化学合成生产资料,AA 级绿色食品则较为严格地要求在生产过程中不使用化学合成的肥料、农药、兽药、饲料添加剂、食品添加剂和其他有害于环境和健康的物质。按照农业部发布的行业标准,AA 级绿色食品等同于有机食品。

(三)绿色农产品与一般农产品相比的特点

1. 利用生态学的原理,强调产品出自良好的生态环境;

2. 对产品实行"从土地到餐桌"全程质量控制。

(四)绿色农产品的标准控制

绿色农产品执行的是农业部的推荐性行业标准。绿色农产品标准包括环境质量、生产技术、产品质量和包装贮运等全程质量控制标准。目前,农业部发布了 52 项绿色农产品行业标准,其中包括 7 项通用性标准、45 项产品质量标准。绿色食品标准的内容如下:

1. 绿色食品产地环境标准

绿色食品产地环境标准分别对绿色食品产地的空气质量、农田灌溉水质量、畜禽养殖用水质量、渔业水质量和土壤环境的质量的各项指标、浓度限值做了明确规定。

2. 绿色食品生产技术标准

包括两部分:一部分是对生产过程中的投入品如农药、肥料、饮料和食品添加剂等生产资料使用方面的规定,另一部分是针对具体种养殖对象的生产技术规程。

3. 绿色食品产品标准

绿色食品产品标准对初级农产品和加工产品分别制定相应的感官、理化和生物学要求。

4. 绿色食品标志使用、包装及贮运标准

为确保绿色食品产后在包装运输中不受污染,制定了相应的绿色食品标志使用、包装及贮运标准。

(五)绿色食品的标志(如图 5 - 2 所示)

图 5 - 2　绿色食品标志

绿色食品标志由三部分构成,即上方的太阳、下方的叶片和中心的蓓蕾,象征自然生态;

颜色为绿色,象征着生命,农业、环保;图形为正圆形,意为保护。AA 级绿色食品标志与字体为绿色,底色为白色,A 级绿色食品标志与字体为白色,底色为绿色。整个图形描绘了一幅明媚阳光照耀下的和谐生机,告诉人们绿色食品是出自纯净、良好生态环境的安全、无污染食品,能给人们带来蓬勃的生命力。

三、有机农产品(食品)标准

国际上有机食品起步于 20 世纪 70 年代,以 1972 年国际有机农业运动联盟的成立为标志。1994 年我国国家环保总局在南京成立有机食品中心,标志着有机农产品在我国迈出了实质性的步伐。

(一)有机农产品概念

有机农产品根据有机农业原则和有机农产品生产方式及标准生产、加工出来的,并通过有机食品认证机构认证的农产品。有机农业的原则是,在农业能量的封闭循环状态下生产,全部过程都利用农业资源,而不是利用农业以外的能源(化肥、农药、生产调节剂和添加剂等)影响和改变农业的能量循环。有机农业生产方式是利用动物、植物、微生物和土壤 4 种生产因素的有效循环,不打破生物循环链的生产方式。有机农产品以初级农产品为主。有机农产品的价格高于普通农产品 50% 至几倍。

(二)有机农产品的标准控制

有机农产品执行的是国际有机农业运动联盟(IFOAM)的“有机农业和产品加工基本标准”,由于有机农产品在我国尚未形成消费群体,产品主要用于出口,虽然我国也发布了一些有机农产品的行业标准,但我国的有机农产品执行的标准主要是出口国要求的标准。目前,欧盟、美国、日本、澳大利亚、加拿大、墨西哥、阿根廷、韩国等都已制定了有机农业及产品生产、加工准则性的标准。

有机食品的条件如下:

1. 原料来自于有机农业生产体系或野生天然产品。

2. 有机食品在生产和加工过程中必须严格遵循有机食品生产、采集、加工、包装、贮藏、运输标准,禁止使用化学合成的农药、化肥、激素、抗生素、食品添加剂等,禁止使用基因工程技术及该技术的产物及其衍生物。

3. 有机食品生产和加工过程中必须建立严格的质量管理体系、生产过程控制体系和追踪体系,因此一般需要有转换期;这个转换过程一般需要 2 ~ 3 年时间,才能够被批准为有机食品。

4. 有机食品必须通过合法的有机食品认证机构的认证。

(三)有机农产品与其他农产品的区别

1. 有机农产品在生产加工过程中禁止使用农药、化肥、激素等人工合成物质,并且不允许使用基因工程技术;其他农产品则允许有限使用这些物质,并且不禁止使用基因工程技术。

2. 有机农产品在土地生产转型方面有严格规定。考虑到某些物质在环境中会残留相当一段时间，土地从生产其他农产品到生产有机农产品需要 2~3 年的转换期，而生产绿色农产品和无公害农产品则没有土地转换期的要求。

3. 有机农产品在数量上须进行严格控制，要求定地块、定产量，其他农产品没有如此严格的要求。

（四）有机食品的标志（如图 5-3 所示）

图 5-3　有机食品标志

有机食品标志采用人手和叶片为创意元素。从图中可以感觉到两种景象，其一是一只手向上持着一片绿叶，寓意人类对自然和生命的渴望；其二是两只手一上一下握在一起，将绿叶拟人化为自然的手，寓意人类的生存离不开大自然的呵护，人与自然需要和谐美好的生存关系。

复习思考题

1. 质量管理包括哪些内容？
2. 全面质量管理的特征是什么？
3. 请描述无公害农产品的标志、绿色食品的标志及有机食品的标志。

第六章　农业企业人力资源管理

人力资源管理是指一个组织对人力资源的获取、使用、开发和保留的全部管理过程与活动。从企业运作的角度来讲，人力资源管理的内容主要表现在：人力资源日常事务管理、人力资源规划、工作分析、员工招聘管理、员工培训管理、员工绩效管理、员工薪酬与福利管理等。

第一节　农业企业核心能力与人力资源

一、人力资源是企业的核心能力要素

随着知识经济时代的到来和全球化竞争的加剧，人力资源日益成为企业形成核心能力的基础。人力资源之所以成为企业的核心能力要素，是因为它具有下面的特征：

(一)价值有效性

人力资源的价值有效性主要表现在核心人力资源是企业价值创造的主导要素，人力资源能够为企业持续性地赢得客户和市场，人力资源在企业的战略与组织变革、质量管理、商机开拓、生产率提高、成本节约等诸多方面发挥至关重要的作用。

(二)人力资源的稀缺性与独特性

人力资源的稀缺性是指一定时期内劳动力市场上具有某一特性的人才供给数量绝对不足或由于人力资源某种特性呈非均衡分布状态而导致企业人力资源出现结构性失衡。

人力资源的独特性是指人力资源无法从市场上随意获取，不能购买和转让，难以模仿和复制等。

(三)人力资源的难以模仿性

员工独特的价值观、核心专长与技能，具有高度的系统性和一体化特征，使得竞争对手难以准确的加以识别，更难以简单的模仿。

(四)人力资源的组织化特征

人力资源已经与整个企业的战略、经营模式、组织结构、管理方式等相融合，体现出高度组织化的特征。

二、制约农业企业，通过人力资源管理形成企业核心能力的因素

制约农业企业，通过人力资源管理形成企业核心能力的因素主要有：一是缺乏人力资源管理技术。农业企业缺乏如何将先进的人力资管理思想转化为适合中国企业特点的、可运作的制度和措施的技术手段、途径、方法。很多企业缺乏可操作的人力资源规划与相关政策，人

力资源管理的体系尚未建立起来,仍有许多人力资源管理的功能远未发挥出来;二是人力资源政策缺乏执行力。农业企业人力资源管理系统难以支撑企业战略目标的实现,人力资源的政策缺乏执行力;三是人力资源管理缺乏直线部门的参与和配合。农业企业中很多部门管理者和员工将人力资源管理工作看成是一种额外工作,甚至是一种负担,以至于不太配合人力资源部门开展人力资源管理工作;四是人力资源管理者缺乏企业经营知识和能力。人力资源管理人员对组织的战略规划、发展方向、生产经营等方面的知识和信息缺乏了解。因此,人力资源管理人员只能为业务部门提供后勤服务,而不能像业务部门那样成为组织活动的中心,成为业务部门的一个平等的伙伴。这就使得人力资源管理无法进一步发挥它在企业战略上的作用;五是劳资关系问题依然紧张和突出;六是企业投入与产出的失衡。企业人员和资源不断投入,但业绩并未相应提高,人员和资源流失严重。七是企业矛盾复杂突出。企业老板与职业经理人的矛盾、"空降部队"与"地面部队"的矛盾、职业忠诚与企业忠诚的矛盾、老板人本思想与员工职业道德的矛盾、理性与人性的矛盾。

三、增强农业企业核心能力的人力资源管理新角色

(一)管理专家

1. 管理目标:帮助组织建立一个高效并适应组织发展需要的管理运作体系。

2. 主要任务

(1)帮助和指导各部门管理人员进行组织岗位设置及人力资源规划、岗位分析、员工招聘管理、人力资源日常事务管理、员工培训管理、员工职业生涯规划、员工绩效考核与管理、员工激励管理等等。

(2)人力资源部门协助组织通过组织重组、流程改造、业务外包,去除不必要的流程或工作,只留下核心的流程和工作。

(3)改变人力资源管理者的旧有观念,由控制员工到服务员工,确保提供客户至上的员工服务。引导员工积极参与企业的各项活动,使其活动方向与企业的战略目标保持一致。

(二)教练专家

管理目标:人力资源的激励、心态、潜能,人力资源的自我改变,创建学习型组织、教练培育团队精神。

(三)心理专家

1. 管理目标:在企业没有专职心理咨询师和专业咨询机构的情况下,人力资源部可以建立员工心态分析体系,展开多种形式的心理辅导活动,达到稳定职工队伍、提升员工士气、挖掘员工潜能、更好地为公司服务的目的。

2. 主要任务

(1)新进员工辅导:澄清新进员工模糊认识,解决新进员工的实际困难。

(2)离职员工辅导:发现和弥补公司管理制度的漏洞,提高干部的管理水平。

(3)在职员工辅导:释放员工的心理压力,设计员工的职业生涯并为此提供指导和资源,组织员工对内对外联谊、交流、学习活动。

(四)策略伙伴

1. 管理目标:通过资源整合、人力开发和企业诊断的形式来实施企业最高经营战略。

2. 主要任务

(1)根据组织的年度经营战略,预测人力需求和供给,加强培训和开发,优化人力结构。

(2)使组织各部门的工作重点与公司的经营战略保持一致。

(3)将公司的经营战略转换为可执行的计划和行为。

第二节 农业企业人力资源招聘

大多数农业企业是人员密集型企业,人才招聘是为农业企业发展提供合格人才的重要保障。能否招聘到德才兼备的人才,是农业企业生存发展的关键。

一、人才招聘的含义

人才招聘是指企业为了发展的需要,根据人力资源规划和工作分析,寻找并吸引有能力、又有兴趣到本企业工作的人员,并从中选出适宜人员予以录用的过程。

二、农业企业人才招聘存在的问题

(一)对招聘人员的选择存在问题

许多农业企业的招聘人员在职业素养和行为方式上都存在欠缺,整个招聘过程中就是忙着收简历。实际上招聘人员的选择、搭配和组织是一门艺术,招聘人员的素质直接影响到招聘的质量,也会影响候选人对整个企业的评价与判断。

(二)招聘计划不完整

大多数中小农业企业都是从家族式的小企业发展而来,没有完整的招聘计划。不少企业“唯亲近者是用”“唯家族成员是用”,没有充分考虑到企业人员的整体结构,使企业发展受到严重的制约。

(三)缺少完整的招聘程序

许多农业企业以为招聘就是收集简历、面试和把人员安排在用人部门。其实招聘工作是一个循环,包括更多内容,如招聘前资料的收集、招聘规程、招聘的宣传、应聘者背景调查、招聘后结果的及时反馈等。

(四)招聘渠道单一

农业企业在人才招聘时,招聘渠道往往过于单一。常见的招聘形式是利用报纸、广播电视进行广告招聘或者通过企业员工、客户等推荐人选。

(五)面试过程存在误差

面试过程中,面试人员往往对面试目的不明确,对合格者应具备的条件界定不清,对偏见影响缺少认识和控制。有的企业还存在以招聘经理个人的感觉为基础进行人员招聘。

三、对农业企业实施科学招聘的建议

(一)选择适合的招聘人员

在进行人才招聘之前,农业企业对招聘人员进行选择及有针对性的培训是十分必要的。选择时要考虑候选人是否具备招聘人员应具备的素质,如表 6 - 1 所示。

表 6 - 1　招聘人员应具备的素质品质

表达能力	观察能力
协调沟通能力	自我认知能力
专业技能	知识面
诚实公正	热情

在招聘时,招聘人员要做好以下几方面的工作:及时向应聘者提供反馈;避免做出会导致应聘者对企业产生错误印象的行为;用团队的方式进行人员招聘。

(二)做好工作分析工作

农业企业在招聘之前,应该利用以往在工作中获得的信息,分析、编写出关于招聘职位的工作说明书。工作说明书会说明该工作需要完成哪些工作职责以及任职者应该具备的知识、技能、能力、经验等。工作说明书能够帮助企业确定需要什么样的人,把其作为招聘的依据有助于企业把最符合条件的应聘者招聘到企业里来,保证人与工作的匹配,提高招聘的信度和效度,降低人力资源选择成本。

(三)建立完善的人力资源规划

为了确保在适当的时间,为适当的职位配备适当数量和类型的人员,农业企业应当制定年度或周期更长的人力资源规划。具体包括制定人力资源数量规划、人力资源结构规划以及人力资源素质规划。其中在制定人力资源数量规划时要确定企业目前有多少人,未来需要多少人;在制定人力资源结构规划时要依据行业特点、企业规模、未来战略重点发展的业务,对企业的人力资源进行分层分类,同时设计各层各类的功能、职责、权限等。制定人力资源素质规划时要设计企业的各种工作人员的任职资格要求,包括素质、行为及行为标准等。通过人力资源规划,企业可以将其组织发展目标转化为需要通过哪些人才来实现这个目标。人力资源规划可以为企业人才招聘录用工作提供客观的依据、科学的规范,能够避免人才招聘录用过程中的盲目性和随意性。

（四）建立完整的招聘流程

能否建立完整的招聘流程在很大程度上决定了企业人才招聘是否成功，完整的招聘流程主要包括：人员需求调查、人力资源规划、选择招聘渠道、实施招聘、筛选简历、确定面试人选、实施面试与甄选、人事决策和确定录用人员。在建立招聘流程时，每个环节都要有详细的计划、操作方式，以保证招聘工作有条不紊地进行，提高招聘质量和效果。

（五）建立完善的招聘渠道

除了广告招聘、推荐之外，农业企业还可以通过校园招聘、人才交流会、网络招聘、猎头公司招聘等多种渠道进行招聘信息的发布和人才的吸引。

学校是人才高度集中的地方，大学毕业生的素质较高、具有一定的专业知识，并具有发展的潜力，所以企业可以定期到各农业院校或涉农专业进行宣传，开招聘会，吸引优秀人才。

农业企业通过参加人才交流会可以直接接触大量应聘者，并获得大量信息，既节省招聘费用又节省时间，招聘的效率和效果都能得到提高。

网络招聘是当前人才市场的一大热点，网上招聘范围广，使得企业有更大的人才选择余地，从而避免出现因应聘人数过少而降低录用标准的现象。网络招聘还具有速度快、招聘成本低的优势。

当农业企业需要招聘高层管理人才和高级技术人才时，可以寻求猎头公司的帮助。猎头公司掌握着大量人才供求的信息，拥有自己的人才数据库。农业企业通过猎头公司招聘高级人才的成功率较高，素质也能够得到保证。

（六）防止面试过程的误差

农业企业要从多角度、多侧面了解应聘者，面试时需要由人力主管、业务经理等多名面试官参与面试，防止只由一个人做决定。可以采取非结构化面试、结构化面试、压力面试、情景面试等方式对应聘者的个人能力和素质作出判断。面试时，可以从以下几方面克服面试错误：

（1）不要凭借第一印象作出判断。

（2）克服刻板效应、类我效应。

（3）着重了解工作所要求的知识、技术、能力和其他特点，要基于职位要求选择候选人。

（4）审查应聘者个人简历和申请表时主要关注以下内容：与工作要求相符的关键词；反映申请者是否满足工作要求的形容词和数量词；在原工作中所掌握的技术和新工作所需的技术之间转换的难易程度；经历空档；职位跳跃性等。

第三节　农业企业人力资源培训

人力资源培训是企业向员工提供工作所必需的知识与技能的过程。培训的目的在于通过提升员工的能力实现员工与企业的同步成长。

近些年来，全球经济一体化格局给农业企业提供了前所未有的发展机遇：农业企业由传统走向现代，由一般阶段向更高阶段发展；农业企业越来越重视“绿色”环保，追求经济效益、社会效益和生态效益同步提高。但是，在我国农业企业的发展过程中还存在着一个瓶颈——人才严重匮乏。农业企业必须建立人力资源培训体系，培养自己的业务人才及骨干力量，才能突破其“人才”瓶颈，提高内在的技术含量和管理水平，发展成为现代农业企业。

一、人力资源培训的含义

培训，是指由企业人力资源主管部门负责规划、组织，通过教学或经验的方式在知识、技术、态度、道德、观念等方面改进职工的行为方式，以达到期望的标准或水平。

二、农业企业人力资源培训中存在的问题

我国农业企业的人力资源培训工作近几年刚刚起步，培训工作还存在许多问题：

(一)培训工作缺乏与企业发展战略的紧密结合

企业主要按照市场竞争的要求和压力来制定发展战略。农业企业在对员工进行培训时，培训对象、培训数量、培训所需资金、培训项目的开发等方面往往与企业的发展战略相脱节。培训工作流于形式，没有培训出适应激烈的市场竞争，适应企业长远发展的人才。

(二)轻视专业技能培训，培训针对性差

农业企业中的每一位员工都有一个确定的职位，这就要求员工要具备一定的知识和技能来履行和完成每一个职位的职责。每一个职位的知识和技能结构可以分为三类：其一是专业知识和技能，这是员工工作中使用的最主要的知识和技能，是员工的专长；其二是相关知识与技能，这是员工工作经常要用到的，但并非员工的专长。其三是基础知识，这是员工应该了解的背景知识。

农业企业是农业扩大再生产中最活跃的细胞，各种涉农交易活动主要是由农业企业承担，农业企业的实力、活力和经营效率，直接决定着农业的经济状况，进而影响国民经济的整体状况。许多农业企业在对员工进行培训时，没有从业务流程出发，轻视对员工的专业技能培训，不能满足为企业培养实用人才，提升产品品质和生产效率的要求。

(三)培训对象是少数员工

许多农业企业在培训员工时缺乏对培训资格的控制，造成培训对象只是少数员工。这里有两个误区：其一是有的领导认为应该重点培训那些经过挑选、有发展潜力的人员。每次不管培训什么内容都让他们参加，从而忽视了大多数员工的培训；其二是认为单位的现时工作最主要，因此，只让那些没什么事的员工参加培训，于是培训就集中在某些人身上，造成了“闲人培训，忙人没时间培训，急需人员不培训”的结果，这样的培训没有任何效果。

(四)培训体系不健全

大多数农业企业的培训工作都是刚刚开始，没有建立健全培训体系。课程设置、教案教

材建设、师资管理、培训档案管理等都处于空白。新员工只接受基本的岗位培训，时间一般为一周左右，然后就自己开始独立工作，进入公司后完全依靠个人的自觉性学习。

（五）学员实践应用能力差

经调查，农业企业的员工经过培训后，受工作环境的影响，不能有效地将在培训中所学到的知识、技能和行为应用到实际工作中去。许多培训项目在进行过程中，缺乏示范和学员的参与，学员基本没有模拟和操演的机会；培训结束后，由于工作任务的安排，受训者往往没有机会使用培训中获得的新技能和行为方式；实际应用过程中缺乏专家的指导。这些都造成了受训者实践应用能力差。

（六）忽视对培训效果的评估

农业企业已经认识到培训的重要性，并且着手进行培训工作。但是对于培训的效果，对于通过培训是否真正提高了企业的绩效这个问题并没有认真思考和研究。

培训评估是对整个培训活动实施成效的评价与总结。农业企业培训的目标是提高企业和员工的绩效，培训工作的每一步以及培训结束后都要关注这个目标。如果只重视培训过程，不重视培训结果，这种培训势必只会浪费大量的时间和人力，不会提高企业的效益。

三、构建农业企业培训系统

（一）农业企业培训系统关键环节

农业企业要从培训需求分析、培训计划制定、培训活动组织实施以及培训效果评估四个方面构建培训系统。

1. 对培训需求进行有效分析

培训需求分析是整个培训工作流程的出发点，其准确与否直接决定了整个培训工作有效性的大小。培训需求分析是我国农业企业培训开发工作中十分突出的一块短板。作为农业企业，在进行培训需求分析时，要明确培训目的、培训内容和受训对象。具体可以着眼于以下几个方面，详见表6－2。

表6－2　培训需求分析

分析着重点	对于培训的意义
员工知识技能结构、水平	大致确定培训重点，对培训需求形成大致判断
员工缺勤率、劳动生产率、满意度	确定存在的问题并且针对问题确定需要改进的环节
企业机制变革、引进新技术	新制度、新技术是培训工作的主要内容
职位说明书	职位说明书描述的工作职责、任职资格条件是确定培训目标的依据。
员工绩效分析	查明绩效不佳的原因，针对原因确定培训需求

农业企业在进行培训需求分析时，可以选择使用观察法、问卷调查法、专家访谈法、绩效考察法等技术。

2. 制订明确的培训计划

培训计划是指具体确定培训项目的形式、学制、课程设置方案、课程大纲、教科书与参考教材、任课教师、教学方法、考核方式、辅助培训器材与设施等。

农业企业制订培训计划时，要明确并把握如下原则：

(1)培训计划制订以培训发展需求为依据；

(2)培训计划制订以企业发展计划为依据；

(3)培训计划制订以各部门的工作计划为依据；

(4)培训计划制订以可以掌控的资源为依据。

在制订培训计划时，可以先制订公司级培训计划，然后再制订部门级培训计划。公司级培训计划主要包括岗前管理培训、岗前技术培训、质量管理培训、企业管理培训等培训计划。部门级培训计划主要针对员工的专业技能培训进行制订。

3. 组织实施培训活动

在组织实施培训过程中，农业企业要把握控制如下几个关键环节：

培训师资的管理。担任企业培训活动的老师可以从企业内部挑选并经过相应的培训而成为培训讲师，还可以直接聘请大学老师、企业经理人员、专职培训讲师等。老师在授课时，授课内容要有针对性，对企业发生的实际情况进行讲解、剖析，帮助学员解决实际问题，提高学员学以致用的能力。

培训技术与方法的选择。目前，农业企业进行培训时主要采用的培训方法有讲座、讨论、专家传授法等。随着对培训方法的深入研究，企业可以根据培训的内容选择使用更多的培训方法，比如案例研究、角色扮演、情境模拟、商业游戏、多媒体培训、网络培训、智能化辅导系统等。

4. 培训效果评估

培训效果是检验培训活动成败的主要标准，培训效果评估可以对已经结束或正在实施的培训效果作出恰当的评价，而且评估过程能够帮助管理者发现培训环节中的具体问题，从而改进培训计划和措施。培训评估总结的经验不仅有助于培训质量的提高，而且对企业的战略决策的选择具有指导和借鉴意义。

(二)农业企业培训系统模型

综上所述，构建农业企业培训系统模型，如图 6 - 1 所示。

培训是提高企业人力资源素质的有效途径。我国农业企业要想实现企业战略，实现长远发展，应该加快人力资源培训的步伐，构建科学的人力资源培训系统。

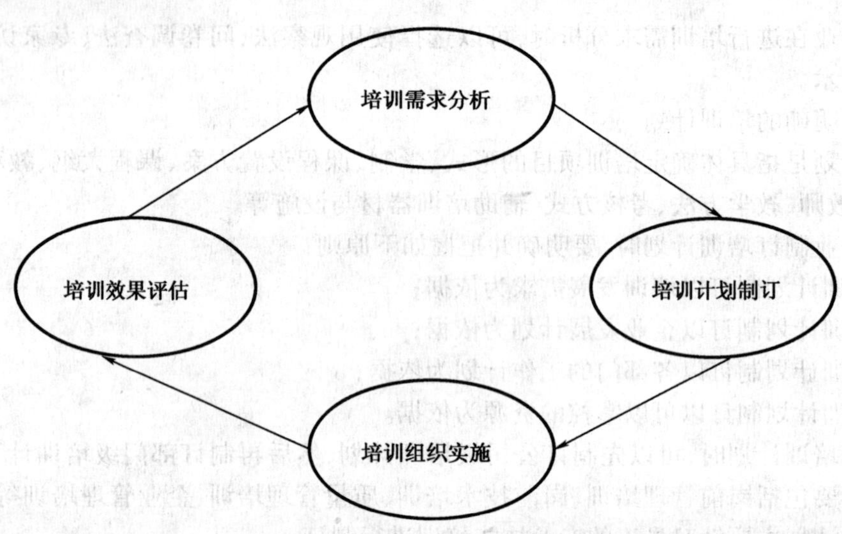

图6-1　农业企业培训系统模型

第四节　农业企业绩效管理

一、企业绩效的概念

绩效反映的是人们从事某一种活动所产生的成绩和成果。企业绩效指的是企业管理活动的效果和效率。企业绩效可以从两个层面去理解,一是组织绩效,就是组织最终运营管理的成果;二是个人绩效,就是个人是否按照规则去做事。

二、绩效管理的含义

目前,关于绩效管理的观点大致有三种,一是绩效管理是管理组织绩效的一种体系;二是绩效管理是管理雇员绩效的一种体系;三是绩效管理是把对组织的管理和对雇员的管理结合在一起的一种体系。本书采用第三种观点来理解绩效管理。

三、农业企业实施绩效管理的意义

在农业企业中,实施绩效管理的作用体现在以下几个方面。

(一)绩效管理为改善组织和个人的绩效提供保证

绩效管理作为一种管理思想,渗透在企业管理的整个过程之中,涉及企业文化、战略和计划、人力资源、领导和控制等各个方面,为持续改善组织和个人的绩效,最终实现企业战略目标提供了保证。

(二)绩效管理为科学决策提供了重要参考依据

在制定重要决策时,绩效管理可以使管理者及其下属在制订初始计划过程中及时纠偏,减少工作失误,为科学决策提供重要的行动支持。

(三)绩效管理为组织发展提供了重要支持

绩效管理的重要目标之一就是持续提高员工的业绩,为员工指明努力的方向,使其能够跟上组织的变化和发展。绩效评估的结果可以提供相关信息,作为奖励或处分员工、提升或降级、职务调动以及进一步培训的依据,这是绩效管理最主要的作用。

(四)绩效管理有助于员工全面了解自己

绩效管理使员工有机会了解自己的优缺点以及组织对自己工作情况的评价。当这种评价比较客观时,员工可以在上级的帮助下有效发挥自己的潜能,顺利完成绩效指标。

(五)绩效管理为确定员工的工作报酬提供依据

实际工作报酬必须与员工的实际能力和贡献相结合,这是组织分配制度的一条基本原则。为了鼓励员工出成绩,组织必须设计和执行一个公正合理的绩效评估系统,对那些最富有成效的员工和小组给予明确的加薪奖励。

(六)绩效管理为相关人事调整提供了依据

通过绩效管理,企业可以考察员工在一定时间内的工作业绩,评估他们的现实能力和发展潜力,看其是否符合现任职务所具备的素质和能力要求,是否具有担负更重要工作的潜能。对能力不足的员工安排到力所能及的岗位上,而对能力较强的员工应提供更多的晋升机会,对另一些能力较为平衡的员工则可保持其现在的职位。

四、农业企业实施绩效管理的过程

农业企业绩效管理实施过程由四个步骤组成:绩效目标和计划的制订,绩效监控,绩效考评,绩效结果反馈。

(一)绩效目标和计划的制订

制订绩效目标和计划是绩效管理实施过程的起点,其实质是管理者与员工共同讨论,就实现目标的时间、责任、方法和过程进行沟通,以确定员工以什么样的流程、完成什么样的工作和达到什么样的绩效目标的一个管理过程。企业、部门和员工的目标和计划构成了组织的目标体系。确立目标体系的主要依据是企业的战略,部门的目标责任书、员工的考核表都是常见的目标设置方式。

(二)绩效监控

绩效监控是指考核者通过对被考核者绩效指标完成情况进行分析找到问题,同时给予辅导以保证被考核者绩效目标和计划的完成。绩效监控的重点放在关键业绩指标上。

(三)绩效考评的实施

绩效考评是对绩效结果进行衡量、评价和反馈的过程。绩效考核的目的不仅仅是为了给出一个分数,更重要的是通过充分的沟通,使得组织或者员工的绩效得以改进。

(四)绩效结果的反馈

绩效结果反馈是与员工就本次绩效评估的目的和评估标准进行沟通,肯定员工的工作成就及其优点,指出员工工作中有待改进的方面,制订绩效改进计划,协商下一个绩效管理周期的目标与绩效标准。

第五节　农业企业薪酬管理

进入21世纪以来,世界各国企业都已经越来越清醒地意识到,企业能否赢得竞争优势并且保持这种优势,关键在于能否形成一支胜任、敬业、忠诚的员工团队。要想打造一支胜任、敬业而且忠诚的员工团队,农业企业必须认真考虑如何在提高资本价值的同时为优秀员工提供合理的薪酬,强化和引导他们的行为,提高经营业绩,实现组织战略目标。

一、薪酬的含义

在人力资源管理中,薪酬是一个界定比较宽泛的概念。有两种理解,一种是薪酬是员工由于完成了自己的工作而获得的各种内存报酬和外在报酬;第二种是薪酬是员工因为雇佣关系的存在而从雇主那里获得的各种形式的经济收入以及有形服务和福利。

二、总薪酬的构成

(一)基本薪酬

基本薪酬是指一个组织根据员工所承担或完成的工作或者员工所具备的完成工作的技能或能力而向员工支付的相对稳定的报酬。在企业支付能力一定的情况下,尽量将基本薪酬水平紧密地与竞争性劳动力市场保持一致,以保证组织能够获得高质量的人才。

(二)可变薪酬

可变薪酬是薪酬系统中与绩效直接挂钩的部分,有时也被称为浮动薪酬或奖金,能够对员工所达成的有利企业成功的绩效提供灵活奖励。可变薪酬包括群体可变薪酬、经营计划利润分享、一次性奖励、个人可变薪酬等多种方式。它具有针对动态环境的变化作出反应的灵活性,尤其是面向较大员工群体实行的可变薪酬能够针对员工和组织所面临的变革和较为复杂的挑战作出灵活反应。可变薪酬以一种积极的方式将员工和企业联系在一起,从而为在双方之间建立起伙伴关系提供了便利。

(三)福利

员工福利不是以员工为企业工作的时间为计算单位的。它一般包括带薪休假、健康计划、补充保险、住房补贴等形式，福利对于企业吸纳和保留人才起到越来越重要的作用。农业企业为迎接未来的挑战要创新性地使用福利计划。

三、企业主要法定福利项目

(一)法定社会保险

法定社会保险是指国家强制性社会保险项目。

1. 养老保险：是国家和社会根据一定的法律和法规，针对退出劳动领域或无劳动能力的老年人实行的社会保护和社会救助措施。

2. 医疗保险：是劳动者因患病而暂时失去劳动能力和收入来源，国家和社会给予其一定的医疗服务、假期和收入补偿，以促其恢复劳动能力，尽快投入劳动过程的社会机制。

3. 工伤保险：是指国家和社会为在生产、工作中遭受事故伤害和患职业性疾病的劳动者及亲属提供医疗救治、生活保障、经济补偿、医疗和职业康复等物质帮助的一种社会保障制度。

4. 失业保险：是指国家法律确定的，由社会集中建立基金，对因失业而暂时中断生活来源的劳动者提供物质帮助，使其享有基本生活水平。

5. 生育保险：是国家通过立法，对怀孕、分娩女职工给予生活保障和物质帮助的一项社会机制。其宗旨在于通过向职业妇女提供生育津贴、医疗服务和产假，帮助他们恢复劳动能力，重返工作岗位。

(二)住房公积金

住房公积金是指单位及其在职职工缴存的长期住房储金，包括员工个人缴存的住房公积金和员工所在单位为员工缴存的住房公积金，它属于员工个人所有。

四、农业企业薪酬管理

农业企业针对所有员工所提供的服务来确定他们应当得到的报酬总额以及报酬结构和报酬形式。在这一过程中，企业必须就薪酬形式、薪酬体系和薪酬构成、薪酬水平及薪酬结构、特殊员工群体的薪酬等做出决策。农业企业的薪酬管理必须达到以下四个方面的要求：

(一)薪酬的外部公平性和外部竞争性

员工会将自己的薪酬与外部劳动力市场或其他企业中从事相同工作的员工所获得的薪酬进行比较。为避免员工产生强烈的不公平感从而做出跳槽或放弃到企业工作的决定，农业企业要借助市场薪酬调查来确定薪酬。

(二)薪酬的内部公平性或者内部一致性

员工常常把自己的薪酬与比自己等级低的职位、等级相同的职位或等级更高的职位上的员工所获得的薪酬相对比。为避免员工产生不公平感从而影响他们的工作态度，农业企业可以通过职位评价来强化员工对薪酬的内部公平性的认可。

(三)绩效报酬的公平性

如果企业中从事相同或类似工作的员工的绩效无论是优秀、一般还是不良,都能够得到大体相当的薪酬,那么员工就会产生不公平感,因此,农业企业在设计薪酬时,要采用绩效奖金等方式来体现企业对业绩水平优秀的员工的认可。

(四)薪酬管理过程的公平性

薪酬制度调查、制订、运作和反馈的过程要公开、透明,这样有利于员工对企业薪酬公平性形成认同,提高薪酬系统的有效性。

复习思考题

1. 农业企业如何进行科学招聘?
2. 农业企业如何构建人力资源培训系统?
3. 请简述实施绩效管理的过程。
4. 总薪酬由哪几部分构成?

第七章　农业企业市场营销管理

20 世纪 90 年代以来,我国农业发展进入新阶段,农产品供给由短缺转为相对过剩。与此同时,人们的食品消费观念也发生了变化,由注重消费数量转向注重食品质量、食品安全和食品营养。在新的形势下,一些地区和农业企业越来越重视农产品营销,利用现代化的农产品营销手段,取得了良好的经济效益和社会效益。

第一节　农产品市场与农业企业市场竞争

一、农产品市场概述

(一)市场的含义

市场的定义有狭义和广义之分。狭义的市场指商品交换的场所;广义的市场,是指各种交换关系的总和。

(二)市场营销的含义

美国著名营销学家菲利普·科特勒(1997)认为:市场营销是个人和群体通过创造并同他人交换产品和价值,以满足需求和欲望的一种社会过程和管理过程。

(三)农产品市场的含义

农产品市场可以从广义和狭义两个角度进行定义。狭义的农产品市场是指进行农产品所有权交换的具体场所;广义的农产品市场是指农产品流通领域交换关系的总和。

(四)农产品营销的含义

关于农产品营销,有些学者认为,农产品营销"是农产品从农户到消费者手中的一切商业及服务活动"。

有些学者认为,"农产品营销是指将农产品销售给第一个经营者的营销过程","第一个经营者到最终消费者的运销经营过程"。

本书采用李崇光(2003)年的定义:农产品生产者与经营者个人与组织,在农产品从农户到消费者流程中,实现个人和社会需求目标的各种农产品创造和农产品交易的一系列活动。

(五)农产品的特征

农业企业营销管理的特征取决于农产品的特征。

1. 商品特性

农产品的商品特征主要体现在易腐性、易变性。农产品很容易腐烂变质,不易储存,大大缩短了农产品的货架期。

2. 供给特征

农产品供给具有较大的波动性,其原因是:(1)农产品生产受自然条件影响大,生产的季节性,年度差异性和地区性十分明显。丰年农产品增产,供给量增加会导致市场价格下降;反之,歉收年会出现供给量不足,引起市场价格上升。(2)农产品生产周期较长,不能随时根据需求的变化来调整供给量,事后调整又容易导致激烈的价格波动。

3. 消费特性

农产品大多数直接满足人类的基本生活需要,其消费需求具有普遍性、大量性和连续性等特点,需求弹性一般较小。

(六)农产品营销的特征

1. 营销产品的生物性、自然性

农产品的含水量高,保鲜期短,易腐败变质。农产品一旦失去鲜活性,价值就会大打折扣。

2. 农产品供给季节性强

绝大多数农产品的供给带有明显的季节性,但需求却往往是常年性的,因此,农产品市场供求的季节性矛盾比较突出,收获季节往往滥市,非收获季节却十分畅销。因此,要求企业做好生产技术和贮藏技术的创新,调节季节供求矛盾。

3. 消费者数量众多、市场需求比较稳定、连续购买

第一,每个人都必须消费农产品,特别是像我们这样的人口大国,每天消费的农产品数量是相当惊人的。因此,从总体上讲,农产品具有非常广阔的市场;第二,相当一部分农产品是满足人们的基本生活需要的,因此,这部分市场需求是比较稳定,经营这类农产品市场风险相对较少,收益也相对稳定;第三,农产品大多属于非耐用商品,贮存比较困难,消费者对农产品的新鲜度要求较高,因而农产品的购买频率比较高。

4. 政府宏观政策调控的特殊性

农业是国民经济的基础,农产品关系到人民生存、社会稳定和国家安全。农产品生产具有分散性,竞争力比较弱,政府需要采取特殊政策来扶持农产品的生产和经营。

二、农业企业市场竞争

(一)市场竞争结构

市场竞争结构主要是指市场或行业的组成方式。决定市场类型划分的主要因素有市场上厂商的数量、厂商所生产的产品的差别程度、各厂商对市场价格的控制程度、厂商进入或退出一个行业的难易程度。根据以上标准市场竞争结构可划分为完全竞争市场、完全垄断市场、垄断竞争市场和寡头垄断市场四种形式。

1. 完全竞争市场

完全竞争市场是指竞争充分而不受任何阻碍和干扰的一种市场结构。在这种市场类型

中,买卖人数众多,买者和卖者是价格的接受者,资源可自由流动,市场完全由“看不见的手”进行调节,政府对市场不作任何干预。

完全竞争市场所具有的明显特征:

(1)市场上有众多的生产者和消费者,任何一个生产者或消费者都不能影响市场价格。

(2)企业生产的产品具有同质性,不存在差别。

(3)生产者进出市场,不受社会力量限制。

(4)市场交易活动自由、公开,没有人为限制。

(5)市场信息畅通准确,市场参与者充分了解各种情况。

(6)各种资源都能够充分地流动。

2. 完全垄断市场

完全垄断市场是指在市场上只存在一个供给者和众多需求者的市场结构。对于垄断者所出售的产品,市场上不存在相近的替代品。

完全垄断市场,是一种与完全竞争市场相对立的极端形式的市场类型。完全垄断市场一般简称垄断市场。完全垄断市场的基本特征:第一,整个市场的物品、劳务或资源都由一个供给者提供,消费者众多;第二,没有任何接近的替代品,消费者不可能购买到性能等方面相近的替代品;第三,完全垄断厂商本身实际上构成了一个行业,能够成功地控制市场价格;第四,进入限制使新的企业无法进入市场,从而完全排除了竞争。

3. 垄断竞争市场

垄断竞争市场是一种介于完全竞争市场和完全垄断市场之间的市场组织形式,在这种市场中,既存在着激烈的竞争,又具有垄断的因素。

垄断竞争市场的特征:第一,市场中存在着较多数目的厂商,彼此之间存在着较为激烈的竞争;第二,厂商所生产的产品是有差别的,或称“异质商品”。产品差别是指同一产品在价格、外观、性能、质量、构造、颜色、包装、形象、品牌、服务及商标广告等方面的差别以及消费者想象为基础的虚幻的差别。由于存在着这些差别,使得产品成了带有自身特点的“唯一”产品了,也使得消费者有了选择的必然,使得厂商对自己独特产品的生产销售量和价格具有控制力,即具有了一定的垄断能力;第三,厂商进入或退出该行业都比较容易,资源流动性较强。

4. 寡头垄断市场

寡头垄断市场是介于垄断竞争与完全垄断之间的一种比较现实的混合市场,是指少数几个企业控制整个市场的生产和销售的市场结构,这几个企业被称为寡头企业。

寡头垄断市场的特点:第一,市场上的厂商只有一个以上的少数几个,每个厂商在市场中都具有举足轻重的地位,对其产品价格具有相当的影响力;第二,相互依存。任一厂商进行决策时,必须把竞争者的反应考虑在内;第三,产品同质或异质。产品没有差别,彼此依存的程度很高,叫纯粹寡头,存在于钢铁、水泥等产业;产品有差别,彼此依存关系较低,叫差别寡头,存在于汽车、重型机械、石油产品、电气用具、香烟等产业;第四,进出不易。其他厂商进入相当困难,因为不仅在规模、资金、信誉、市场、原料、专利等方面,其他厂商难以与原有厂商匹敌,而且由于原有厂商相互依存,原有厂商也难以退出。

(二)农业企业市场竞争特点

随着社会经济的发展,农业企业逐渐向适度规模经营转变,出现了众多的农业龙头企业,消费者对农产品的需求也在不断的变化,农产品市场出现了不完全竞争的结构特征。

1. 农业企业适度规模经营逐渐开展

由于现代科学技术的广泛应用,农业企业需要投入的资金、技术、管理等要素在数量和质量上都比以往有了更高的要求,生产规模较小、无规模效益的企业因实力不足很难满足这些要求,农产品生产逐渐向农业龙头企业手里集中。

2. 农产品的差异性越来越明显

随着人们生活水平的提高,消费者对农产品的需求呈现出多样化、个性化的特征,同质的农产品已经不能有效地满足消费者的不同需求,这使得农业企业必须采用新技术、开发新产品以及利用各种营销策略来形成产品差异,从而提高产品的市场占有率。

3. 市场进入门槛逐渐提高

农业生产技术的提高和生产规模的扩大使得新进入者需要投入更多资金、技术以及其他资源,增加了进入的难度。

4. 农产品市场信息不完全

农业企业对农产品市场信息的了解存在一定的局限性,影响了生产经营决策的科学性和准确性。

第二节 农业企业营销环境

农业企业处在一定的环境中,其生产经营活动会受到外部环境的限制。环境是农业企业赖以生存的基础,同时也是农业企业制定营销策略的依据。菲利普·科特勒认为营销环境由微观营销环境和宏观营销环境构成。其中,微观环境由与企业联系紧密,影响其服务目标顾客能力的单位组成。

一、农业企业宏观营销环境

宏观营销环境由影响企业相关微观环境的大型社会因素构成,包括政治法律环境、经济环境、人口环境、生态环境、社会文化环境、科学技术环境等。

(一)政治法律环境

政治法律环境包括政治环境和法律环境,是影响农业企业营销的重要宏观环境因素。政治环境引导着企业营销活动的方向,法律环境则是企业规定经营活动的行为准则。政治与法律相互联系,共同对企业的市场营销活动产生影响和发挥作用。

政治环境是指企业市场营销活动的外部政治形势。一个国家的政局稳定与否,会给企业营销活动带来重大的影响。政治环境对农业企业营销活动的影响主要表现为国家政府所制定的方针政策,如人口政策、能源政策、物价政策、财政政策、货币政策等,都会对企业营销活动带来影响。

法律环境是指国家或地方政府所颁布的各项法规、法令和条例等,它是农业企业营销活动的准则。农业企业的营销管理者必须熟知有关的法律条文,才能保证企业经营的合法性,运用法律武器来保护企业与消费者的合法权益。近年来,为适应经济发展的需要,我国陆续制定和颁布了一系列法律法规,例如《中华人民共和国产品质量法》《企业法》《经济合同法》《涉外经济合同法》《商标法》《专利法》《广告法》《食品卫生法》《环境保护法》《反不正当竞争法》《消费者权益保护法》《进出口商品检验条例》《农村土地承包法》等等。

(二)经济环境

经济环境它包括收入因素、消费支出、产业结构、经济增长率、货币供应量、银行利率、政府支出等因素,其中收入因素、消费结构对企业营销活动影响较大。

1. 收入因素分析

收入因素是构成市场的重要因素,甚至是更为重要的因素。因为市场规模的大小,归根结底取决于消费者的购买力大小,而消费者的购买力取决于他们收入的多少。企业必须从市场营销的角度来研究消费者收入,通常从以下几个方面进行分析。

(1)国民生产总值。它是衡量一个国家经济实力与购买力的重要指标。国民生产总值增长越快,对商品的需求和购买力就越大,反之,就越小。

(2)人均国民收入。这是用国民收入总量除以总人口的比值。这个指标大体反映了一个国家人民生活水平的高低,也在一定程度上决定商品需求的构成。一般来说,人均收入增长,对商品的需求和购买力就大,反之就小。

(3)个人可支配收入。指在个人收入中扣除消费者个人缴纳的各种税款和交给政府的非商业性开支后剩余的部分,可用于消费或储蓄的那部分个人收入,它构成实际购买力。个人可支配收入是影响消费者购买生活必需品的决定性因素。

(4)个人可任意支配收入。指在个人可支配收入中减去消费者用于购买生活必需品的费用支出(如房租、水电、食物、衣着等项开支)后剩余的部分。这部分收入是消费需求变化中最活跃的因素,也是企业开展营销活动时所要考虑的主要对象。

(5)家庭收入。家庭收入的高低会影响很多产品的市场需求。一般来讲,家庭收入高,对消费品需求大,购买力也大;反之,需求小,购买力也小。

2. 消费结构

随着消费者收入的变化,消费者支出会发生相应变化,继而使一个国家或地区的消费结构也会发生变化。德国统计学家恩斯特·恩格尔于1857年发现了消费者收入变化与支出模式,即消费结构变化之间的规律性。恩格尔所揭示的这种消费结构的变化通常用恩格尔系数

来表示,即:

恩格尔系数=食品支出金额/家庭消费支出总金额

恩格尔系数越小,食品支出所占比重越小,表明生活富裕,生活质量高;恩格尔系数越大,食品支出所占比重越高,表明生活贫困,生活质量低。

恩格尔系数是衡量一个国家、地区、城市、家庭生活水平高低的重要参数。企业从恩格尔系数可以了解目前市场的消费水平,也可以推知今后消费变化的趋势及对企业营销活动的影响。

3. 储蓄状况分析

消费者的储蓄行为直接制约着市场消费量购买的大小。当收入一定时,如果储蓄增多,现实购买量就减少;反之,如果用于储蓄的收入减少,现实购买量就增加。居民储蓄倾向是受到利率、物价等因素变化所致。人们储蓄目的也是不同的,有的是为了养老,有的是为未来的购买而积累,当然储蓄的最终目的主要也是为了消费。农业企业应关注居民储蓄的增减变化,了解居民储蓄的不同动机,制定相应的营销策略,获取更多的商机。

(三)人口环境

人口是市场的第一要素。人口数量直接决定市场规模和潜在容量,人口的性别、年龄、民族、婚姻状况、职业、居住分布等也对市场格局产生着深刻影响,从而影响着农业企业的营销活动。

1. 人口总量

人口总量是决定市场规模的一个基本要素。如果收入水平不变,人口越多,对食物、衣着、日用品的需要量也越多,市场也就越大。

2. 人口结构

(1)年龄结构。不同年龄的消费者对商品和服务的需求是不一样的。不同年龄结构就形成了具有年龄特色的市场。企业了解不同年龄结构所具有的需求特点,就可以决定企业产品的投向,寻找目标市场。

(2)性别结构。性别差异会给人们的消费需求带来显著的差别,反映到市场上就会出现男性用品市场和女性用品市场。农业企业可以针对不同性别的不同需求,生产适销对路的产品,制定有效的营销策略,开发更大的市场。

(3)教育与职业结构。人口的教育程度与职业不同,对市场需求表现出不同的倾向。

(4)家庭结构。家庭是商品购买和消费的基本单位。一个国家或地区的家庭单位的多少以及家庭平均人员的多少,可以直接影响到某些消费品的需求数量。同时,不同类型的家庭往往有不同的消费需求。

(5)民族结构。我国是一个多民族的国家。民族不同,其文化传统、生活习性也不相同。具体表现在饮食、居住、服饰、礼仪等方面的消费需求都有自己的风俗习惯。农业企业营销要重视民族市场的特点,开发适合民族特性、受其欢迎的商品。

3. 人口分布

人口有地理分布上的区别，人口在不同地区密集程度是不同的。各地人口的密度不同，则市场大小不同、消费需求特性不同。

（四）生态自然环境

农业企业需要大量初级农产品，其成长离不开土地、水源、能源等自然资源，因此，要受到生态自然环境的限制；同时，农业企业的经营活动也会对自然生态环境产生影响。从60年代起，世界各国开始关注经济发展对自然环境的影响，成立了许多环境保护组织，促使国家政府加强环境保护的立法。这些问题都是对农业企业营销的挑战。

1. 自然资源限制

农业企业的生产需要土地、水源，这些资源是有限的，自然资源短缺，使许多企业将面临原材料价格大涨、生产成本大幅度上升的威胁。

2. 环境污染日趋严重

工业化、城镇化的发展对自然环境造成了很大的影响，尤其是农业环境污染问题日趋严重，农业环境污染已经严重影响到农业可持续发展和人们的身体健康。环境污染问题已引起各国政府和公众的密切关注，这也为农业企业提供了新的营销机会，促使农业企业兴建绿色工程，生产绿色产品，开发环保包装。

（五）社会文化环境

社会文化环境是指企业所处的社会结构、社会风俗和习惯、信仰和价值观念、行为规范、生活方式、文化传统、人口规模与地理分布等因素的形成和变动。社会文化是某一特定人类社会在其长期发展历史过程中形成的，它影响和制约着人们的消费观念、需求欲望及特点、购买行为和生活方式，对企业营销行为产生直接影响。

1. 宗教信仰

宗教是构成社会文化的重要因素，宗教对人们消费需求和购买行为的影响很大。不同的宗教有自已独特的对节日礼仪、商品使用的要求和禁忌。为此，农业企业的营销活动也要注意到不同的宗教信仰，以避免由于矛盾和冲突给企业营销活动带来损失。

2. 价值观念

价值观念是指人们对社会生活中各种事物的态度和看法。不同文化背景下，人们的价值观念往往有着很大的差异。农业企业营销必须根据消费者不同的价值观念设计产品，提供服务。

3. 消费习俗

消费习俗是指人们在长期经济与社会活动中所形成的一种消费方式与习惯。不同的消费习俗，具有不同的商品要求。农业企业研究消费习俗，不但有利于组织好消费用品的生产与销售，而且有利于正确、主动地引导健康的消费。

(六)科学技术环境

科学技术的进步以及新技术手段的应用对农业企业的发展进步提供了强有力的支持。科学技术的变化对农业企业的组织机构、管理思想、合作方式、生产技术、营销方式等都产生了直接的影响,随着技术革命的速率的加快,这种影响将越来越突出。农业企业要提高活动的效率,保持自身的竞争力,就必须关注技术环境的变化,及时采取应对措施。

二、农业企业微观营销环境

1. 农户

农户是人类进入农业社会以来最基本的经济组织,现阶段我国农户的显著特征是规模小,经营分散。农户可以为农业企业提供初级农产品,成为农业企业的原材料供应商。农户向农业企业提供初级农产品的及时性和稳定性,影响着农业企业的生产经营。因此农业企业应该认真处理好和农户的合作关系。

2. 企业

农业企业内部的其他部门和其他活动会对企业的营销活动产生影响,营销部门必须与其他相关部门密切合作。

3. 营销中介

营销中介是指协助企业促销、销售和配销其产品给最终购买者的企业或个人,包括中间商、物流储运商、营销服务机构和财务中间机构。

4. 顾客

顾客是企业产品购买者的总称,是企业营销活动的出发点和归宿。美国学者的调查表明,每当有一名通过口头或书面向公司提出投诉的顾客,就有约 26 名保持沉默的感到不满意的顾客。这 26 名顾客每个人都会对另外 10 名亲朋好友造成消极影响,而这 10 名亲朋好友中,约 33% 的人会再把这个坏消息传给另外 20 个人。换言之,只要有 1 名顾客不满意,就会导致 26 + (26 × 10) + (26 × 10 × 33% × 20),即 2002 人不满意。因此,农业企业应该清醒地认识到:“顾客满意”就是经营,谁拥有顾客,谁就拥有发展的机会。农业企业应该针对目标市场顾客的特点,认真分析他们的需求,制定相应的营销策略,为顾客提供优质高效的农产品和服务。

5. 竞争者

竞争者一般是指那些与本企业提供的产品或服务相似,并且所服务的目标顾客也相似的其他企业。企业在市场上面临着四类竞争者:愿望竞争者、属类竞争者、产品形式竞争者、品牌竞争者。在市场竞争中,农业企业需要分析竞争者的优势与劣势,做到知己知彼,才能有针对性地制定正确的市场竞争战略,以避其锋芒、攻其弱点、出其不意,利用竞争者的劣势来争取市场竞争的优势,从而实现企业营销目标。

6. 社会公众

社会公众是指对本组织实现其营销目标具有实际的或潜在的利益关系或影响的各种群体或个人,主要包括政府、媒介、金融公众、群众团体、企业内部公众等。农业企业必须采取积极措施,在公众心目当中树立健康良好的企业形象。

第三节 农业企业市场营销组合策略

一、市场营销组合的含义

市场营销组合指的是企业在选定的目标市场上,综合考虑环境、能力、竞争状况,对企业自身可以控制的各种营销手段的综合运用,即对产品、价格、渠道、销售促进的最佳组合,使之相互配合,以完成企业的目标与任务。

市场营销的主要目的是满足消费者的需要,而消费者的需要很多,要满足消费者需要所应采取的措施也很多。因此,企业在开展市场营销活动时,就必须把握住那些基本性措施,合理组合,并充分发挥整体优势和效果。

二、市场营销组合策略

(一)农业企业的产品策略

1. 农产品营销中的产品整体概念

农业企业市场营销中的产品是指产品的整体概念,它包括农产品的核心产品、农产品的形式产品和农产品的附加产品等三个层次。

农产品的核心产品是指农产品所具备的使用价值和功能,即农产品能够提供给消费者的基本效用。消费者购买某种农产品,并不是为了占有农产品本身,而是为了获得能满足某种需要的效用或利益。如购买鸡蛋,是为了从鸡蛋中获得蛋白质。市场营销人员的根本任务在于向顾客推销农产品的实际效用。

农产品的形式产品是指农产品中可见的、可感觉的要素,如外观、质量、形态、品牌、包装等。形式产品是核心产品实现的形式。农产品的附加产品是指伴随农产品销售提供给顾客的额外利益,如服务、融资、保险等。

随着人们生活水平的提高,人们不仅要吃饱,更要吃好,对农产品品质的要求越来越高,只有树立农产品的整体观,才能满足不断变化的消费者需要。但是,我国农产品销售仍处于相当落后的局面,长期以来,很多农产品只是作为初级产品销售,缺乏加工处理,往往是卖农产品就卖其本身,即只给消费者提供了核心产品,缺乏形式产品与延伸产品。从营销意义上说,这样的农产品是不完整的。

2. 农产品营销中的产品市场生命周期

(1)农产品市场生命周期概念及阶段

农产品市场生命周期是指一种农产品(品种)由投放市场到最终被市场所淘汰的时间周期。农产品的生命周期可分为四个阶段,如图 7－1 所示。

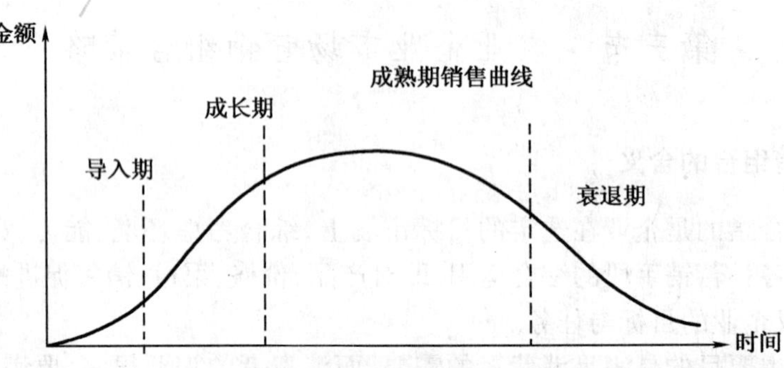

图 7－1　农产品的市场生命周期曲线

①导入期,即某种农产品投放市场的初期。此时消费者对产品还不了解,销售量很低,销售增长率一般不超过 10%。为了扩大销售,农业企业需要投入大量的促销费用对该农产品进行宣传推广。

②成长期,是某种农产品已为消费者所接受,销量迅速增长的时期。此时,消费者已经对该产品了解并熟悉接受,购买量增加,市场逐步扩大。生产成本相对下降,利润额迅速增加,但竞争也随之出现并逐渐激烈。

③成熟期,是某种农产品销量达到高水平的时期。此时,该农产品在市场上已经普及,市场容量基本达到饱和点,潜在的消费者已经很少。在这一阶段,竞争达到白热化,价格战激烈,促销费用增加,利润下降。

④衰退期,是某种农产品销量迅速衰减的时期。此时,新产品或替代品出现,消费者转向购买其他产品,从而使原有产品的销量迅速下降。

(2)农产品市场生命周期各阶段的策略

由于农产品市场生命周期不同阶段有不同特征,因此应采取不同营销策略:

①导入期市场营销策略。这一时期的特点是成本高、费用大、售价高、销量小,可供采取的策略有:快速掠取策略,即高价格高促销策略;缓慢掠取策略,即高价格低促销策略;快速渗透策略,即低价格高促销策略;缓慢渗透策略,即低价格低促销策略。

②成长期市场营销策略。这一时期的重点是促进销量迅速增加,其主要策略包括树立品牌优势,增加消费者的信任度;拓展产品销售市场;重新评价并完善销售渠道;改良农产品品质和增加花色品种;改变广告宣传的重点;在适当的时机采取降价策略等。

③成熟期市场营销策略。这一时期的重点是尽量延长成熟期,营销策略包括寻求新的细分市场;寻找能够刺激消费者增加农产品使用频率的方法;市场重新定位;产品改良;完善营销组合等。

④衰退期市场营销策略。重点是选择适当时机以适当方式退出。可供选择的策略有继续策略;集中策略;缩减策略;放弃策略。

3. 产品组合

产品组合是指企业生产经营的全部产品的结构,由产品线和产品项目构成。产品线又称产品大类,是产品类别中具有密切关系的一组产品。产品项目是指某一品牌或产品大类内由尺码、价格、外观及其他属性来区别的具体产品。例如,某农业企业生产食用油、面粉、方便面等,这就是产品线。食用油中的豆油、色拉油、花生油就是产品项目。企业的产品组合有一定的宽度、长度、深度和关联度。

宽度指企业的产品线总数。产品组合的宽度说明了企业的经营范围大小。增加产品组合的宽度,可以充分发挥企业的特长,使企业的资源得到充分利用,降低风险,提高经营效益。

长度指一个企业的产品项目总数。通常,每一产品线中包括多个产品项目,企业各产品线的产品项目总数就是企业产品组合长度。

深度指产品线中每一产品有多少品种。产品组合的长度和深度反应了企业满足各个不同细分市场的程度。增加产品项目,增加产品的规格、型号、式样、花色,可以迎合不同细分市场消费者的不同需要和爱好,招徕、吸引更多顾客。

关联性指一个企业的各产品线在最终用途、生产条件、分销渠道等方面的相关程度。较高的产品关联性能带来企业的规模效益和企业的范围效益,提高企业在某一地区、行业的声誉。

4. 农产品品牌策略

品牌是整体产品概念的重要组成部分,是一种名称、标记、符号或设计,或是它们的组合运用,其目的是借以辨认某个企业或某行业的产品或服务,并使之同竞争对手的同类产品和服务区别开来。品牌包括品牌名称、品牌标识和商标等内容。品牌名称是指商品中可以用语言称谓的部分。例如,可口可乐、麦当劳等都是品牌名称。品牌标识是指品牌中不能用语言表达的部分,如符号、图案、设计或颜色,如绿色食品的标志。商标是经过有关部门注册并受法律保护的品牌。

(1)品牌的作用

品牌在农业企业发展中具有重要的作用,主要表现在:①体现企业经营理念;②创造差异,维护消费者的利益;③维护企业正当权益,保护企业声誉;④推进关系营销;⑤扩大市场份额,减少价格弹性;⑥促进企业提高产品质量。

(2)农业企业品牌管理策略

①品牌名称策略。在品牌名称的选择上,农业企业可以采取以下的具体策略:一是差别

品牌策略。即企业将自己生产或提供的各种产品分别使用不同的品牌。这一品牌策略最大优势在于能满足消费者求新求异的心理需求。但是,差别品牌策略的宣传成本昂贵,并且品牌繁多,使顾客不易记忆企业的形象;二是统一品牌策略。即企业将自己生产的所有产品统一使用一种品牌。统一品牌策略优势在于企业将所有资源都集中在某一品牌上,有利于培植该品牌的知名度,并可降低宣传成本。其不利一面是个别产品声誉不好,会使整个品牌名誉受损;三是个别分类品牌。即企业在产品组合中,对产品项目依据一定标准分类,并分别使用不同品牌。这样可以避免不同类型的产品因使用同一个品牌名称而产生混淆;四是个别品牌与企业名称相结合。即通常是在个别品牌前冠以企业的统一品牌。既可以使产品享受企业已有的声誉,又能体现产品的个性化,使他们自己各具特色。例如"娃哈哈"的"非常可乐";五是企业名称与产品品牌合一。这是统一品牌的另外一种方式。采用这种方式,不会为使企业和产品同时出名而必须花双倍的广告费,使得企业及其产品的标志更简明扼要,易于识别;六是多品牌策略。就是一种产品用多个不同的,毫无联系但相互竞争的商标。采用多品牌策略有利于树立企业实力雄厚的形象,有利于对竞争者的同类产品形成强有力的包围,提高市场占有率。

②品牌拓展策略。开发新产品时,是使用原有品牌,还是再创造出一个新品牌,这主要和农业企业的品牌拓展策略有关。一是延伸品牌策略。如果原有的品牌市场情况很好,推出的新产品就可采用原有品牌。采用这种策略既能节约宣传成本,又能迅速打开新产品的销售,但要求延伸产品的品质,必须符合在市场上已有较高声誉的品牌要求;二是品牌创新策略。就是企业通过改进或合并原有品牌而设立新品牌的策略。有些时候,原有产品的市场情况很不好,老品牌声誉日下或不佳,或新产品使用原有品牌会影响原有产品的形象甚至争夺原有产品的市场,或新老产品的特点不适宜采用同一品牌,此时,新产品不宜采用原有产品的品牌。

(二)农业企业的价格策略

1. 农产品定价依据

价格策略是企业营销组合的重要因素之一,直接决定着企业市场份额的大小和赢利率高低。随着营销环境的日益复杂,制定价格策略的难度越来越大,影响农产品定价的因素很多,概括起来,大体上可以有农产品成本、农产品市场供求、竞争因素和政府价格管制四个方面。

(1)农产品成本

对农业企业的定价来说,成本是一个关键因素。企业产品定价以成本为最低界限,产品价格只有高于成本,农业企业才能补偿生产上的耗费,从而获得一定赢利,价格过分低于成本,不可能长久维持。成本又可分解为固定成本和变动成本。产品的价格有时是由总成本决定的,有时又仅由变动成本决定。农业企业定价时,不应将成本孤立地对待,而应同产量、销量、资金周转等因素综合起来考虑。

(2)农产品市场供求

农产品价格还受市场供求的影响。即受农产品供给与需求的相互关系的影响。当农产品的市场需求大于供给时,价格应高一些;当农产品的市场需求小于供给时,价格应低一些。反过来,价格变动影响市场需求总量,从而影响销售量,进而影响企业目标的实现。因此,农业企业制定价格就必须了解价格变动对市场需求的影响程度。反映这种影响程度的一个指标就是农产品的价格需求弹性系数。所谓价格需求弹性系数,是指由于价格的相对变动,而引起的需求相对变动的程度。通常可用下式表示:需求弹性系数 = 需求量变动百分比 ÷ 价格变动百分比。

(3)竞争因素

市场竞争也是影响价格制定的重要因素。特别是当农产品具有同质性时,价格往往成为企业扩大市场占有率的武器。根据竞争程度不同,企业定价策略会有所不同。比如,在完全竞争情况下,买者和卖者都大量存在,产品都是同质的,不存在质量与功能上的差异,企业自由地选择产品生产,买卖双方能充分地获得市场情报。在这种情况下,无论是买方还是卖方都不能对产品价格进行影响,只能在市场既定价格下从事生产和交易。

(4)政府价格管制

政府对农产品价格实行管制,这实际上是政府对农民、农场、农业企业以及消费者的一种保护措施。农产品需求弹性小,不论价格高低消费者都得需要,是关乎民生的基础。在经济繁荣阶段,对农产品的需求增加,农产品价格上升,政府进行价格管制,能防止投机炒作,哄抬农产品价格,从而保护消费者的利益。而在经济萧条阶段,对农产品的需求减少,农产品价格下降,政府实行粮食等主要农产品最低收购价,同时增加政府采购农产品的数量,向农民和农场主支付货币或价格补贴,增加他们的可支配收入。

2. 农产品定价目标

定价目标是企业在对其生产或经营的产品制定价格时,有意识要求达到的目的和标准。它是指导企业进行价格决策的主要因素。定价目标取决于企业的总体目标。不同行业的企业,同一行业的不同企业,以及同一企业在不同的时期,不同的市场条件下,都可能有不同的定价目标。

(1)以获取投资收益为定价目标

投资收益定价目标是指企业实现在一定时期内能够收回投资并能获取预期的投资报酬的一种定价目标。采用这种定价目标的企业,一般注意两个问题:一是要确定适度的投资收益率。投资收益率不可过高,否则消费者难以接受;二是企业的产品与竞争对手相比,产品具有明显的优势。

(2)以获取合理利润为定价目标

合理利润定价目标是指企业以适中、稳定的价格获得长期利润的一种定价目标。如果农业企业拥有比较充分的后备资源,并打算长期经营,采用这种定价目标可以避免不必要的价格竞争,可以减少风险,保护自己。

(3)以获取最大利润为定价目标

最大利润定价目标是指企业追求在一定时期内获得最高利润额的一种定价目标。利润额最大化既取决于价格,又取决于销售量,因而追求最大利润的定价目标并不意味着企业要制定最高单价。最大利润有长期和短期之分,有远见的企业经营者,都着眼于追求长期利润的最大化。农业企业如果采取多品种经营的策略,可以使用组合定价策略,即有些产品的价格定得比较低,有时甚至低于成本以招徕顾客,借以带动其他产品的销售,从而使企业利润最大化。

(4)以提高市场占有率为目标

即把保持和提高企业的市场占有率(或市场份额)作为一定时期的定价目标。市场占有率是一个企业经营状况和企业产品在市场上竞争能力的直接反映,关系到企业的兴衰存亡。较高的市场占有率,可以保证企业产品的销路,巩固企业的市场地位,从而使企业的利润稳步增长。无论大、中、小企业,都希望尽量提高企业的市场占有率。以提高市场占有率为目标定价,企业产品的定价通常可以由低到高或由高到低。

(5)以应对和防止竞争为目标

在市场竞争日趋激烈的形势下,企业对竞争者的行为要十分关注,尤其要关注竞争者产品价格的变动。企业在实际定价前,应该广泛收集资料,仔细研究竞争对手产品价格情况。根据企业的不同条件,一般有以下决策目标可供选择。

①稳定价格目标。在市场竞争和供求关系比较正常的情况下,为了避免不必要的价格竞争,保持生产的稳定,以求稳固地占领市场,农业企业经营者可以以保持价格稳定为目标。

②追随定价目标。追随定价目标是指企业价格的制定,主要以对市场价格有影响的竞争者的价格为依据,根据具体产品的情况稍高或稍低于竞争者。竞争者的价格不变,实行此目标的企业也维持原价,竞争者的价格或涨或落,此类企业也相应地参照调整价格。一般情况下,中小农业企业的产品价格应该定得略低于行业中占主导地位企业的产品价格。

③挑战定价目标。如果企业具备强大的实力和特殊优越的条件,可以主动出击,挑战竞争对手,获取更大的市场份额。一般常用的策略目标有:打击定价,即实力较强的企业主动挑战竞争对手,采用低于竞争者的价格出售产品;特色定价,即实力雄厚、产品品质优良或能为消费者提供更多服务的企业,采用高于竞争者的价格出售产品;阻截定价,即为了防止其他竞争者加入同类产品的竞争,在一定条件下,往往采用低价入市,迫使弱小企业无利可图而退出市场或阻止竞争对手进入市场。

(6)维护产品形象

如果农业企业的目标是在某一特定市场上树立领先、知名品牌,使其产品成为高质量与高品味的象征,在这种情况下,企业可以综合运用多种营销策略和价格策略,把产品的价位定得高于一般同类产品。

3. 农产品定价方法

农产品定价方法是农业企业为实现其定价目标所采取的具体方法，可以归纳为成本导向定价法、需求导向定价法和竞争导向定价法三类。

(1)成本导向定价法

成本导向定价法是以农产品的成本为主要依据制定价格的方法，这是应用相当广泛的一种定价方法。

①成本加成定价法，即按产品单位成本加上一定比例的毛利定出销售价。

其计算公式为

$$P = c \times (1 + r)$$

式中 P——商品的单价；

c——商品的单位总成本；

r——商品的加成率。

②目标利润定价法，是根据企业总成本和预期销售量，确定一个目标利润率，并以此作为定价的标准。其计算公式为

$$单位商品价格 = 总成本 \times (1 + 目标利润率) / 预计销量$$

(2)需求导向定价法

需求导向定价法是根据市场需求状况和消费者对产品的感觉差异来确定价格的定价方法。

①认知导向定价法，是指根据消费者对企业提供的产品价值的主观评判来制定价格的一种定价方法。

②需求差别定价法，是指根据销售的对象、时间、地点的不同而产生的需求差异，对相同的产品采用不同价格的定价方法。常见的有基于顾客差异的差别定价、基于不同地理位置的差别定价、基于不同时间的差别定价。需求差异定价法对同一商品在同一市场上制订两个或两个以上的价格，其好处是可以使企业定价最大限度地符合市场需求，促进商品销售，有利于企业获取最佳的经济效益。

(3)竞争导向定价法

竞争导向定价法是企业针对市场竞争状况，依据自身的竞争实力，以市场上竞争者的类似产品的价格作为本企业产品定价的参照系的一种定价方法。竞争导向定价主要包括随行就市定价法、产品差别定价法。

①随行就市定价法：即农业企业按照市场平均价格水平来制定自己产品的价格，利用这样的价格来获得平均报酬。这样做可以避免价格竞争带来的损失，大多数企业都采用随行就市定价法。此外，采用随行就市定价法，企业就不必去全面了解消费者对不同价差的反应，也不会引起价格波动。

②差别定价法：差别定价法是指企业通过营销努力，使同种同质的产品在消费者心目中

树立起不同的产品形象,进而根据自身特点,选取低于或高于竞争者的价格作为本企业产品价格。

4. 农业企业产品定价策略

近年来迅速变化的市场营销环境,不断增强了价格决策的重要性,这就要求农业企业经营者要充分运用产品定价策略,促进农产品的销售。

(1)新产品的定价策略

一种新产品是否能占领市场,定价因素起着关键作用。新产品的定价策略包括3种。

①撇脂定价策略。即指新产品上市初期,定价较高,以便在较短的时间内获得高额利润的一种定价策略。撇脂定价策略是一种短期的价格策略,随着销量增长,产品价格会逐渐降低。这种定价策略适用于具有独特技术、有专利保护的农产品。

②渗透定价策略。这是一种低价策略,即在新产品投入市场时,以较低的价格吸引消费者,以便提高市场占有率。一般来说适用于能大批量生产、技术简单的产品。

③满意价格策略。即价格介于上述两种价格之间的一种定价策略。它往往既能保证企业获得一定的初期利润,又能为消费者所接受。

(2)折扣定价策略

企业为了鼓励顾客及早付清贷款、大量购买、淡季购买,常常降低其基本价格,这种价格调整叫做价格折扣。常用的折扣策略有数量折扣、现金折扣、功能折扣、季节折扣等。

①现金折扣又称销售折扣,是为敦促消费者尽早付清货款而提供的一种价格优惠。其优点在于:缩短收款时间,减少坏账损失。

②数量折扣是企业对大量购买农产品的顾客给予的一种减价优惠。一般购买量越多,折扣也越大,以鼓励顾客增加购买量,或集中向一家企业购买,或提前购买。尽管数量折扣使产品价格下降,单位产品利润减少,但销量的增加、销售速度的加快,使企业的资金周转次数增加了,流通费用下降了,产品成本降低了,导致企业总赢利水平上升,对企业来说利大于弊。数量折扣又可分为累计数量折扣和一次性数量折扣两种类型。

③功能折扣策略是指农业企业对提供给批发商、零售商的产品按零售价格给予一定折扣的策略。

④季节折扣也称季节差价,是指农业企业为鼓励买方在淡季购买而给予的折扣,目的在于鼓励淡季购买,减轻仓储压力,利于均衡生产。

(3)心理价格策略

心理定价策略是根据消费者购买商品时的心理变化需要所采取的定价策略。它包括尾数定价,在制定农产品价格时,保留尾数而不取整数的定价方法,使消费者购买时在心理上产生较为便宜的感觉。如超市中的水果罐头每瓶9.9元等;声望定价,如果某个企业或某种农产品,在长期的经营过程中,保持过硬的质量和完善的服务,从而在消费者心目中形成了较高的声望,消费者在购买此类农产品时就会有更大的信任感和享受感,即使多花些钱也会觉得

物有所值。因此，对于那些长期以来声望高的名牌企业、名牌农产品来说，价格可以定得比一般水平高一些；习惯定价，大米等常购农产品一般价格比较稳定，形成了习惯性价格。

(4)地区差价策略

由于农产品生产与区域气候、地理环境等有较为密切的关系，企业定价时可以根据买主所在地区与路途的远近，把农产品运费、保险费、保鲜费用考虑进去。

(三)农业企业的营销渠道策略

农产品营销渠道是指农产品从生产领域向消费者转移过程中，由具有交易职能的商业中间人连接的通道。在多数情况下，这种转移活动需要经过包括各种批发商、零售商、商业服务机构(交易所、经纪人)在内的中间环节。

1. 农业企业营销渠道的类型

没有中间商的销售渠道都称直接渠道。经过一个或两个中间商环节的称为间接渠道。农产品销售渠道一般有以下几种：

(1)生产者→消费者。生产者直接将商品出售给消费者，不经过任何中间环节，没有中间商介入的简单结构。例如，养殖场把自产的产品(鸡、鸭、蛋等)运到农贸市场自行销售。这种营销渠道是环节最少，费用最小，最直接，最简单的营销渠道。

(2)生产者→零售商→消费者。生产者将农产品先出售给零售商，再由零售商出售给消费者。这种销售渠道环节较少，适用于鲜活农牧渔产品(如水果、活鱼等)销售。

(3)生产者→批发商→零售商→消费者。生产者将产品先出售给批发商，再转卖给零售商，最后出售给消费者。这种销售渠道适合储存期较长的加工品(如罐头类食品、大米等)。

(4)生产者→代理商→批发商→零售商→消费者。这种销售渠道通过代理商卖给批发商，再转卖给零售商，最后出售给消费者。由于代理商了解市场行情，销售经验丰富，因而推销成功率高。

(5)生产者→加工商→批发商→零售商→消费者。这种渠道主要适用于那些需要加工后才能销售的农畜产品。例如生猪、肉牛等需要先运到肉联厂屠宰、加工，然后才能进一步销售。

2. 农业企业营销渠道的选择

农业企业在选择营销渠道时，会受到各种因素的影响，因此，必须认真研究并根据具体情况来确定营销渠道。一般应考虑如下因素：

(1)产品因素

产品因素是进行渠道决策时首先要考虑的问题，根据产品性质和特点选择销售渠道。鲜活、易腐、易损的农产品应选直接销售或选择尽量短而宽的渠道；而耐贮、耐运的农产品则可选长而宽的渠道；单价高的产品选择短一些的渠道，最好直接销售，而单价低的农产品则宜选择长而宽的间接渠道。

(2)市场因素

一般来说,对于市场需求量大、购买频率高的农产品,可选宽的销售渠道,多设网点,使消费者随时随地可以购买;相反,对购买频率低、购买集中的商品,可少利用一些中间商或采用较短的渠道来进行销售;有些产品(如调料、食盐、蔬菜),消费者喜欢就近购买,渠道应宽一些、长一些,最好能深入居民区附近。

(3)企业自身因素

企业离市场近,就可不用中间商;企业规模大,资源雄厚,经营能力强,则可在本地或外地自设分销机构,直接控制渠道;规模很小,无力分设销售点,则应依赖中间商经销。企业将自己的产品打入一个新市场,对市场情况不熟悉,就只能委托当地的中间商为其销售;若企业对市场情况比较熟悉,就可以自行组织销售。

(4)竞争因素

农产品进行分销渠道决策时应充分考虑竞争者的渠道策略,并采取相应的对策。主要有正位渠道策略,即在竞争对手分销渠道的附近设立分销点,以优取胜;错位渠道策略,即避开竞争对手的分销渠道,在市场的空白点另立。

(5)环境因素

一是国家政策。政策的变化决定着农产品销售渠道的变更。如中国曾一度强调计划管理,我国绝大部分农产品实行计划渠道。改革开放以来,市场经济使分销渠道大大拓宽,出现了多渠道流通的局面。但是目前,国家对烟叶、蚕茧、棉花等仍实行专营。所以,生产这些农产品的企业只能按国家的政策规定,选择计划渠道,将这些农产品卖给国家指定的收购站,而不能进入其他渠道。

二是自然环境。自然环境主要表现在地理条件对分销渠道的影响。地处交通便利的地区,由于地理位置比较有利,开展直接销售的可能性比较大;地处偏远地区或交通不便的地区,只能采取较长的分销渠道。

3. 农业企业营销渠道的策略

在确定销售渠道类型之后,还要考虑生产者、经营者(批发商、零售商)如何有效结合,以取得更好的销售效果。

(1)普遍性销售渠道策略。即企业通过批发商把产品广泛、普遍地分销到各地零售商业企业,以便及时满足各地区消费者需要。由于大多数农产品及其加工品是人们日常的生活必需品,具有同质性特点,因此绝大多数农业企业普遍采取这种策略。采取这种策略,有利于广泛占领市场,便利消费者购买。

(2)选择性销售渠道策略。就是指在一定地区或市场内,农业企业有选择地确定几家信誉较好、推销能力较强、经营范围和自己对口的批发商销售自己的产品,而不是把所有愿意经营这种产品的中间商都纳入自己的销售渠道中来。这种策略虽然也适用于一般加工品,但更适宜于一些名牌产品的销售。这样做,有利于调动中间商的积极性,同时能使生产者集中力量与之建立较密切的业务关系。

(3)专营性销售渠道策略。指在特定的市场内,农业企业只使用一个声誉好的批发商或零售商推销自己的产品。这种策略多适用于高档的加工品或试销新产品。由于只给一个中间商经营特权,所以既能避免中间商之间的相互竞争,又能使之专心一致,推销自己的产品。缺点是只靠一家批发商销售产品,销售面和销售量都可能受到限制。

(四)农业企业的促销策略

现代市场条件下,仅有优质的产品、合理的价格和适当的渠道不一定能引起消费者的注意。要想使产品占领市场,还必须采用各种有效的促销手段来激发消费者的购买欲望和购买行为,以达到扩大销售的目的。

1. 农产品促销的本质及功能

农产品促销是指以各种有效的方式向目标市场传递有关信息,以启发、推动或创造产品和劳务的需求,并引起购买欲望和购买行为的活动。农业企业促销的本质是企业同目标市场之间的信息沟通。促销具有告知功能、说明功能、影响功能。

2. 农业企业促销类型

农业企业促销的类型一般包括广告促销、人员推销、关系营销和营业推广四种。

(1)广告促销

广告促销是指通过各种宣传媒介,如电视、广播、杂志、报纸、网络等将产品或服务信息传递给接受者,达到促进销售目的的一种促销手段。随着市场竞争的加剧,广告已经成为促销的主要手段,农业企业应结合自身产品的特性,做好广告宣传。

(2)人员推销

人员推销是指通过推销员与消费者的直接对话和沟通,传达产品或服务的信息,促使消费者进行购买。人员推销方式推销成本低,针对性强,灵活应变,有助于生产者和消费者的双向交流。搞好人员推销,关键是选择培训销售人员,提高销售人员素质。

(3)关系营销

关系营销,是把营销活动看成一个企业与消费者、供应商、分销商、竞争者、政府机构及其他公众发生互动作用的过程,其核心是建立和发展与这些公众的良好关系。搞好公共关系,可以为企业树立良好形象,博得社会公众的信任和支持,有利于企业扩大销售。农业企业可以通过在一定宣传媒介上刊登介绍性的文章或召开新闻发布会等形式,对企业的产品或服务进行有利宣传,从而扩大知名度,达到促销的目的。公共关系的主要活动方式有:一是同有关的社会团体建立联系,并提供有关咨询服务,通过他们的各种宣传报导,使社会公众对企业产生良好影响;二是培训专职公共关系人员,及时处理社会公众的来信、来访,并尽快解决他们提出的不同问题;三是与政府机构、中间商和社会有影响的专家、学者等建立信息联系,取得他们的支持。

(4)营业推广

营业推广是指通过短期的刺激性手段,说服和鼓励消费者,激发他们的购买欲望。通过营业推广,企业向顾客提供特殊的优惠条件,能够引起他们的兴趣和注意,影响他们的购买决策,在短期内达成交易。营业推广的形式有:通过农产品交易会、展销会、订货会、拍卖会等形式向组织用户展示产品,洽谈业务、达成交易;向顾客发放优待券,赠送样品、奖券,提供试用、试饮,有效销售等;对推销员的营业推广方式有发放资金,提供免费旅游,提供培训学习机会等。

复习思考题

1. 农产品营销的特征有哪些?
2. 简述农产品营销中的产品市场生命周期。
3. 农业企业定价依据和定价策略有哪些?
4. 简述农业企业营销渠道类型。
5. 简述农业企业促销类型。

第八章　农业企业财务管理

财务管理是现代农业企业管理的重要组成部分。在市场竞争日趋激烈的今天,财务管理的重要性越来越突出,成为农业企业生存和发展的关键环节,也是提高企业经济效益的重要途径。

第一节　财务管理概述

一、财务管理的含义

现代企业生产是一种社会化的大生产,资金是企业进行生产经营的基本要素,对企业的生存和发展具有举足轻重的作用。企业在生产经营的过程中,不断地发生资金的流入和流出,与有关各方发生资金的往来和借贷关系。围绕现金的收入和支出形成了企业的财务活动和各种财务关系,财务管理就是组织企业财务活动、处理企业财务关系,为企业的生存和发展提供资金支持的一种综合性的管理活动。具体说,企业财务活动包括企业筹资引起的财务活动、企业投资引起的财务活动、企业经营引起的财务活动和企业分配引起的财务活动;企业的财务关系包括企业同其所有者之间的财务关系、企业同其债权人之间的财务关系、企业同其被投资单位之间的财务关系、企业同其债务人之间的财务关系、企业与职工的财务关系、企业内部各单位的财务关系等。

二、财务管理的目标

明确财务管理的目标,是做好财务工作的前提。财务管理是企业生产经营过程中的一个重要方面,财务管理的目标应该服从和服务于企业的总体目标。企业财务管理的目标可分为整体目标、分部目标和具体目标。整体目标是指整个企业财务管理所要达到的目标,整体目标决定着分部目标和具体目标,决定着整个财务管理过程的发展方向。企业财务管理的整体目标在不同的经济模式和组织制度条件下有着不同的表现形式,主要有四种模式:

(一)以总产值最大化为目标

产值最大化,是符合计划经济体制的一种财务管理目标。企业财务活动的目标是保证总产值最大化对资金的需要。追求总产值最大化,往往会导致只讲产值、不讲效益,只讲数量、不讲质量,只抓生产,不抓销售等严重后果,这种目标已经不符合市场经济的要求。

(二)以利润最大化为目标

利润代表了企业新创造的财富,利润越多,企业财富增长越快。在市场经济条件下,企业往往把追求利润最大化作为目标,因此,利润最大化自然也就成为企业财务管理要实现的目标。以利润最大化为目标,可以直接反映企业所创造的剩余产品多少,可以帮助企业加强经济核算、努力增收节支,以提高企业的经济效益,可以体现企业补充资本、扩大经营规模的能力。但是,利润最大化目标没有考虑利润实现的时间以及伴随高报酬的高风险,没有考虑所获利润与投入资本额之间的关系,可能导致企业财务决策带有短期行为倾向。因此,利润最大化也不是企业财务管理的最优目标。

(三)以股东财富最大化为目标

在股份制经济条件下,股东创办企业的目的是增长财富。股东是企业的所有者,是企业资本的提供者,其投资的价值在于企业能给他们带来未来报酬。股东财富最大化是指通过财务上的合理经营,为股东带来更多的财富。股东财富由其所拥有的股票数量和股票市场价格两方面来决定,在股票数量一定的前提下,当股票价格达到最高时,则股东财富也达到最大。

股东财富最大化的目标概念比较清晰,因为股东财富最大化可以用股票市价来计量;考虑了资金的时间价值;科学地考虑了风险因素,因为风险的高低会对股票价格产生重要影响;股东财富最大化一定程度上能够克服企业在追求利润上的短期行为,因为不仅目前的利润会影响股票价格,预期未来的利润对企业股票价格也会产生重要影响;股东财富最大化目标比较容易量化,便于考核和奖惩。追求股东财富最大化也存在一些缺点:它只适用于上市公司,对非上市公司很难适用。股东财富最大化要求金融市场是有效的;股票价格并不能准确反映企业的经营业绩。

(四)以企业价值最大化为目标

企业的存在和发展,除了股东投入的资源外,和企业的债权人、职工,甚至社会公众等都有着密切的关系,因此,单纯强调企业所有者的利益而忽视利益相关的其他集团的利益是不合适的。企业价值最大化是指通过企业财务上的合理经营,采用最优的财务政策,充分考虑资金的时间价值和风险报酬的关系,在保证企业长期稳定发展的基础上使企业总价值达到最大。

企业财务管理的分部目标可以概括为企业筹资管理的目标、企业投资管理的目标、企业营运资金管理的目标、企业利润管理的目标。

三、财务管理的内容

企业财务管理就是管理企业的财务活动和财务关系。财务活动是指资本的筹资、投资、资本营运和资本分配等一系列行为。具体包括筹资活动、投资活动、资本营运和分配活动。

(一)筹资活动

筹资活动,又称融资活动,是指企业为了满足投资和资本营运的需要,筹措和集中所需资本的行为。筹资活动是企业资本运动的起点,也是投资活动的前提。企业筹资可采用两种形式:一是权益融资,包括吸收直接投资、发行股票、内部留存收益等。二是负债融资,包括向银行借款、发行债券、应付款项等等。

企业筹资时,应合理确定资本需要量,控制资本的投放时间;正确选择筹资渠道和筹资方式,努力降低资本成本;分析筹资对企业控制权的影响,保持企业生产经营的独立性;合理安排资本结构,适度运用负债经营。

(二)投资活动

投资活动是指企业预先投入一定数额的资本,以获得预期经济收益的行为。企业筹集到资本后,为了谋取最大的赢利,必须将资本有目的地进行投资。投资按照投资对象可分为项目投资和金融投资。项目投资是企业通过购置固定资产、无形资产和递延资产等,直接投资于企业本身生产经营活动的一种投资行为。项目投资可以改善现有的生产经营条件,扩大生产能力,获得更多的经营利润。进行项目投资决策时,要在投资项目技术性论证的基础上,建立科学化的投资决策程序,运用各种投资分析评价方法,测算投资项目的财务效益,进行投资项目的财务可行性分析,为投资决策提供科学依据。金融投资是企业通过购买股票、基金、债券等金融资产,间接投资于其他企业的一种投资行为。金融投资通过持有权益性或者债权性证券来控制其他企业的生产经营活动,或者获得长期的高额收益。金融投资决策的关键是在金融资产的流动性、收益性和风险性之间找到一个合理的均衡点。

企业投资时,应研究投资环境,讲求投资的综合效益。一是预测企业的投资规模,使之符合企业需求和偿债能力;二是确定合理的投资结构,分散资本投向,提高资产流动性;三是分析企业的投资环境,正确选择投资机会和投资对象;四是研究企业的投资风险,将风险控制在一定限度内;五是评价投资方案的收益和风险,进行不同的投资组合等。

(三)资本营运活动

企业在日常生产经营过程中,从事采购、生产和销售等经营活动,就要支付货款、工资及其他营业费用;产品或商品售出后,可取得收入,收回资本;若现有资本不能满足企业经营的需要,还要采取短期借款方式来筹集所需资本。企业这些因生产经营而引起的财务活动就构成了企业的资本营运活动。营运资本管理是企业财务管理中最经常的内容。

营运资本管理的核心,一是合理安排流动资产和流动负债的比例,确保企业具有较强的短期偿债能力;二是加强流动资产管理,提高流动资产周转效率;三是优化流动资产和流动负债内部结构,确保营运资本的有效运用等。

(四)分配活动

企业通过生产经营和对外投资等都会获取利润,应按照规定的程序进行分配,分配具有层次性。企业通过投资取得的收入首先要用以弥补生产经营耗费,缴纳流转税,其余部分为企业的营业利润;营业利润与投资净收益、营业外收支净额等构成企业的利润总额。利润总额首先要按照国家规定缴纳所得税,税后净利润要提取公积金和公益金,分别用于扩大积累、弥补亏损和改善职工集体福利设施,其余利润作为投资者的收益分配给投资者,或者暂时留存企业,或者作为投资者的追加投资。

上述四大财务活动相互联系、相互依存,财务管理的内容按照财务活动的过程分为筹资管理活动、投资管理活动、营运资金管理活动和利润分配管理活动四个主要方面。

第二节 农业企业资金管理

资金是市场经济条件下农业企业生产和流通过程中所占用的物质资料和劳动力价值形式的货币表现,资金是农业企业获取各种生产资料,保证企业持续发展不可缺少的要素。

一、农业企业经营资金构成

农业企业资金是指用于农业企业生产经营活动和其他投资活动的资产的货币表现。农业企业经营资金,可以分为以下几类:

按资金取得的来源,分为自有资金和借入资金。所谓自有资金,是指企业为进行生产经营活动所经常持有,可以自行支配使用并毋须偿还的那部分资金,与借入资金对称。

按照资金存在的形态,可分为货币形态资金和实物形态资金。

按照资金在再生产过程中所处阶段,可分为生产领域资金和流通领域资金。生产领域资金包括生产用的建筑设施、生产设备、生产工具、交通运输工具、原材料、燃料与辅助材料储备、在制品、半成品等资金。决定生产资金占用多少的主要因素有生产过程的长短,生产费用的多少,投料是否合理。

按照资金的价值转移方式,可分为固定资金和流动资金。

二、农业企业流动资金管理

流动资金是指在企业生产经营过程中,垫支在劳动对象上的资金和用于支付劳动报酬及其他费用的资金。农业企业流动资金由储备资金、生产资金、成品资金和货币资金组成。具体来说现金、存货(材料、在制品、成品)、应收账款、有价证券、预付款等都是流动资金。

(一)流动资金的特点

1. 流动资金占用形态具有流动性

随着企业生产经营活动不断进行,流动资金占用形态也在不断变化。农业企业流动资金一般从货币形态开始,集资经过购买、生产、销售三个阶段,相应的表现为货币资金、储备资金、生产资金和商品资金等形态,不断循环流动。

2. 流动资金占用数量具有波动性

产品供求关系变化、生产消费季节性变化、经济环境变化都会对企业的流动资金产生影响,因而农业企业流动资金在各个时期的占用量不是固定不变的,有高有低,呈现出波动性。

3. 流动资金循环具有增值性

流动资金在循环周转中,可以得到自身耗费的补偿,每一次周转可以产生营业收入并且创造利润。在利润率一定的条件下,资金周转越快,增值就越多。

(二)流动资金的日常管理

1. 货币资金管理

货币资金是农业企业流动资金中流动性最强的资金,包括现金、银行存款和其他货币资金。

(1)现金管理

现金是指企业所拥有的硬币、纸币,即由企业出纳员保管作为零星业务开支之用的库存现款。农业企业持有现金是出于三种需求,即交易性需求、预防性需求和投机性需求。

交易性需求是农业企业为了维持日常周转及正常商业活动所需持有的现金额。企业每日都在发生许多支出和收入,多数情况下,这些支出和收入在数额上不相等或者时间上不匹配,因此农业企业需要持有一定现金来调节,以使生产经营活动能持续进行。

预防性需求是指农业企业需要维持充足现金,以应付突发事件。这种突发事件可能是政治环境变化,也可能是企业的某大客户违约导致企业突发性偿付等。尽管财务主管试图利用各种手段来较准确地估算企业需要的现金数,但这些突发事件会使原本很好的财务计划失去效果。因此,企业为了应付突发事件,有必要准备比日常正常运转所需金额更多的现金。为应付意料不到的现金需要,企业掌握的现金额取决于企业愿冒缺少现金风险的程度;企业预测现金收支可靠的程度;企业临时融资的能力。

投机性需求是指农业企业为了在未来某一适当的时机进行投机活动而持有的现金。这种机会大都是一闪即逝,如证券价格突然下跌,企业若没有用于投机的现金,就会错过这一机会。

如果农业企业持有的现金过多,因现金资产的收益性较低,会增加企业财务风险,降低收益;如果企业持有的现金过少,可能会因为缺乏必要的现金不能应付业务开支需要而影响企业的支付能力和信誉形象,使企业遭受信用损失。

农业企业现金管理的目的在于既要保证企业生产经营所需要现金的供应,还要尽量避免现金闲置,并合理的从暂时闲置的现金中获得更多的利息收入。

农业企业要遵守国家现金管理有关规定,做好库存现金的盘点工作,建立和实施现金的内部控制制度,控制现金回收和支付几方面做好现金的日常管理工作。

(2)银行存款管理

银行存款就是企业存放在银行或其他金融机构的货币资金。农业企业银行存款管理的目标是通过加速货款回收,严格控制支出,力求货币资金的流入与流出同步来保持银行存款的合理水平,使企业既能将多余货币资金投入有较高回报的其他投资方向,又能在企业急需资金时,获得足够的现金。

2. 债权资产

债权资产是指债权人将在未来时期向债务人收取的款项,主要包括应收账款和应收票据。

(1)应收账款管理

①应收账款及其管理目标。应收账款是指企业因销售商品、材料、提供劳务等,应向购货单位收取的款项,应收账款是伴随企业的销售行为发生而形成的一项债权。

市场经济条件下,存在着激烈的商业竞争。除了依靠产品质量、价格、售后服务、广告等,赊销也是扩大销售的手段之一,于是就产生了应收账款。应收账款的损失包括逾期应收账款的资金成本,附加收账费用,坏账损失,另外,还有一些间接的损失。应收账款管理的目标,是要制定科学合理的应收账款信用政策,并在这种信用政策所增加的销售赢利和采用这种政策预计要担负的成本之间做出权衡。只有当所增加的销售赢利超过运用此政策所增加的成本时,才能实施和推行使用这种信用政策。同时,应收账款管理还包括企业未来销售前景和市场情况的预测和判断,及对应收账款安全性的调查,确保企业获取最大收入的情况下,又使可能的损失降到最低点。

②应收账款管理。农业企业应收账款管理的重点,就是根据企业实际经营情况和客户信誉情况制定企业合理的信用政策,这是企业财务管理的一个重要组成部分,也是企业为达到应收账款管理目的必须合理制定的方针策略。信用政策包括信用标准、信用期限、折扣政策和收账政策等。

信用政策制定好了以后,农业企业要从三个方面强化应收账款信用政策执行力度:一是做好客户资信调查。一般说来,客户的资信程度通常取决于5个方面,即客户的品德、能力、资本、担保和条件,也就是通常所说的"5c"系统,这五个方面的信用资料可以通过财务报表、信用评级报告、商业交往信息取得。对上述信息进行信用综合分析后,企业就可以对客户的信用情况作出判断,并做出能否和该客户进行商品交易,做多大量,每次信用额控制在多少为宜,采用什么样的交易方式、付款期限和保障措施等方面决策;二是加强应收账款的日常管理工作。具体来讲,可以从以下几方面做好应收账款的日常管理工作:做好基础记录,了解客户(包括子公司)付款的及时程度;检查客户是否突破信用额度;掌握客户已过信用期限的债务;分析应收账款周转率和平均收账期,看流动资金是否处于正常水平;对坏账损失的可能性预先进行估计,积极建立弥补坏账损失的准备制度;编制账龄分析表等;三是加强应收账款的事后管理。确定合理的收账程序,确定合理的讨债方法。

(2)应收票据管理

应收票据包括期票和汇票。期票是指债务人向债权人签发的,在约定日期无条件支付一定金额的债务凭证。汇票是指由债权人签发(或由付款人自己签发),由付款人按约定付款期限,向持票人或第三者无条件支付一定款项的凭证。农业企业为了弥补无法收回应收票据而发生的坏账损失,应建立和健全"坏账准备金制度"。

3. 存货管理

存货是指企业在正常生产经营过程中持有的、为了销售的产成品或商品,或为了出售仍然处于生产过程中的产品,或在生产过程、劳务过程中消耗的材料、物料等。农业企业存货除上述项目外,还包括收获的农产品、幼畜、生长中的庄稼等。

企业置留存货的原因,一方面是为了保证生产或销售的经营需要;另一方面是出自价格的考虑,零购物资的价格往往较高,而整批购买在价格上有优惠。但是,过多存货要占用较多资金,并且会增加包括仓储费、保险费、维护费、管理人员工资在内的各项开支,因此,进行存货管理目标就是尽力在各种成本与存货效益之间做出权衡,达到两者的最佳结合。

农业企业提高存货管理水平的途径主要有:严格执行财务制度规定,使账、物、卡相符;采用 ABC 控制法,降低存货库存量,加速资金周转;加强存货采购管理,合理运作采购资金,控制采购成本;充分利用 ERP 等先进的管理模式,实现存货资金信息化管理。

三、农业企业固定资金管理

(一)农业企业固定资金的内容和特点

固定资金是指企业占用在主要劳动资料上的资金,其实务形态表现为固定资产,如工作机器、动力设备、传导运输设备、房屋及建筑物等。农业企业固定资产还包括土地、堤坝、水库、晒场、养鱼池、生物性生物资产等。企业把劳动资料按照使用年限和原始价值划分固定资产和低值易耗品。对于原始价值较大、使用年限较长的劳动资料,按照固定资产来进行核算;而对于原始价值较小、使用年限较短的劳动资料,按照低值易耗品来进行核算。

固定资产在较长时期内的多次生产周期中反复发挥作用,直到报废之前,仍然保持其实物形态不变。固定资产在使用过程中不可避免地会发生磨损,其价值也会随着它的损耗程度逐渐地、部分地转移并从产品实现的价值中逐渐地、部分地补偿。

固定资金在运动周转中表现出以下特点:周转期长;固定资产资金的价值补偿和实物更新分别进行;固定资金的投资是一次性的,而投资的收回分次进行。

(二)农业企业固定资产管理的基本要求

固定资产具有价值高,使用周期长、使用地点分散、管理难度大等特点,为了保证生产对固定资产数量和质量的需要,同时还要提高固定资产的利用效率,农业企业首先正确核定固定资产的需用量;其次要保证固定资产的完整无缺;然后要不断提高固定资产的利用效率;第四要正确计算和提取固定资产折旧;最后要加强固定资产投资预测和决策。

(三)农业企业固定资产折旧

固定资产折旧是以货币形式表示的固定资产因损耗而转移到产品中去的那部分价值。计入产品成本的那部分固定资产的损耗价值,称为折旧费。

固定资产的价值损耗分有形损耗和无形损耗。固定资产有形损耗是指固定资产由于使用和自然力的作用而发生的物质损耗,前者称固定资产的机械磨损,后者称固定资产的自然磨损。固定资产无形损耗是指固定资产在社会劳动生产率提高和科学技术进步的条件下而引起的固定资产的价值贬值。

固定资产折旧方法如下：

1.平均折旧法

是根据固定资产的应计折旧额(原值－预计净残值)，按照固定资产的预计折旧年限，预计使用时间和预计总产量等平均计算固定资产的转移价值的方法。包括使用年限法、工作时数法、产量法。

(1)使用年限法

使用年限法是将固定资产的应计折旧额按照固定资产的预计使用年限平均计提折旧的方法。

年折旧额＝(原价－预计残值收入＋预计清理费用)/预计使用年限

年折旧率＝(1－预计净残值率)/预计使用年限×100%

年折旧额＝固定资产原值×年折旧率

月折旧率＝年折旧率/12

月折旧额＝固定资产原值×月折旧率

(2)工作时数法

工作时数法(工作量法)是根据固定资产的应计折旧额按照预计使用时数(或行驶里程)计提折旧的一种方法。

单位工作小时折旧额＝原价×(1－预计净残值率)/预计总工作小时

月折旧额＝月工作小时数×单位工作小时折旧额

单位里程折旧额＝原价×(1－预计净残值率)/预计总行驶里程

月折旧额＝月行驶里程×单位里程折旧额

(3)生产量法

生产量法是根据固定资产应计折旧额按照该项固定资产的预计生产总量(或预计提供的劳务总量)计提的一种方法。

单位生产量折旧额＝原价×(1－预计净残值)/预计生产总量

月折旧额＝某月生产总量(或劳务总量)×单位生产量折旧额(或劳务量)

2.加速折旧法

是加速和提前提取折旧的方法。固定资产投入使用的最初几年多提折旧，后期少提折旧，各期的折旧额是一个递减的数列。包括双倍余额递减法、年数总和法。之所以采用加速折旧法，是因为固定资产在全新时有较强的产出能力，可提供较多的营业收入和赢利，理应多提折旧；固定资产在投入使用的最初几年将固定资产的大部分(一般为50%～60%)收回，可减少无形损耗，有利于企业采用先进技术；按国际惯例，折旧费可计入生产成本，具有抵减所得税的作用；有利于保持各期的折旧费与修理费总和基本平衡。

(1)双倍余额递减法

双倍余额递减法是根据固定资产原值减去已提折旧后的余额，按照使用年限法的折旧率的两倍计算的折旧率计提折旧的一种方法。

年折旧率 = 2/预计折旧年限 × 100%

年折旧额 = 固定资产账面净值 × 年折旧率

月折旧率 = 年折旧率/12

月折旧额 = 固定资产账面净值 × 月折旧率

(2)年数总和法

年数总和法是以应计折旧额(即原价扣除净残值的差额)乘以尚余固定资产折旧年限(包括计算当年)与固定资产预计使用年限的年数总和之比计提折旧的一种方法。

各年折旧率 = (预计使用年限 − 已使用年限) ÷ [预计使用年限 × (预计使用年限 + 1) ÷ 2] × 100%

计提固定资产折旧的时间:月份内增加的固定资产,当月不计提折旧,从下月起计提折旧;月份内减少或停用的固定资产,当月仍计提折旧,从下月起停止计提折旧;已提足折旧的固定资产继续使用时,不再计提折旧;尚未提足折旧而提前报废的固定资产,不再计提折旧。其未提足的折旧额,作为损失计入营业外支出。

四、农业企业无形资产管理

(一)无形资产的特点

无形资产是指不具有实物形态而主要以知识形态存在的重要经济资源,它是为其所有者或合法使用者提供某种权利或优势的经济资源。无形资产具有如下主要特征:一是非独立性。无形资产是依附于有形资产而存在的,相对而言缺乏独立性,它体现一种权力或取得经济效益的能力。二是转化性。无形资产虽然是看不见、摸不着的非物质资产,但它同有形资产相结合,就可以相互转化并产生巨大的经济效益。三是增值性。无形资产能给企业带来强大的增值功能,而且本身并无损耗。四是交易性。无形资产有其价值性而且具有交易性。五是潜在性。无形资产是在生产经营中靠自身月积日累、不断努力,经过长期提高逐渐培育出来的,如经验、技巧、人才、企业精神、职工素质、企业信誉等等都是潜在的存在于企业中。

(二)加强对无形资产的保护

由于无形资产本身的隐蔽性、非独立性等特点,很容易让人忽视无形资产的存在,也很难让人相信这些看不见、摸不着的东西能作为企业的资本。面对这种状况,首先,农业企业要树立现代资本观念,要意识到不但企业商标、专利权、专有技术等是企业有价值的无形资产,还要意识到一个企业长期以来形成的内部协调关系、与债权债务人的合作关系、稳定的营销渠道、企业所处的地理位置、税收的优惠政策等都是企业有价值的无形资产;其次,要增强无形资产是企业重要的经营资源的观念。世界正步入知识经济时代,以知识与技术含量为特征的无形资产在企业生产经营和资本运营中将起着越来越重要的作用。我国《公司法》规定:无形资产作为资本对外投资比例可达投资总额的20%,特殊情况下可达50%。可见,在资本运营中无形资产具有举足轻重的地位。第三,要重视无形资产的核算和评估。一方面,企业应建立无形资产管理责任制度和无形资产内部审计制度,应设立专门机构进行无形资产的全面管理;应充分关注自身无形资产的价值,加强无形资产的会计核算;应实施无形资产的监管,及时对无形资产的未来收益、经济寿命、资本化率进行评估和确认,确保无形资产的保值增值。另一方面,企业应从技术手段和管理措施等多方面入手,做好无形资产保护和保密工作。

第三节　农业企业成本与利润管理

一、农业企业成本费用管理

成本是商品价值的组成部分。人们要进行生产经营活动或达到一定的目的,就必须耗费一定的资源(人力、物力和财力),其所费资源的货币表现及其对象化称之为成本。

(一)成本与费用的概念

成本与费用是两个不同的概念。成本一般指生产经营成本,是按照不同产品或提供劳务而归集的各项费用之和。我国现行财务制度规定,产品成本是指产品制造成本,是生产单位为生产产品或提供劳务而消耗的直接材料、直接工资、其他直接支出和制造费用的总和。费用常指生产经营费用,是企业在一定时期内为进行生产经营活动而发生的各种消耗的货币表现。

成本与生产经营费用都反映企业生产经营过程的耗费,生产费用的发生过程往往又是产品成本的形成过程。二者的区别在于耗费的衡量角度不同,成本是为了取得某种资源而付出的代价,是按特定对象所归集的费用,是对象化了的费用;费用是对某会计期间企业所拥有或控制的资产耗费,是按会计期间归属,与一定会计期间相联系而与特定对象无关。另外,生产经营费用既包括直接费用、制造费用、还包括期间费用,产品成本只包括直接费用和制造费用。

(二)成本与费用的构成

1. 产品成本项目构成

(1)直接材料:指生产商品产品和提供劳务过程中所消耗的,直接用于产品生产,构成产品实体的原料及主要材料、外购半成品、及有助于产品形成的辅助材料和其他直接材料。

(2)直接工资:指在生产产品和提供劳务过程中,直接参加产品生产的工人工资、奖金、补贴。

(3)其他直接支出:包括直接从事产品生产人员的职工福利费等。

(4)制造费用:指应由产品制造成本负担的,不能直接计入各产品成本的有关费用,主要指各生产车间管理人员的工资、奖金、津贴、补贴,职工福利费,生产车间房屋建筑物、机器设备等的折旧费,租赁费(不包括融资租赁费),修理费、机物料消耗、低值易耗品摊销,取暖费

（降温费），水电费，办公费，差旅费，运输费，保险费，设计制图费，试验检验费，劳动保护费，修理费。

2. 期间费用项目

期间费用是指企业本期发生的、不能直接或间接归入营业成本，而是直接计入当期损益的各项费用。包括销售费用、管理费用和财务费用等。

（1）销售费用

企业在销售过程中所发生的费用。具体包括应由企业负担的运输费、装卸费、包装费、保险费、展览费、销售佣金、委托代销手续费、广告费、租赁费和销售服务费用，专设销售机构人员工资、福利费、差旅费、办公费、折旧费、修理费、材料消耗、低值易耗品摊销及其他费用。但企业内部销售部门属于行政管理部门，所发生的经费开支，不包括在销售费用之内，而应列入管理费用。

（2）管理费用

企业管理和组织生产经营活动所发生的各项费用。管理费用包括的内容较多，具体包括：公司经费，即企业管理人员工资、福利费、差旅费、办公费、折旧费、修理费、物料消耗、低值易耗品摊销和其他经费；工会经费，即按职工工资总额的一定比例计提拨交给工会的经费；职工教育经费，即按职工工资总额的一定比例计提，用于职工培训学习以提高文化技术水平的费用；劳动保险费，即企业支付离退休职工的退休金或按规定交纳的离退休统筹金、价格补贴、医药费或医疗保险费、退职金、病假人员工资、职工死亡丧葬补助费及抚恤费、按规定支付离休人员的其他经费；差旅费，即企业董事会或最高权力机构及其成员为执行职能而发生的差旅费、会议费等；咨询费，即企业向有关咨询机构进行科学技术经营管理咨询所支付的费用；审计费，即企业聘请注册会计师进行查账、验资、资产评估等发生的费用；诉讼费，即企业因起诉或应诉而支付的各项费用；税金，即企业按规定支付的房产税、车船使用税、土地使用税、印花税等；土地使用费，即企业使用土地或海域而支付的费用；土地损失补偿费，即企业在生产经营过程中破坏土地而支付的土地损失补偿费；技术转让费，即企业购买或使用专有技术而支付的技术转让费用；技术开发费，即企业开发新产品、新技术所发生的新产品设计费、工艺规程制定费、设备调整费、原材料和半成品的试验费、技术图书资料费、未获得专项经费的中间试验费及其他有关费用；无形资产摊销，即场地使用权、工业产权及专有技术和其他无形资产的摊销；递延资产摊销，即开办费和其他资产的摊销；坏账损失，即企业按年末应收账款损失；业务招待费，即企业为业务经营的合理需要在年销售净额一定比例之内支付的费用；其他费用，即不包括在上述项目中的其他管理费用，如绿化费、排污费等。

（3）财务费用

企业为进行资金筹集等理财活动而发生的各项费用。财务费用主要包括利息净支出、汇兑净损失、金融机构手续费和其他因资金而发生的费用。利息净支出包括短期借款利息、长期借款利息、应付票据利息、票据贴现利息、应付债券利息、长期应付融资租赁款利息、长期应付引进国外设备款利息等，企业银行存款获得的利息收入应冲减上述利息支出；汇兑损失指企业在兑换外币时因市场汇价与实际兑换汇率和不同形成的损失或收益，以脱离因汇率变动期末调整外币账户余额而形成的损失或收益，当发生收益时应冲减损失；金融机构手续费包括开出汇票的银行手续费等。

（三）农业企业成本费用管理

加强成本费用管理，降低生产经营耗费，有利于促使企业改善生产经营管理，提高经济效益，是扩大生产经营的重要条件。

1. 成本费用管理原则

（1）正确区分各种支出的性质，严格遵守成本费用开支范围；

（2）正确处理生产经营消耗同生产成果的关系，实现高产、优质、低成本的最佳组合；

（3）正确处理生产消耗同生产技术的关系，把降低成本同开展技术革新结合起来。

2. 农业企业降低成本费用的途径与措施

（1）节约材料消耗，降低直接材料费用

车间技术检查员要按图纸、工艺、工装要求进行操作，实行首件检查，防止成批报废。车间设备员要按工艺规程规定的要求监督设备维修和使用情况，不合要求不能开工生产。供应部门材料员要按规定的品种、规格、材质实行限额发料，监督领料、补料、退料等制度的执行。生产调度人员要控制生产批量，合理下料，合理投料。车间材料费的日常控制，一般由车间材料核算员负责，要经常收集材料，分析对比，追踪原因，会同有关部门和人员提出改进措施。

（2）提高劳动生产率，降低直接人工费用

工资在成本中占有一定比重，增加工资又被认为是不可逆转的。工资与劳动定额、工时消耗、工时利用率、工人出勤率与技术熟练程度等因素有关，要减少单位产品中工资的比重，提高劳动生产率，保证工资与效益同步增长。

（3）推行定额管理，降低制造费用

制造费用项目很多，发生的情况各异。有定额的按定额控制，没有定额的按各项费用预算进行控制。各个部门、车间、班组分别由有关人员负责控制和监督，并提出改进意见。

（4）加强预算控制，降低期间费用

严格控制期间费用开支范围和开支标准，不得虚列期间费用，正确使用期间费用核算方法和结转方法。

（5）实行全面成本管理，全面降低成本费用水平

成本费用管理是一项系统工程，需要对成本形成的全过程进行管理，从产品的设计投产到产品生产、销售，都要注意降低产品成本。成本费用控制得到高层领导的支持是非常重要的，而企业的日常事务，是由广大员工来执行的，他们会直接或间接的影响成本费用水平。因此，要加强宣传，使成本费用理念深入每一个员工心里。

二、农业企业利润管理

(一)利润的概念

利润是企业劳动者为社会创造的剩余产品价值的表现形式。利润是企业在一定时期内,从生产经营活动中取得的总收益,按权责发生制及收入、费用配比的原则,扣除各项成本费用损失和有关税金后的净额,包括营业利润、投资净收益、补贴收入和营业外收支净额等。它表明企业在一定会计期间的最终经营成果。

(二)企业总利润的构成

利润总额 = 营业利润 + 投资净收益 + 补贴收入 + 营业外收入 - 营业外支出

1. 营业利润 = 主营业务利润 + 其他业务利润 - 管理费用 - 营业费用 - 财务费用

主营业务利润 = 主营业务收入 - 主营业务成本 - 主营业务税金及附加

其他业务利润 = 其他业务收入 - 其他业务支出

2. 净利润 = 利润总额 - 所得税

3. 补贴收入是指企业按规定实际收到退还的增值税,或按销量或工作量等依据国家规定的补助定额计算并按期给予的定额补贴,以及属于国家财政扶持的领域而给予的其他形式的补贴。

4. 营业外收入主要包括固定资产盘盈、处置固定资产净收益、处置无形资产净收益、罚款净收入等。

5. 营业外支出主要包括处置固定资产净损失、处置无形资产净损失、债务重组损失、计提的固定资产减值准备、计提的无形资产减值准备、计提的在建工程减值准备、固定资产盘亏、非常损失、罚款支出、捐赠支出等。

(三)农业企业利润的分配

利润分配,是将企业实现的净利润,按照国家财务制度规定的分配形式和分配顺序,在国家、企业和投资者之间进行的分配。利润分配的过程与结果,是关系到所有者的合法权益能否得到保护,企业能否长期、稳定发展的重要问题,为此,农业企业必须加强利润分配的管理和核算。

1. 利润分配的原则

(1)依法分配原则

企业利润分配的对象是企业缴纳所得税后的净利润,这些利润是企业的权益,企业有权自主分配。国家有关法律、法规如公司法等对企业利润分配的基本原则、一般次序和重大比例也作了较为明确的规定,其目的是为了保障企业利润分配的有序进行,维护企业和所有者、债权人以及职工的合法权益,促使企业增加积累,增强风险防范能力。利润分配在企业内部属于重大事项,企业在利润分配中必须切实执行法律、法规,对本企业利润分配的原则、方法、决策程序等内容作出具体而又明确的规定。

(2)资本保全原则

资本保全是责任有限的现代企业制度的基础性原则之一,企业在分配中不能侵蚀资本。利润的分配是对经营中资本增值额的分配,不是对资本金的返还。按照这一原则,一般情况下,企业如果存在尚未弥补的亏损,应首先弥补亏损,再进行其他分配。

(3)充分保护债权人利益原则

债权人的利益按照风险承担的顺序及其合同契约的规定,企业必须在利润分配之前偿清所有债权人到期的债务,否则不能进行利润分配。同时,在利润分配之后,企业还应保持一定的偿债能力,以免产生财务危机,危及企业生存。

(4)利益兼顾原则

利润分配的合理与否是利益机制最终能否持续发挥作用的关键。利润分配涉及投资者、经营者、职工等多方面的利益,企业必须兼顾,并尽可能地保持稳定的利润分配。在企业获得稳定增长的利润后,应增加利润分配的数额或百分比。同时在积累与消费关系的处理上,企业应贯彻积累优先的原则,合理确定提取盈余公积金和分配给投资者利润的比例,使利润分配真正成为促进企业发展的有效手段。

2. 利润分配的程序

利润分配程序是指公司制企业根据适用法律、法规或规定,对企业一定期间实现的净利润进行分派必须经过的先后步骤。

根据我国《公司法》等有关规定,企业当年实现的利润总额应按国家有关税法的规定作相应的调整,然后依法交纳所得税。交纳所得税后的净利润按下列顺序进行分配。

(1)弥补以前年度的亏损

按我国财务和税务制度的规定,企业的年度亏损,可以由下一年度的税前利润弥补,下一年度税前利润尚不足于弥补的,可以由以后年度的利润继续弥补,但用税前利润弥补以前年度亏损的连续期限不超过5年。5年内弥补不足的,用本年税后利润弥补。本年净利润加上年初未分配利润为企业可供分配的利润,只有可供分配的利润大于零时,企业才能进行后续分配。

(2)提取法定盈余公积金

根据《公司法》的规定,法定盈余公积金的提取比例为当年税后利润(弥补亏损后)的10%。当法定盈余公积金已达到注册资本的50%时可不再提取。法定盈余公积金可用于弥补亏损、扩大公司生产经营或转增资本,但公司用盈余公积金转增资本后,法定盈余公积金的余额不得低于转增前公司注册资本的25%。

(3)提取任意盈余公积

根据《公司法》的规定,公司从税后利润中提取法定公积金后,经股东会或者股东大会决议,还可以从税后利润中提取任意公积金。

(4)向投资者分配利润

根据《公司法》的规定,公司弥补亏损和提取公积金后所余税后利润,可以向股东(投资者)分配股利(利润),其中有限责任公司股东按照实缴的出资比例分取红利,全体股东约定不按照出资比例分取红利的除外;股份有限公司按照股东持有的股份比例分配,但股份有限公司章程规定不按持股比例分配的除外。

根据《公司法》的规定,在公司弥补亏损和提取法定公积金之前向股东分配利润的,股东必须将违反规定分配的利润退还公司。

第四节 农业企业经营效益评价

经营效益是指企业在生产经营过程中所获得的效益,企业的目的就是要提高经营效益。

一、农业企业经营效益的含义

企业经营效益是指企业经营管理者在一定经营期间运用一定管理手段和技术,利用企业各种资源进行产品或劳务生产经营和投资活动所取得的业绩的总和。

二、农业企业经营效益评价指标

企业经营效益评价要依赖一定的评价指标,农业企业经营效益评价指标体系包括:

(一)企业赢利能力指标

赢利是企业进行一切经济行为的源动力和直接追求目标,是企业经营理念,管理水平和资源配置水平的最综合体现。赢利能力是经营效益评价的核心内容,重要的指标主要有:

1. 净资产收益率

净资产收益率是指企业在一定时期净利润同平均资产的比率,反映企业自有资本获取净收益的能力,反映自有资产的占用和运用效益。其计算公式为

净资产收益率 = 净利润/平均净资产 ×100%

由于净资产收益率的高低直接受到权益负债比率,负债结构,存货占流动资产的比重,存货周转率和提高销售利润率等因素的影响,具有较强的综合性,因此,应作为反映企业经营效益的核心指标来对待。

2. 成本费用利润率

成本费用利润率是指企业在一定时期的利润总额同成本费用总额的比率,反映活劳动和物化劳动的总消耗效益,它通过企业收益与支出的直接比较,客观说明企业的获利能力。其计算公式为

成本费用利润率 = 利润总额/成本费用总额 ×100%

3. 销售(营业)利润率

销售利润率是衡量企业销售收入的收益水平的指标。它表明企业每单位销售收入能带来多少销售利润,反映企业主营业务的获利能力。其计算公式为

销售(营业)利润率 = 销售(营业)利润/销售(营业)收入净额 ×100%

(二)企业资产运营能力指标

企业的经济行为实际上是企业经营管理者有效利用企业各项资产提供满足市场和社会需要的产品和劳务过程,资产运营的策略,配置结构和运营效率对企业的赢利能力产生直接的影响。反映运营能力的主要指标有:

1. 总资产周转率

总资产周转率是指企业一定时期销售收入净额与平均资产总额的比率,是反映企业全部资产管理质量和运营效率的指标。由于总资产周转率的大小受到资产结构,流动资产周转率,应收账款周转率和存货周转率等指标值的共同影响,是一个包容性较强的综合指标,在企业经营效益评价时应予以足够的重视。其计算公式为

总资产周转率 = 销售(营业)收入净额/平均资产总额 ×100%

2. 资金周转能力

企业资金周转能力和供、产、销各个经营环节的运转密切相关,借助于资金周转能力的分析,可以了解企业的资产经营状况。常用经济指标有:

(1)存货周转率

存货周转率是企业一定时期内销货成本与平均存货的比率,是衡量企业销售能力和存货是否合理的指标。其计算公式为

存货周转率 = 销货成本/平均存货

(2)应收账款周转率

应收账款周转率是企业一定时期内赊销收入净额与平均应收账款余额的比率,应收账款周转率反映了企业应收账款的流动速度,这一比率高,说明回收账款速度快,坏账损失少。其计算公式如下:

应收账款周转率 = 赊销收入净额/平均应收账款余额

(3)流动资产周转率

流动资产周转率是指企业一定时期内,销售收入净额与流动资产平均总额之比,是反映企业全部流动资产利用效率的综合性指标。其计算公式为

流动资产周转率 = 销售收入/流动资产平均总额

(4)不良资产率

不良资产率是指企业期末不良资产总额与资产总额的比率,是反映企业资产运营质量的指标。不良资产是指那些难以参加正常生产经营的企业资产,主要包括三年以上应收款,积压品和不良投资等。其计算公式为

不良资产率=年末不良资产总额/年末资产总额×100%

（三）企业偿债能力指标

市场经济条件下，由于企业投资主体多元化，筹资方式多样化，企业普遍采用借鸡生蛋负债经营的方式，这样企业投资者不仅可以保持对企业的控制权，而且可发挥负债的财务杠杆作用享受税收利益。偿债能力，可以反映企业的资金雄厚程度和对债权人债权的保障程度。

1. 资产负债率

资产负债率是企业一定时期内负债总额与资产总额的比率。表示企业总资产中有多少是通过负债筹资的。其计算公式为

资产负债率=负债总额/资产总额×100%

资产负债率，是衡量企业负债水平和风险程度的重要判断标准，也是反映债权人发放贷款的安全程度的指标。

2. 流动比率

流动比率是企业一定时期流动资产与流动负债的比率。其计算公式为

流动比率=流动资产/流动负债

流动比率高，说明企业短期负债能力强，流动资产流转的快。但是如果流动比率过高，说明企业的资金利用效率低下，对企业的生产经营不利。一般而言，国际上公认的标准比率为2，我国较好的比率为1.5左右。

3. 速动比率

速动比率是企业一定时期速动资产与流动负债的比率。其计算公式为

速动比率=速动资产/流动负债

速动比率是对流动比率的补充，该指标值越高，表明企业偿还流动负债的能力越强，一般保持在1的水平比较好。

（四）后续发展能力指标

发展是硬道理，企业只有在发展中才能不断壮大，才能在激烈的市场竞争中逐步居于优势地位。

1. 资本积累率

资本积累率是反映企业当期资本积累能力和未来发展潜力的指标，是企业本期所有者权益增长额与期初所有者权益的比率。其计算公式为

资本积累率=本年所有者权益增长额/年初所有者权益×100%

2. 总资产增长率

总资产增长率是企业本年总资产增长额同年初资产总额的比率。总资产增长率衡量企业本期资产规模的增长情况。计算公式为

总资产增长率=本年总资产增长额/年初资产总额×100%

总资产增长率从企业资产总量扩张方面衡量企业的发展能力，表明企业规模增长水平对

企业发展后劲的影响。

3. 销售(营业)增长率

销售(营业)增长率是指企业本年销售(营业)收入增长额同上年销售(营业)收入总额的比率。它是衡量企业经营状况和市场占有能力、预测企业经营业务拓展趋势的重要标志,是评价企业成长情况和发展能力的重要指标。计算公式为

销售(营业)增长率 = 本年销售(营业)增长额/上年销售(营业)总额 × 100%

(五)综合指数

上述指标分别从不同的侧面反映了企业经营效益。为了对农业企业经营效益进行全面、科学地评价,以及便于进行横向和纵向比较,还必须设计一个综合评价指标。农业企业经营效益综合指数,是以农业企业各项经营效益指标实际数值,分别除以该项指标的全部平均值,乘以各自权数,加总后除以总权数求得。计算公式为

农业企业经营效益综合指数 = $\sum$(某项经营效益指标报告期数值 ÷ 该项经营指标全国标准值 × 该项指标权数) ÷ 总权数 × 100%

在计算综合指数时,各项经营效益指标的分子、分母,应按报告期末累计数或序数平均数来计算。

三、农业企业经营效益评价方法

农业企业比较常用的经营效益评价方法有:

比较分析法,即通过指标对比,分析经济现象间的联系和差异,借以了解经济活动的成绩和问题的一种分析方法。

比率分析法,即以两个互有联系的指标的比率进行对比。采用这种方法,可以把某些不同条件下的不可比指标变为可比指标,通过原指标算出新指标,获得新认识,使之具有可比性。这一方法是以事物的相互联系为基础的,即用作计算比率的两个指标,必须具有某种联系,无关的指标不能计算比率。

因素分析法,即分析两个或两个以上因素对某一指标影响程度的一种方法。通常是在假定一个因素可变,其他因素为不变的前提下,逐个地替换因素,并加以计算。

趋势分析法,即利用财务报表提供的数据资料,将各期实际与历史指标进行定基和环比对比,以反映企业经营成果变化趋势和发展水平。采用趋势分析法,一般是将连续数期的同一财务报表资料并列一起比较;分析时可用绝对数比较,也可用相对数比较。具体内容包括增长量、发展速度、增长速度、平均发展速度、平均增长速度。

综合评分法,是对企业经营活动的多项指标进行综合的数量化分析的方法。其表达式为

$$分析对象的综合分数 = W_1P_1 + W_2P_2 + W_3P_3 + \cdots + W_nP_n$$

式中 P_n—— 分析对象的第 n 个分析项目的评分；

W_n—— 第 n 个分析项目的权重。

复习思考题

1. 什么是成本？什么是利润？两者的关系如何？
2. 企业总利润如何计算？
3. 农业企业应该如何降低成本费用？
4. 农业企业经营效益评价指标有哪些。

第九章　农业产业化龙头企业发展

农业产业化经营是现代农业发展的战略方向，龙头企业是发展农业产业化、建设现代农业的重要依靠力量。龙头企业的快速发展，有力促进了农业生产经营方式转变，促进了农业科技进步和现代农业发展，促进了新型农业社会化服务体系建设，促进了农业对外开放，促进了农业增效、农民增收，为经济社会发展全局做出了重要贡献。

第一节　农业产业化龙头企业及其发展概况

一、农业产业化龙头企业的含义

龙头企业指的是在某个行业中，对同行业的其他企业具有很深的影响、号召力和一定的示范、引导作用，并对该地区、该行业或者国家做出突出贡献的企业。

农业产业化龙头企业是指以农产品加工或流通为主，通过各种利益联结机制与农户相联系，带动农户进入市场，使农产品生产、加工、销售有机结合、相互促进，在规模和经营指标上达到规定标准并经政府有关部门认定的企业。

二、农业产业化龙头企业应具备的条件

1. 企业组织形式

依法设立的以农产品加工或流通为主业、具有独立法人资格的企业。包括依照《公司法》设立的公司，其他形式的国有、集体、私营企业以及中外合资经营、中外合作经营、外商独资企业，直接在工商行政管理部门登记开办的农产品专业批发市场等。

2. 企业经营的产品

企业中农产品加工、流通的增加值占总增加值70%以上。

3. 加工、流通企业规模

总资产规模：东部地区1亿元以上，中部地区7 000万元以上，西部地区4 000万元以上；固定资产规模：东部地区5 000万元以上，中部地区3 000万元以上，西部地区2 000万元以上；年销售收入东部地区1.5亿元以上，中部地区1亿元以上，西部地区5 000万元以上。

4. 农产品专业批发市场年交易规模

东部地区10亿元以上，中部地区8亿元以上，西部地区6亿元以上。

5. 企业效益

企业的总资产报酬率应高于同期银行贷款利率；企业应不欠税、不欠工资、不欠社会保险

金、不欠折旧,不亏损。

6. 企业负债与信用

企业资产负债率一般应低于60%;企业银行信用等级在A级以上(含A级)。

7. 企业带动能力

通过建立可靠、稳定的利益联结机制带动农户(特种养殖业和农垦企业除外)的数量一般应达到:中东部地区3 000户以上,西部地区1 000户以上;企业从事农产品加工、流通过程中,通过订立合同、入股和合作方式采购的原料或购进的货物占所需原料量或所销售货物量的70%以上。

8. 企业产品竞争力

在同行业中企业的产品质量、产品科技含量、新产品开发能力居领先水平,主营产品符合国家产业政策、环保政策和质量管理标准体系,产销率达93%以上。

三、农业产业化龙头企业的行业分类

农业产业化龙头企业的行业分类,按照农产品加工业的行业分类进行划分。国际上通常将农产品加工业划分为5类,即:食品、饮料和烟草加工;纺织、服装和皮革工业;木材和木材产品包括家具制造;纸张和纸产品加工、印刷和出版;橡胶产品加工。

我国在统计上与农产品加工业有关的是12个行业,即:食品加工业、食品制造业、饮料制造业、烟草加工业、纺织业、服装及其他纤维制品制造业、皮革毛皮羽绒及其制品业、木材加工及竹藤棕草制品业、家具制造业、造纸及纸制品业、印刷业记录媒介的复制和橡胶制品业。

四、农业产业化龙头企业发展概况

在党中央、国务院的高度重视下,农业产业化龙头企业发展快速。目前,农业产业化龙头企业已经形成了以1 253家国家重点龙头企业为核心,1万多家省级龙头企业为骨干,10万多家中小龙头企业为基础的发展格局,产品涵盖了种植、畜牧、水产多领域,经营涉及了生产、加工、流通多环节。龙头企业提供的农产品及加工制品占农产品市场供应量的1/3,占主要城市“菜篮子”产品供给的2/3以上,出口创汇额占全国农产品出口额的80%以上。全国龙头企业销售收入突破5.7万亿元,其中,年销售收入超过30亿元的有100多家,超过50亿元的有62家,超过100亿元的有24家,最大的龙头企业年销售收入已经突破500亿。龙头企业的农业科技人员数量在不断增加,现在省级以上龙头企业农业科技人员已经达到38.5万人,相当于全国农业科研人员总量的36.8%。以龙头企业为主体的各类农业产业化组织多种形式带动农户约1.1亿户。参与农业产业化经营的农户年户均增收额从2000年的900多元,快速增长到2011年的2 400多元。

五、农业产业化龙头企业的重要作用

(一)龙头企业是推进农业产业化经营的关键

农业产业化是我国农业经营体制机制的创新,是现代农业发展的方向。中国有数以亿计的小农户,虽是独立的利益主体,但却不是法人市场主体,加以其规模过小而不能直接进入大市场,需要公司企业和合作社作为中介,尤其需要龙头企业的组织和带动。立足于农副产品加工的龙头企业,一般都以加工厂为依托,向两头发展延伸。向前是建立稳定的原料基地,再向前是对良种供应和种养新技术的推广,通过企业自身或由地方农技服务部门提供产前、产中服务;向后则拉长产业链,实行深度加工,增加附加值,提高经济效益。龙头企业集成利用资本、技术、人才等生产要素,带动农户发展专业化、标准化、规模化、集约化生产,是构建现代农业产业体系的重要主体,充当着市场开拓者、技术创新主体,营运中心、信息中心和服务中心的角色,是推进农业产业化经营的关键。据农业部产业化办公室的调查资料显示,公司企业、合作社企业等龙头组织,通过资金扶持和无息贷款,提供无偿或抵偿的系列化服务,低价供应生产资料,共同建立风险防范基金等办法,已带动全国1.1亿户农户加盟了农业产业化经营。

(二)龙头企业在整个农业科技进步中发挥着不可或缺的作用

龙头企业依靠研发针对性强,机制灵活,成果转换率高的优势,将产学研、农科教集于一体,已经成为农业科技创新的重要载体,农业科技推广的重要平台,农民培训的重要承载者,在整个农业科技进步中发挥着不可或缺的作用。一是加大科技研发的力度,增强了农业科技创新的能力。从统计来看,仅国家重点龙头企业十一五投入科研的经费已经达到了772亿元,年均增长18.7%。现在90%以上的国家重点龙头企业已经建立了产品的研发中心,60%的企业科技成果获得了省级以上的成果奖,不断开展自主创新和引进消化吸收再创新,特别是新品种的引进,在很多方面填补了我们国家的空白,很多新的设备、工艺的引进,使我们国家的食品加工业、农产品加工业装备农机水平已经达到了国际水平;二是加快科技应用和推广,提高了农业科技成果的转化水平。不少龙头企业通过建设高标准的生产基地,示范带动良种良法的推广。从统计来看,2010年国家重点龙头企业投入381亿元,建设了标准化的种植基地,其中自己建设的高标准种植基地就达到4 700万亩,示范带动周边的农民。不少企业注重新工艺、新设备的应用,提高了我们国家农产品加工业的技术装备水平。通过开展技术指导,提高了为农民专业化服务的水平;三是加强企业科技人才的培养,强化现代农业建设的智力支持。不少企业注重培养科技人才,注重培养农技推广人员,现在省级以上龙头企业聘请的农业科技人员已经达到38.5万人,相当于全国农业科研人员总量的36.8%,越来越成为农业科技战线一支很有生命力的生力军。很多龙头企业注重培养农业生产和科技带头人,主要是些专业大户。十一五期间龙头企业培养农民的资金累计达到260亿元,年均培训1 300多万人。

(三)龙头企业是农村经济发展的火车头、推进器

农业经济的发展,培育出了许多龙头企业。反过来,这些龙头企业的不断发展壮大,又促进了农村经济的发展。一是龙头企业在增加农民收入中日益发挥明显的带动作用。龙头企业能有效地延长农业产业链条,通过对农产品的精深加工,增加农产品的附加值,使农业的整体效益得到显著提高。同时,龙头企业的发展壮大增加了对农产品原材料的需求量,导致了农产品价格的上升,增加了农民收入。龙头企业完善的产前、产中和产后服务,采用订单农业或契约形式,使农民吃下定心丸,愿意和龙头企业合作。由于有了良好的服务,稳定的销售渠道和可观的效益,自然就形成了农民规模化种养植,增加了农民收入;二是提高了农业经济的组织化程度。农业竞争已经不是单项产品、单个生产者之间的竞争,而是包括农产品质量、品牌、价格和农业经营主体、经营方式在内的整个产业体系的综合性竞争。当前农业生产中大多是相对分散的小农经济组织形式,不适应市场化大生产的要求。农业龙头企业在实施农业产业化经营发展中,把农业生产、加工、销售环节联结起来,把分散经营的农户联合起来,有效地提高农业生产的组织化程度。依靠龙头企业的带动,可以在不改变农户家庭联产承包经营的情况下,为提高农业的整体规模效益开辟新的道路,为促进农业科技创新、吸纳先进生产要素和科学管理提供适宜的组织载体,有效地解决分散经营的小农户与大市场的对接问题。三是龙头企业吸纳了大量的农村剩余劳动力,使农民就地转化为工人。这一方面促进了农民收入的增长,改善了农民的生活质量,另一方面,农民成为工人后,思想观念和生活方式都发生了根本变化。龙头企业是带动农民走上富裕之路的火车头,是建设社会主义新农村的一支主力军。

第二节 国务院对农业产业化龙头企业发展的扶持政策

当前,我国已进入工业化、城镇化深入发展中同步推进农业现代化的关键阶段,努力补齐农业现代化发展短板的任务更加艰巨,迫切需要进一步发挥龙头企业的重要作用。同时,龙头企业发展也面临不少困难和问题,主要是:国际金融危机影响尚未消除,世界经济复苏乏力,龙头企业开拓国际市场面临新的挑战;国内要素成本明显上涨,企业生产经营压力加大;龙头企业普遍规模较小、实力较弱,创新能力和市场竞争能力不足;融资难、负担重等问题依然突出。面对这些新形势和新问题,为加快发展农业产业化经营,做大做强龙头企业,国务院于2012年3月6日出台了《国务院关于支持农业产业化龙头企业发展的意见》,文件明确了农业产业化龙头企业发展的总体思路、基本原则、主要目标、政策措施等内容。

一、农业产业化龙头企业发展的总体思路、基本原则和主要目标

(一)总体思路

坚持为农民服务的方向,以加快转变经济发展方式为主线,以科技进步为先导,以市场需

求为坐标，加强标准化生产基地建设，大力发展农产品加工，创新流通方式，不断拓展产业链条，推动龙头企业集群集聚，完善扶持政策，强化指导服务，增强龙头企业辐射带动能力，全面提高农业产业化经营水平。

（二）基本原则

坚持家庭承包经营制度，充分尊重农民的土地承包经营权，健全土地承包经营权流转市场，引导发展适度规模经营；坚持遵循市场经济规律，充分发挥市场配置资源的基础性作用，尊重企业与农户的市场主体地位和经营决策权，不搞行政干预；坚持因地制宜，实行分类指导，探索适合不同地区的农业产业化发展途径；坚持机制创新，大力发展龙头企业联结农民专业合作社、带动农户的组织模式，与农户建立紧密型利益联结机制。

（三）主要目标

培育壮大龙头企业，打造一批自主创新能力强、加工水平高、处于行业领先地位的大型龙头企业；引导龙头企业向优势产区集中，形成一批相互配套、功能互补、联系紧密的龙头企业集群；推进农业生产经营专业化、标准化、规模化、集约化，建设一批与龙头企业有效对接的生产基地；强化农产品质量安全管理，培育一批产品竞争力强、市场占有率高、影响范围广的知名品牌；加强产业链建设，构建一批科技水平高、生产加工能力强、上中下游相互承接的优势产业体系；强化龙头企业社会责任，提升辐射带动能力和区域经济发展实力。

二、国务院扶持农业产业化龙头企业发展的政策措施

龙头企业发展，对于提高农业组织化程度、加快转变农业发展方式、促进现代农业建设和农民就业增收具有十分重要的作用。国务院明确提出了扶持龙头企业发展的政策措施。这些政策措施包括了生产基地建设、农产品加工和流通、技术创新、利益联结机制、开拓国际市场等关键环节，涵盖了财政、税收、金融、贸易等领域。

（一）加强标准化生产基地建设，保障农产品有效供给和质量安全

1. 强化基础设施建设。切实加大资金投入，强化龙头企业原料生产基地基础、设施建设。支持符合条件的龙头企业开展中低产田改造、高标准基本农田、土地整治、粮食生产基地、标准化规模养殖基地等项目建设，切实改善生产设施条件。国家用于农业农村的生态环境等建设项目，要对符合条件的龙头企业原料生产基地予以适当支持。

2. 推动规模化集约化发展。支持龙头企业带动农户发展设施农业和规模养殖，开展多种形式的适度规模经营，充分发挥龙头企业示范引领作用。深入实施“一村一品”强村富民工程，支持专业示范村镇建设，为龙头企业提供优质、专用原料。支持符合条件的龙头企业申请“菜篮子”产品生产扶持资金。龙头企业直接用于或者服务于农业生产的设施用地，按农用地管理。鼓励龙头企业使用先进适用的农机具，提升农业机械化水平。

3. 实施标准化生产。龙头企业要大力推进标准化生产，建立健全投入品登记使用管理制度和生产操作规程，完善农产品质量安全全程控制和可追溯制度，提高农产品质量安全水平。

鼓励龙头企业开展粮棉油糖示范基地、园艺作物标准园、畜禽养殖标准化示范场、水产健康养殖示范场等标准化生产基地建设。支持龙头企业开展质量管理体系和无公害农产品、绿色食品、有机农产品认证。有关部门要建立健全农产品标准体系,鼓励龙头企业参与相关标准制订,推动行业健康有序发展。

(二)大力发展农产品加工,促进产业优化升级

1. 改善加工设施装备条件。鼓励龙头企业引进先进适用的生产加工设备,改造升级贮藏、保鲜、烘干、清选分级、包装等设施装备。对龙头企业符合条件的固定资产,按照法律法规,缩短折旧年限或者采取加速折旧的方法折旧。对龙头企业从事国家鼓励发展的农产品加工项目且进口具有国际先进水平的自用设备,在现行规定范围内免征进口关税。对龙头企业购置符合条件的环境保护、节能节水等专用设备,依法享受相关税收优惠政策。对龙头企业带动农户与农民专业合作社进行产地农产品初加工的设施建设和设备购置给予扶持。

2. 统筹协调发展农产品加工。鼓励龙头企业合理发展农产品精深加工,延长产业链条,提高产品附加值。在确保口粮、饲料用粮和种子用粮的前提下,适度发展粮食深加工。认真落实国家有关农产品初加工企业所得税优惠政策。保障龙头企业开展农产品加工的合理用地需求。

3. 发展农业循环经济。支持龙头企业以农林剩余物为原料的综合利用和开展农林废弃物资源化利用、节能、节水等项目建设,积极发展循环经济。研发和应用餐厨废弃物安全资源化利用技术。加大畜禽粪便集中资源化力度,发挥龙头企业在构建循环经济产业链中的作用。

(三)创新流通方式,完善农产品市场体系

1. 强化市场营销。支持大型农产品批发市场改造升级,鼓励和引导龙头企业参与农产品交易公共信息平台、现代物流中心建设,支持龙头企业建立健全农产品营销网络,促进高效畅通安全的现代流通体系建设。大力发展农超对接,积极开展直营直供。支持龙头企业参加各种形式的展示展销活动,促进产销有效对接。规范和降低超市和集贸市场收费,落实鲜活农产品运输"绿色通道"政策,结合实际完善适用品种范围,降低农产品物流成本。铁道、交通运输部门要优先安排龙头企业大宗农产品和种子等农业生产资料运输。

2. 发展新型流通业态。鼓励龙头企业大力发展连锁店、直营店、配送中心和电子商务,研发和应用农产品物联网,推广流通标准化,提高流通效率。支持龙头企业改善农产品贮藏、加工、运输和配送等冷链设施与设备。支持符合条件的国家和省级重点龙头企业承担重要农产品收储业务。探索发展生猪等大宗农产品期货市场。鼓励龙头企业利用农产品期货市场开展套期保值,进行风险管理。

3. 加强品牌建设。鼓励和引导龙头企业创建知名品牌,提高企业竞争力。支持龙头企业申报和推介驰名商标、名牌产品、原产地标记、农产品地理标志,并给予适当奖励。整合同区域、同类产品的不同品牌,加强区域品牌的宣传和保护,严厉打击仿冒伪造品牌行为。

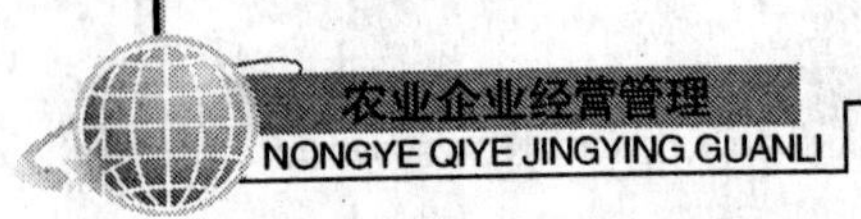

（四）推动龙头企业集聚，增强区域经济发展实力

1. 培育壮大龙头企业。龙头企业要完善法人治理结构，建立现代企业制度。落实《国务院关于促进企业兼并重组的意见》（国发〔2010〕27 号）的相关优惠政策，支持龙头企业通过兼并、重组、收购、控股等方式，组建大型企业集团。支持符合条件的国家重点龙头企业上市融资、发行债券、在境外发行股票并上市，增强企业发展实力。积极有效利用外资，在符合世贸组织规则前提下加强对外商投资的管理，按照《国务院办公厅关于建立外国投资者并购境内企业安全审查制度的通知》（国办发〔2011〕6 号）的规定，对外资并购境内龙头企业做好安全审查。

2. 推动龙头企业集群发展。积极创建农业产业化示范基地，支持农业产业化示范基地开展物流信息、质量检验检测等公共服务平台建设。引导龙头企业向优势产区集中，推动企业集群集聚，培育壮大区域主导产业，增强区域经济发展实力。

（五）加快技术创新，增强农业整体竞争力

1. 提高技术创新能力。鼓励龙头企业加大科技投入，建立研发机构，加强与科研院所和大专院校合作，培育一批市场竞争力强的科技型龙头企业。通过国家科技计划和专项等支持龙头企业开展农产品加工关键和共性技术研发。鼓励龙头企业开展新品种新技术新工艺研发，落实自主创新的各项税收优惠政策。鼓励龙头企业引进国外先进技术和设备，消化吸收关键技术和核心工艺，开展集成创新。发挥龙头企业在现代农业产业技术体系、国家农产品加工技术研发体系中的主体作用，承担相应创新和推广项目。

2. 加强技术推广应用。健全农业技术市场，建立多元化的农业科技成果转化机制，为龙头企业搭建技术转让和推广应用平台。农业技术推广机构要积极为龙头企业开展技术服务，引导龙头企业为农民开展技术指导、技术培训等服务。各类农业技术推广项目要将龙头企业作为重要的实施主体。

3. 强化人才培养。落实《国家中长期人才发展规划纲要（2010—2020 年）》的要求，培养一大批具有世界眼光、经营管理水平高、熟悉农业产业政策、热心服务“三农”的新型龙头企业家。鼓励龙头企业采取多种形式培养业务骨干，积极引进高层次人才，并享受当地政府人才引进待遇。有关部门要加强对龙头企业经营管理和生产基地服务人员的培训，组织业务骨干到科研院所学习进修。鼓励和引导高校毕业生到龙头企业就业，对符合基层就业条件的，按规定享受学费补偿和国家助学贷款代偿等政策。

（六）完善利益联结机制，带动农户增收致富

1. 大力发展订单农业。龙头企业要在平等互利的基础上，与农户、农民专业合作社签订农产品购销合同，协商合理的收购价格，确定合同收购底价，形成稳定的购销关系。规范合同文本，明确双方权责关系。要加强对订单农业的监管与服务，强化企业与农户的诚信意识，切实履行合同约定。鼓励龙头企业采取承贷承还、信贷担保等方式，缓解生产基地农户资金困难。鼓励龙头企业资助订单农户参加农业保险。支持龙头企业与农户建立风险保障机制，对

龙头企业提取的风险保障金在实际发生支出时，依法在计算企业所得税前扣除。

2. 引导龙头企业与合作组织有效对接。引导龙头企业创办或领办各类专业合作组织，支持农民专业合作社和农户入股龙头企业，支持农民专业合作社兴办龙头企业，实现龙头企业与农民专业合作社深度融合。鼓励龙头企业采取股份分红、利润返还等形式，将加工、销售环节的部分收益让利给农户，共享农业产业化发展成果。

3. 开展社会化服务。充分发挥龙头企业在构建新型农业社会化服务体系中的重要作用，支持龙头企业围绕产前、产中、产后各环节，为基地农户积极开展农资供应、农机作业、技术指导、疫病防治、市场信息、产品营销等各类服务。

4. 强化社会责任意识。逐步建立龙头企业社会责任报告制度。龙头企业要依法经营，诚实守信，自觉维护市场秩序，保障农产品供应。强化生产全过程管理，确保产品质量安全。积极稳定农民工就业，大力开展农民工培训，引导企业建立人性化企业文化和营造良好的工作生活环境，保障农民工合法权益。加强节能减排，保护资源环境。积极参与农村教育、文化、卫生、基础设施等公益事业建设。龙头企业用于公益事业的捐赠支出，对符合法律法规的，在计算企业所得税前扣除。

（七）开拓国际市场，提高农业对外开放水平

1. 扩大农产品出口。积极引导和帮助龙头企业利用普惠制和区域性优惠贸易政策，增强出口农产品的竞争力。加强农产品外贸转型升级示范基地建设，扩大优势农产品出口。在有效控制风险的前提下，鼓励利用出口信用保险为农产品出口提供风险保障。提高通关效率，为农产品出口提供便利。支持龙头企业申请商标国际注册，积极培育出口产品品牌。

2. 开展境外投资合作。引导龙头企业充分利用国际国内两个市场、两种资源，拓宽发展空间。扩大农业对外合作，创新合作方式。完善农产品进出口税收政策，积极对外谈判签署避免双重征税协议。对龙头企业境外投资项目所需的国内生产物资和设备，提供通关便利。

3. 完善国际贸易投资服务。切实做好龙头企业开拓国际市场的指导和服务工作，加强国际农产品贸易投资的法律政策研究，及时发布市场预警信息和投资指南。完善农产品贸易摩擦应诉机制，积极应对各类贸易投资纠纷。进一步完善农产品出口检验检疫制度，继续对出口活畜、活禽、水生动物以及免检农产品全额免收出入境检验检疫费，对其他出口农产品减半收取检验检疫费。

复习思考题

1. 农业产业化龙头企业发展的总体思路是什么？
2. 农业产业化龙头企业发展的基本原则是什么？
3. 农业产业化龙头企业发展的主要目标是什么？

第十章　农业企业国际化经营

第一节　农业企业国际化经营概述

农业企业国际化经营是世界经济一体化在农业中的重要体现,是当今世界农业经济发展的鲜明特征。中国加入 WTO 后,农业企业的发展已面临着一个全新的国际环境,我国农业将要同国际市场和国际体制逐步接轨,要求我国农业企业要以更加开放的姿态参与国际一体化经营。这将把我国农业企业推向市场竞争的巅峰,农业企业国际化发展已成为必然潮流。

一、农业企业国际化经营的概念

农业企业国际化经营是指一个国家或地区的农业企业,依据本国农业企业的比较竞争优势参与国际分工,在全球农业企业协同发展的基础上调整和重组国内农业资源,使农业资源在世界范围内进行优化配置,实现资源和产品的国内和国际市场的双向流动,通过商品和劳务的交换、资本流动、技术转让等国际合作方式,形成相互依存、相互联系的全球农业经济体系。

目前,我国农业企业开展国际化经营活动,就是要把我国农业产业、品种、品质结构的调整,农业企业生产和经营全过程的各种要素、各个环节放在全球经济范围内综合考虑,发挥我国农业企业的比较优势,按国际化标准组织生产和经营,建立国际化的生产体系和全球化的销售网络,全方位、多领域地引进外资、良种和技术,大力开拓国际市场,努力提高我国农业企业的外向度和国际竞争力,使我国农业企业在生产经营、市场营销、投融资体制上呈现国际化态势,融入世界。

二、农业企业国际化经营的特征

农业企业国际化经营总的说来,具有以下五个方面的特征:

(一)生产国际化

不同国家或地区的农业企业为了在国际市场上获得比较利益,按照比较优势的原则开展生产经营活动,越来越多的农业企业选择在海外开办分公司,建立全球性的生产经营网络,与东道国的自然资源、劳动力和市场优势相结合,以实现生产要素的最优配置和企业利润的最大化。农业企业的国际分工格局由传统的垂直分工和产业分工向国家间水平分工和产业分工转变。

(二)融资国际化

随着全球资本市场的形成,国际资本的流动达到了空前规模。据有关资料介绍,目前国际货币日平均交易量相当于世界各国外汇储备总量的80%,跨国资金流通日平均量已逾2万亿美元,各国经济的融合大大加强。这就为农业企业国际化经营的资金供应提供了有利的条件。农业企业国际化经营中所需资金大多都是以跨国公司和国际金融机构投资为主要来源。

(三)经营全球化

农业企业的国际化经营特别是跨国公司的迅速发展和全球发展,进一步促进了国际农产品市场的形成。根据有关资料统计显示,目前全球6万多家跨国公司及其60多万家子公司,控制了世界70%的对外直接投资、1/3的世界生产、2/3的国际贸易。

(四)国际贸易自由化

进行国际化经营后,加速了世界多边贸易体制的形成,进一步推动了全球经济市场化,各国农业经济的联系更加紧密,在动植物品种、化肥、农药、饲料等农业资源和农用物资的推广和使用上打破了国界,实行国际化自由贸易。

(五)生产技术国际化

生产要素在全球范围流动和配置的同时,各国间的农业企业生产技术交流与合作的领域也在不断拓宽,合作研究的范围不断延伸和扩展。特别是由于科学技术的迅速发展,出现了农业生产的新品种、新技术,这些新品种和新技术在全世界范围内得到了广泛地推广和使用。

三、我国农业企业国际化经营的重要意义

21世纪农业企业国际化经营已成为高度发达的世界经济国际化的重要组成部分,各国的农业经济将在相互交流中达到发展。我国加入WTO后,农业企业的经营发展面临着一个全新的国际环境,在此环境下,农业企业实行国际化经营具有十分重要意义。

(一)提升农业及国家的国际竞争力

农业是国民经济的基础,在入世后的新形势下,农业国际化直接关系国民经济持续、快速、健康发展;同时农产品出口在我国出口贸易中占有重要位置,2000年我国进出口贸易顺差中有1/5来自农产品出口。农业国际化对提升我国国际竞争力具有重要意义。

(二)充分利用世界农业资源开拓国际市场

农业企业国际化对扩大我国具有竞争力的农副产品出口非常有利,对于一些劳动密集型农产品生产来说,具有重要意义。包括水果、蔬菜、花卉、肉类等,国内价格大都低于国际市场价格,具有较强竞争力。同时,我国也可适当进口那些以土地资源为主要生产要素、国内比较优势不高的大宗农产品,像粮食、奶产品等。

(三)促进农业结构战略性调整

农业企业国际化有利于为国际市场上提供好的农产品和服务,它体现在农产品的价格、质量、市场销售能力和提供服务能力等方面。我国正在进行的农业结构战略性调整虽然近几

年取得了明显成效,但是仅限在国内市场范围内进行资源优化配置,动力仍显不足,新的结构趋同问题仍可能产生。如果我们以增强农业企业国际竞争力为目标,就为农业企业在世界范围内配置资源、拓宽农产品市场提供了机遇。

(四)规避或降低入世风险的现实选择

加入世界贸易组织,按照我国的承诺,可能有相当数量的国外农产品将以它所具有的质量、价格优势,对我国的农产品造成一定程度,甚至可能会是比较严重的冲击。相反,我国许多农产品国内滞销,但国际市场有需求,却因为品种、质量、价格,或者内外贸经营体制等原因无法出口。产生这种状况的根本原因,是我国农业企业还处于内向型的竞争力水平。在加入世贸组织的新形势下,有效地抵御国际竞争风险,减少损失,促使我国农产品竞争力的提高,就必须面向国际市场,推进农业国际化。

第二节　农业企业国际化经营的风险

农业企业在国际化经营过程中能否成功,在于企业能否及时准确地把握经营环境的变化,并据此避开风险,调整自身经营战略。

一、农业企业国际化经营的政治风险

农业企业开展国际化经营必然面临政治风险的威胁。这种风险不仅发生在广大的发展中国家,而且在发达国家也时常发生。

农业企业国际化经营中的政治风险一般具有以下特征:

1. 由一个国家的主权行为引起,与东道国的政治经济政策和行业措施等国家行为有关。例如,一个国家的国有化措施,对外资的征用和没收,或者因外汇管制造成投资者利润无法汇出等风险。

2. 由投资者无法控制的社会、种族冲突、宗教和内部纷争等非自然因素造成投资者的经济损失。

3. 由国际经济活动中的歧视性措施造成投资者的损失。这种风险多数有特定对象,有比较强的针对性。

二、农业企业国际化经营的法制风险

不同的国际环境、不同的国家、不同的文化,会引出不同的法律风险,在农业企业的国际化经营运作中,法律问题如十面埋伏一样伺机出动。每一个国家对外国公司在其境内的经营活动可以持支持、鼓励的态度,也可以采取一些抑制、禁止的措施,并时常通过有关法律、法规来影响外资企业的经营活动。因此,我国农业企业在进入国际化经营领域时,必须对新的法律环境进行认真分析与评估,并进行风险预测。此外,农业企业还应熟悉和了解相关的国际

法规，即缔约国之间签订的条约、公约和协定，这些条约具有全球性或区域的约束力，企业必须遵守并用以保护自己的合法权益。

三、农业企业国际化经营的文化风险

文化风险的产生源自与不同文化之间的差异。农业企业在国际化经营过程中，由于文化环境因素的复杂性、不确定性，使企业实际收益与预期收益目标相背离，甚至导致企业经营活动失败。

农业企业国际化经营中的文化风险一般具有以下特征：

(一)客观性

农业企业国际化经营的文化风险，其客观性从根本上源于不同国家、地区之间存在着文化差异，人们的消费需求、价值观念、处事原则、思维方式等都是以其所在国家的文化背景为基础，跨国企业要满足不同文化背景下消费者的需求，要与来自不同文化背景的各类组织机构合作，要聘用与管理来自不同文化背景的职员，这些文化差异是客观存在的，也是国际企业在跨国经营过程中必须面对的。

(二)双效性

文化风险在农业企业国际化经营中是一柄“双刃剑”，一方面可能会导致文化冲突，致使企业经营目标实现受阻，另一方面它也是一种透发优势，是一种积极因素，可以激发企业活力，激励企业创新，使国际企业具有当地企业所不具备的跨文化优势。

(三)复杂性

文化的内涵异常丰富，它通过语言、教育、宗教、社会组织、价值观念、审美标准等多方面综合体现，同时一个国家的文化通常都是漫长的历史积淀，而且仍在不断变化与演进之中。因而，文化风险常常具有多种不同的表现形式，而且是动态变化的，对农业企业国际化经营的影响是多方面的、全过程的。

(四)可控性

能够识别和控制，是风险的共同特征。但由于国际化经营过程中的文化风险因素成因复杂，在风险控制与管理方面有一定的特殊性。这就要求风险管理者对于文化风险的产生根源、作用过程和具体表现有系统全面的认识，并以此为基础有针对性地采用风险回避、风险转移、风险分散以及通过计划、组织、协调等方式对其加以控制和进行管理。

农业企业国际化经营中的文化风险主要分为两种类型：一是在企业外部跨文化市场经营活动中的文化风险；二是在企业内部跨文化管理活动中的文化风险。文化风险的具体表现形式可以概括为沟通风险、种族优越风险、管理风险和商务惯例与禁忌风险四种形式。

第三节　农业企业国际化经营战略选择

农业企业国际化经营战略，是指企业在国际化经营活动中，放眼全球，认真分析世界各国或地区的环境、因素和市场竞争态势，对企业所拥有的有限资源在全球范围内进行最优配置，以追求企业长期最佳整体利益和实现企业宗旨的总体谋略。

一、农业企业国际化经营战略的特征

（一）纲领性

农业企业国际化经营战略规定的是企业总体的长远目标和发展方向。这些内容一般带有原则性规定的特点，具有提纲挈领的意义。他是由企业高层决策部门制定并由高层管理人员推行的。

（二）全局性

它是以国际化经营企业的全局为对象，根据国际企业总体的发展需求而制定，要求从企业全局出发，分析企业所面临的世界市场环境，明确机会，剖析企业本身的资源、实力和条件，判断自己的总体优势和不足，从而对市场进入作出全方位发展的谋划。企业国际化经营战略追求的是通过战略规范企业国际化经营的总体行动，通过对企业各种经营资源的优化配置，发挥出企业的整体功能和总体优势。

（三）全球性

农业企业国际化经营战略是以全球规划为基本着眼点，具有全球一体化战略的明显特点。企业国际化经营战略不受国家和民族的限制，不是孤立地考虑一个特定国家的资源市场，其战略布局的着眼点是面对整个世界，目的在于通过资源的合理配置，在全球范围内寻求最大的经济利益。企业国际化经营战略的组织实施是以全球范围内的统一指挥和协调为目的，从而把国际企业全球经营活动统一为一个整体。

（四）长远性

企业国际化经营战略是对国际企业未来一定时期生存和发展的统筹谋划，它着眼于企业的长远发展，追求的是国际企业的长期利益。企业国际化经营战略所规定的经营目标，一般都是企业较长时期的奋斗目标，实现这些目标需要较长时间，少则3～5年，多则10年以上。

（五）风险性

企业国际化经营战略是对企业未来发展的规划，而战略实施的国际环境一般较之于国内环境总是处于更加不确定的趋势中，使得国际市场的调查和预测更加困难、决策的变量更多、变动幅度更大、不易控制的因素更多。所以，全球战略的决策面临更大的风险。因此企业战略必然存在着一定的风险。这就要求中小企业的领导在国际化经营中，要有危机意识。

根据企业的发展目标、资源条件和对国际市场的了解程度，企业可以选择不同层次和介

入水平的国际市场进入战略，其中包括出口、特许经营、契约式生产经营、战略联盟、并购和建立新公司等。

二、农业企业进入国际市场方式

(一)直接出口

所谓直接出口，是指企业不通过国内中间商(机构)，直接将产品销往国外客户。

1. 直接出口的四种途径

(1)设立国内出口部。该部门负责实际的对外销售工作，通常由一名出口销售经理和几名职员组成，有可能演变成为独立的出口部门，负责企业所有有关出口的业务，甚至还可能成为企业的销售子公司，单独计算赢利。

(2)国外经销商和代理商。国际经销商直接购买企业产品，拥有产品所有权；而国外代理商是代表企业在国际市场推销企业产品，不占有产品，但要抽取佣金。在企业不了解国外市场又想尽快地进入国际市场时，可以把产品卖给国外经销商，或委托国外代理商代售。

(3)设立驻外办事处。设立办事处实质是企业跨国化的前奏。办事处可从事生产、销售、服务等一条龙服务。其优点：一是可以更直接接触市场，信息回馈准确迅速；二是可以避免代理商的三心二意，而集中力量攻占某个市场。但其缺点是设立国外办事处需要大量投资。

(4)建立国外营销子公司。国外营销子公司的职能与驻外办事处相似，所不同的是，子公司是作为一个独立的当地公司建立的，而且在法律上、赋税上和财务上都具有独立性，这说明企业已更深入地介入了国际营销活动。

2. 直接出口的优势

(1)能较迅速地掌握国外市场动向，从而有利于农业企业改进产品，提高产品对国际市场的适应性和竞争力。

(2)有利于积累跨国营销经验和树立农业企业在国际市场的声誉，从而有利于开拓国际市场。

(3)增加了农业企业对产品流向和价格的控制能力。

3. 直接出口的劣势

(1)需要增设专门的外销机构和人员，承担直接渠道费用。

(2)加重了资金周转的负担，增加了风险。

(3)对一个初进行直接出口的企业来说，总要碰上如何寻找客户，建立自己的国外渠道这样一个困难。如果解决不好，企业将无法顺利进入国际市场。

(二)间接出口

间接出口指将产品卖给国内出口商或委托出口代理商代理出口。

1. 间接出口的形式

(1)专业外贸公司

专业外贸公司由于拥有人才、资金、广泛的渠道、多年积累的信誉、灵敏的信息网络、一定

的政策优惠等优势，迄今为止，仍然是中国出口的主力军。但是，随着中国改革开放的深入，越来越多的生产企业获得了出口自主权以及外资企业的介入，这种主力军的地位正在被动摇。

(2)国际贸易公司

国际贸易公司的早期代表是英国的东印度公司，现代的典型则是日本的综合商社。日本的综合商社资金雄厚，人才济济，尤其是信息网四通八达，24 小时保持运转。他们内外贸兼营，从事从营销调研到市场开拓，从营销管理咨询到外汇的套期保值和信贷，从参与制造到负责分销等多种多样的业务，在促进日本产品的出口方面取得了很大成功。日本的许多中小型企业，甚至一些大型企业的产品都是通过他们打入国际市场。他们控制近60%的日本对外贸易，是除汽车和电子产品以外几乎所有产品的主要出口者。

(3)出口管理公司

这是一种专门为生产企业从事出口贸易的公司，一般采取直接代理的办法，这种公司的优势在于拥有外贸营销人才以及渠道和信息联系，弱点在于一般规模较小，熟悉的市场有限，往往只代理几种产品，很少能包办生产企业在全球市场的出口业务。

(4)合作出口

一是由若干小企业组成松散的合作组织，以该组织名义从事出口业务，包括营销调研、贸易洽谈、统一定价和联合运输等；二是一家生产企业或者为了发挥规模效益，或者因为产品的互补性而利用自己的出口力量和海外渠道为另一家生产企业出口产品。两者之间的关系可以是买卖关系，也可以是代理委托关系。

(5)外国企业驻本国采购处

西方国家的一些大型批发商和零售商往往在其他国家设有采购处或采购中心，主动寻求合适商品销往本国或海外市场。

2. 间接出口的优势

(1)利用出口商或出口代理商的国外渠道和外销经验，迅速打开国际市场。

(2)不必增设外销机构和人员，节省直接渠道费用。

(3)减轻资金负担和减少风险。

3. 间接出口的劣势

(1)对产品流向和价格控制程度较低，甚至不能控制。

(2)难以迅速掌握国际市场信息，从而不利于提高产品对国际市场的适应性和竞争力。

(3)无法获得跨国营销的直接经验。

(4)难以建立企业自己在国际市场上的声誉。

(三)特许经营

特许经营是指特许经营权拥有者以合同约定的形式，允许被特许经营者有偿使用其名称、商标、专有技术、产品及运作管理经验等从事经营活动的商业经营模式。

1. 特许经营的特征

(1)特许经营是特许人和受许人之间的契约关系。

(2)特许人将允许受许人使用自己的商号和(或)商标和(或)服务标记、经营诀窍、商业和技术方法、持续体系及其他工业和(或)知识产权。

(3)受许人自己对其业务进行投资,并拥有其业务。

(4)受许人向特许人支付费用。

(5)特许经营是一种持续性关系。

2. 特许经营的类型

(1)生产特许。受许人投资建厂,或通过 OEM 的方式,使用特许人的商标或标志、专利,技术、设计和生产标准来加工或制造取得特许权的产品,然后经过经销商或零售商出售,受许人不与最终用户(消费者)直接交易。典型的案例包括:可口可乐的罐装厂、奥运会标志产品的生产。

(2)产品—商标特许。受许人使用特许人的商标和零售方法来批发和零售特许人的产品。作为受许人仍保持其原有企业的商号,单一的或在销售其他商品的同时销售特许人生产并取得商标所有权的产品。

(3)经营模式特许。受许人有权使用特许人的商标、商号、企业标志以及广告宣传,完全按照特许人设计的单店经营模式来经营;受许人在公众中完全以特许人企业的形象出现;特许人对受许人的内部运营管理、市场营销等方面实行统一管理,具有很强的控制力。

(四)契约式生产经营

契约式生产是企业允许地方制造商按要求组织生产,但市场方面的任务仍由企业负责。它的优点是可以以较低的投资风险进入国外市场。目前,契约式生产正在成为进入国际市场的一种重要模式。

契约式经营企业向提供资金的东道国合作伙伴派出管理专家和提供专有技术。这些管理专家起着合作公司顾问的作用,可以参与企业的日常管理,因而可以要求获得某些信息或专门报告,这对了解市场情况和随后的商业介入非常有用。

(五)并购

在当今的国际市场,收购与兼并已成为跨国资本流动的最主要的方式。这也将是中国企业打通国际市场的主要手段。收购与兼并比新建自己的企业能更快地进入海外市场。收购现成的企业通常意味着收购合格的员工,当地的管理人员,得到当地市场知识和同当地顾客和政府的关系。在一些市场上,如果当地的企业已饱和,容不下更多的竞争对手,收购与兼并也许是唯一的进入方式。

1. 并购的类型

(1)横向并购。横向并购的基本特征就是农业企业在国际范围内的横向一体化。近年来,由于全球性的行业重组浪潮,结合我国各行业实际发展需要,加上我国国家政策及法律对

横向重组的一定支持,行业横向并购的发展十分迅速。

(2)纵向并购。纵向并购是发生在同一产业的上下游之间的并购。纵向并购的农业企业之间不是直接的竞争关系,而是供应商和需求商之间的关系。因此,纵向并购的基本特征是企业在市场整体范围内的纵向一体化。

(3)混合并购。混合并购是发生在不同行业企业之间的并购。从理论上看,混合并购的基本目的在于分散风险,寻求范围经济。在面临激烈竞争的情况下,我国各行各业的企业都不同程度地想多元化,混合并购就是多元化的一个重要方法,为企业进入其他行业提供了有力、便捷、低风险的途径。

2. 并购的四个阶段

(1)前期准备阶段。农业企业根据发展战略的要求制定并购策略,初步勾画出拟并购的目标企业的轮廓,如所属行业、资产规模、生产能力、技术水平、市场占有率,等等,据此进行目标企业的市场搜寻,捕捉并购对象,并对可供选择的目标企业进行初步的比较。

(2)方案设计阶段。方案设计阶段就是根据评价结果、限定条件(最高支付成本、支付方式等)及目标企业意图,对各种资料进行深入分析,统筹考虑,设计出数种并购方案,包括并购范围(资产、债务、契约、客户等)、并购程序、支付成本、支付方式、融资方式、税务安排、会计处理等。

(3)谈判签约阶段。通过分析、甄选、修改并购方案,最后确定具体可行的并购方案。并购方案确定后并以此为核心内容形成收购建议书或意向书,作为与对方谈判的基础;若并购方案设计将买卖双方利益拉得很近,则双方可能进入谈判签约阶段;反之,若并购方案设计远离对方要求,则会被拒绝,并购活动又重新回到起点。

(4)接管与整合阶段。双方签约后,进行接管并在业务、人员、技术等方面对目标企业进行整合。并购后的整合是并购程序的最后环节,也是决定并购是否成功的重要环节。

(六)建立新公司

对跨国公司而言,在国外新建工厂,不仅可以利用最新的技术和设备,也可以避免改变收购进来的公司的习惯做法所可能遇到的麻烦。新的工厂意味着新的开始,这是跨国公司根据自己的形象和要求塑造当地新公司的大好机会。而且可以避免很多核心技术泄露。当今世界跨国公司国际化发展的总趋势是境外生产、境外研发、境外销售三位一体化,特别是国际化的营销战略和网络,已经成为企业的核心竞争能力的组成部分。

在今天,几乎所有的大型跨国公司都已经在国外大量生产,市场机会已经很少,在这样的形式下,中国企业要走这样的道路首先必须具备强大的经济、技术、管理实力。

第四节 农业企业国际化经营环境分析与市场选择

一、农业企业国际化经营环境分析

我们知道,任何企业在生产经营过程中都不可避免地要受到企业外部环境、内部条件等许多因素的影响,其中企业的外部环境是最为重要的、最为活跃的因素,也是企业自身最难把握和控制的因素。农业企业在国际化经营活动中能否取得成功,其中一个主要方面就看企业能否及时准确地分析预测经营环境的变化趋势,并据此及时调整自身的活动以适应环境的变化。影响农业企业国际化经营的环境因素很多,其中最主要的是政治环境、法律环境、经济环境和文化环境。

(一)政治环境

世界各国由于各自的历史渊源不同、文化上的差别和经济上的差异,决定了各国政治制度的不同及立法基础的差别。而政治是经济的集中反映,政治制度的不同也就必然会影响到如何选择合作伙伴,如何解决经济纠纷和如何选择竞争手段等问题。如我国和美国之间政治制度的差异过去曾造成了多次贸易纠纷。

在政治环境的分析中,最为重要的是一个国家的政治制度。所谓政治制度是指国家政权的组织形式及与其有关的制度。由政治制度所决定的国家政权的性质将在企业国际化经营活动中起着十分重要的作用。政治环境因素的变化历来被认为是对国际化经营活动影响最大、破坏性最强的变化。

(二)法律环境

法律主要体现了一个国家希望规范人们行为的意志,它最大的特征就是强制性。因此,农业企业在进行国际化经营时,必然要受到东道国的法律环境的规范和约束。每一个国家对外国公司在其境内的经营活动可以是支持、鼓励的态度,也可以采取一些抑制、禁止的措施,并时常通过有关法律法规来影响外资企业的经营活动。因此,我国农业企业在进入国际化经营领域时,必须对新的法律环境进行认真地分析与评估,并进行风险预测。此外,农业企业还应熟悉和了解相关的国际法规,即缔约国之间签订的条约、公约和协定,这些条约具有全球性或区域性的约束力,企业必须遵守并用以保护自己的合法权益。

(三)经济环境

在农业企业国际化经营过程中,研究国际经济环境是十分重要的。不同的国家经济形态的不同决定了其经济运行的方式不同、调控手段和政策选择都不相同,而这些恰好构成了经济环境诸因素中最为重要的因素,构成了企业开展国际化经营的活动空间和形式。如在发达国家或经济较发达的国家和地区,市场作用会强一些,政府干预会少一些,而发展中或后发展的国家或地区则相反。这都会影响到政府的国际经济贸易政策和金融政策的选择,影响企业资本和商品在国际间的转移和流动。农业企业在制定国际化经营战略时,应充分分析各国的经济环境,利用一些有利的条件,避开不利的因素,寻找合适的发展空间和合作伙伴。

(四)文化环境

文化环境主要是反映一个国家或一个地区人们的价值观念、伦理道德、社会心理、教育科学等文化条件,是人们待事接物的规范,或是人们判断事物的标准。不同的国家、不同的民族和社会都有自己的不同的文化环境。这些文化环境的差异对国际化经营活动必然产生不同的影响。因此,农业企业在进行国际化经营时,必须要充分了解贸易对象或合作伙伴的文化环境,了解他们的价值观念、风俗习惯和宗教信仰等情况,这样,才能在国际化经营中取得成功。

二、农业企业国际市场选择

国际市场调研是指运用科学的调研方法与手段,系统地收集、记录、整理、分析有关国际市场的各种基本状况及其影响因素,以帮助企业制定有效的市场营销决策,实现企业经营目标。

(一)国际市场调研的方法

农业企业在进入国际市场的过程中,系统调研市场是必需的,这是制订市场营销计划的基础。国际市场调研的方式是多种多样的,从投入和效果分析,包括下列方式:

1. 网上调研

因特网是世界上最大的信息库。真实世界的任何动态都会反射到虚拟世界。明确目标以后,可以查找搜索引擎,找到需要的信息,再归纳整理,将资料条理化。可能提供有用信息的主要网站包括:国际贸易门户、行业门户、专业协会、商会、大公司网站和专业杂志网站等。

网上调研的特点是费用低、速度快、信息量大。如果能够拟定专题,分工合作,能够很快形成一份像样的报告。效果方面主要提供表面上和总的营销环境方面的信息,没有太多的针对性,对具体业务不能提供太多帮助。

2. 付费调查

国际上很多知名的调查公司。他们在接到客户申请以后,用科学的方法,采用多种收集信息的方式,按照客户要求给出相关报告。同时,他们也用各种专题的报告,贩卖给需要者。

专业调查公司生产的报告,方法可靠、内容翔实、结论科学、非常可信。按需定制的报告针对性强,建议具体,可立即实施,但成本比较高。调查公司制作的专题报告价钱相对低一些。在开拓市场的初期,这种专题报告基本够用了。

3. 实地考察

实地考察也分不同的层次。现在比较流行的方式是:产品出来以后,报名组团参加相关的展览,在展览会上守株待兔,等客户上门。有一定经验和市场基础时,可以单独拜访已有客户。参展和拜访客户还可以一并进行。在国外还可以实地拜访交易场所、当地商会、行业协会和我国驻外使领馆,获取一手的客户资料。实地考察的费用稍高,但是结果具体,可能会有所突破。

(二)国际市场调研的步骤

1. 确定问题

不同类型的农业企业或者企业在国际化经营过程中所处的不同阶段会遇到不同的问题。这将直接影响调研的计划和方式等。确定具体的问题,要视情况而定。

2. 制订调研计划

(1)确定所需要的信息

营销决策需要哪些信息,是调研计划所要解决的首要问题。例如,某公司拟向国际市场推出一种农用拖拉机,这种拖拉机的缺点是噪音较大,但节油、马力大,而且价格适中。研究这种拖拉机究竟能否占有目标市场,至少需要获得下列信息:①目标市场农业生产机械化水平;②目标市场农业生产基础条件;③目标市场国家对进口农业机械的政策;④竞争者的状况等。上诉资料是该公司作决策所必不可少的依据。

(2)收集二手资料

调研人员在开始一个调研项目之初,一般先收集二手资料,即进行案头调研。但是,仅仅二手资料有时还不能满足决策的需要。因此,还要进行实地调研。

3. 执行调研计划

调研计划的实施主要包括收集、整理和分析信息等工作。收集信息的过程可由企业内部的营销调研人员完成,也可委托外部的调研公司完成。企业自己收集信息的好处是可加强对调研过程和信息质量的控制,但专业调研公司可以更客观地完成调研工作,而且成本较低。收集来的信息必须经过分析和处理。直接来自问卷或其他调研工作的原始资料往往杂乱无章,无法直接使用,调研人员应利用标准的计算程序和表格将这些数据整理好。

4. 解释并报告调研结果

调研的最后一步是对调研结果作出解释,得出结论,向管理部门提交调研报告。调研报告不能只是一系列的数据和统计公式,而应是简明扼要的结论及说明,并且这些结论和说明应当对企业国际化经营决策有直接意义。

(三)目标市场的选择

1. 选择目标市场的标准

选择国际目标市场的总体标准是能充分地利用企业的资源以满足该子市场上消费者的需求。具体有以下四个标准:

(1)可测量性

这是指国际目标市场的销售潜量及购买力的大小能被测量。企业可以通过各种市场调查手段和销量预测方法来测量国际目标市场现在的销售状况和未来的销量趋势。否则,企业不宜轻易地决定选择其作为国际目标市场。

(2)需求足量性

这是指农业企业所选择的国际目标市场,应当有较大的市场潜量,有较强的消费需求、购买力和发展潜力,企业进入这一市场后,有望获得足够的营业额和较好的经济效益。

(3)可进入性

农业企业所选择的国际目标市场未被垄断,企业的资源条件、营销经验以及所提供的产品和服务在所选择的国际目标市场上具有很强的竞争能力。

(4)易反应性

这是指农业发生企业选择的国际目标市场能使企业有效地制定国际营销计划、战略和策略,并能有效地实施,以应对各种可能的市场变化。

2. 选择目标市场的步骤

农业企业选择的国际目标市场的过程一般包括以下两个步骤:

(1)对所有国家的市场进行筛选

企业在选择国际目标市场时,首先要对各个国家进行初步选择,确认选取哪些国家的市场。其目的主要在于缩小选择的范围,降低进一步评估的成本。在进行初步筛选时,暂时不需要考虑进入模式的选择。

筛选过程可分为以下四个具体步骤:

①建立目标市场的消费者与用户的特征剖析图。通过对现有的或潜在的消费者或用户的消费行为和特征进行分析,企业可以选择有利于充分发挥企业竞争优势的市场作为目标市场,利用较为集中的营销资源投入,迅速和有效地占领目标国家市场。

对消费者特征的剖析包括:消费者的年龄、性别、收入水平、消费结构、消费者所处的社会阶层及其生活方式等特点。对工业品用户特征的剖析包括:使用本产品的行业特征,典型用户的规模和组织结构,本企业所生产的产品或提供的服务在客户的价值链中处于哪一环节,起什么作用。

②直接估计市场规模。估计市场规模的主要方法是从企业所能够获得统计资料入手,找出影响产品市场前景的各项因素,并通过回归分析方法找出各项因素对产品市场前景影响的具体程度。然后,再依据企业对各项影响因素的预测,推算出未来一定时间内产品在目标国市场的销售前景。具体地,可以建立如下的回归与预测函数:

$$Sit = f(X_{1t}, X_{2t}, \cdots, X_{nt})$$

式中,Sit 代表 i 产品在 t 时间内在既定国际目标市场的潜在销售量;$X_{1t}, X_{2t}, \cdots, X_{nt}$ 表示影响 i 产品市场前景的诸因素在 t 时段的具体状况。

③间接估计市场规模。对市场规模的间接估计主要是通过对目标市场国家的宏观经济指标进行分析,从中间接地推算出市场规模。可供使用的宏观经济指标包括:国民生产总值(GNP),国内生产总值(GDP),国民收入(NI),物价指标(PI),以及这些指标在最近年份的变动状况。

④作出接受或放弃决策。在对前述资料有了较全面的掌握和较系统的分析后，企业就可以初步作出接受或放弃决策。可以运用市场选择指数法来具体进行分析。

运用市场选择指数法的具体过程是，首先确定影响企业在某细分市场上销售前景的影响因素，然后赋予其相应的权数并对各影响因素的现有状况进行评分，最后以各个细分市场的加权得分作为市场选择指数，从而选择得分高者作为企业的国际目标市场。

(2)对特定国家进行筛选

经过第一阶段的初步筛选，已经选择出为数较少的国家或地区。对于这些国家或地区市场，企业需要进一步地对其市场潜力做出较深入的评估。这一评估主要是预测在特定时期特定国家某个行业在未来相当长的时间内行业的最大销售量。在评估行业的市场潜力时，要同时考虑两个方面的情况。一方面是市场的现实规模，另一方面是行业在企业的战略计划期内的增长率。

复习思考题

1. 农业企业国际经营的概念是什么？有哪些特征？
2. 对我国农业企业国际化经营有哪些重要意义？
3. 具体说明农业企业国际化经营有哪些风险？
4. 农业企业国际化经营战略的特征有哪些？
5. 农业企业进入国际市场方式有哪些？
6. 影响农业企业国际化经营有哪些环境因素？
7. 国际市场调研的方法和步骤有哪些？怎样选择目标市场？

第十一章　国营农场管理

第一节　国营农场管理的演变历程

一、国营农场的确立和发展

国营农场是我国农垦企业的基础，是以生产资料全民所有制为基础建立起来的，以经营农业为主，兼营非农产业的农村企业，包括国营农场，国营牧场，国营林场，国营渔场等。国营农场是社会主义的全民所有制企业，是我国社会主义农业的重要组成部分，国营农场的创建过程是怎样的？是如何逐步发展起来的？我们应当回顾一下国营农场的发展历史，正视当前存在的问题，以便积极准备国营农场的更大发展。

国有国营农场事业是在党中央的正确领导下，在毛泽东，刘少奇，周恩来，朱德等老一辈无产阶级革命家的亲切关怀下，创建和发展起来的。中国人民解放军大批专业官员和荣誉军人投入农垦事业，对于国营农场的建设和发展做出了重大的贡献。

早在抗日战争年代，陕、甘、宁边区政府创办了光华农场。从那时起我国国营农场事业就已经开始了。1947 年创建荣军农场，1948 年在东北有计划地试办大规模的机械化国营农场，揭开了我国社会主义国营农场的试办时期。到 1952 年止，各地先后创办了 52 处国营机械化农场。

1953 年是我国建设社会主义的第一个五年计划的第一年，是国营农场事业大转变的一年。国营农场不仅有了较快、较大的发展，而且开始扭转赔钱的局面。在初期，因为没有经验，工作中出现了许多缺点，产量低，成本高，浪费大，亏损多。1953 年根据中央的指示，遵照“整顿、巩固、提高、发展、稳定前进发展新农场”的方针，对国营农场进行了切实的调整。从此，赔钱的农场数减少了；赢利的农场数增加了。仅以机械化农场来说，当年生产赢利的农场已达到百分之三十左右。1954 年继续整顿，继续好转，该年生产赢利的农场上升到百分之五十以上，开始显示出社会主义大型国营农业企业的优越性。这批先进性农场做出了榜样，指明了方向，大大增加了全体国营农场职工办好这一新兴事业的信心与决心。

到我国建设社会主义的第一个五年计划的第四年，即 1956 年，国营农场已经发展到 672 个，耕地面积达到 1 200 多万亩。其中机械化农场 166 处，大型军垦农场 57 处，亚热带地区的垦植场 76 处。不少农场从亏损走向赢利，赢利额有所增多。大多数新建农场做到了当年开荒、当年播种、当年生产赢利。

1957 年，我们胜利地完成了第一个五年计划，提前实现了农业、手工业和资本主义工商业的社会主义改造,并为社会主义工业化打下了基础,作为我国农业重要组成部分的国营农场,也获得了较大的发展。农垦部系统内(不包括农业部系统的专县农场和试验场以及公安部系统的劳改农场)国营农牧场的耕地面积近2 000万亩,养牛18万头,马14万匹,羊150万只,猪50万头。

1956年根据国营农场的发展需要,中央决定成立农垦部,各省、市、自治区也相应成立了国营农场管理机构;1969年农垦部被撤销;1970年成立农林部,内设农垦局;1978年后农垦局从农林部分离出来,成立国家农垦总局;1979年又恢复农垦部;1982年成立农垦牧渔业部,内设农垦局。

二、国营农场管理面临的机遇

国营农场经济管理面临的机遇很多,仅以黑龙江垦区为例,东北地区老工业基地振兴战略已全面组织实施。作为这一战略的重要参与者和受益者的黑龙江农垦,应当紧紧抓住这一难得的发展机遇,牢固树立全面协调可持续发展观,加快机制创新,实现农垦经济跨越式发展。

(一)发展机遇

党中央实施东部地区等老工业基地振兴战略,是党和国家继建设沿海经济特区、开发浦东新区和实施西部大开发战略以后,又一次从全面建设小康社会全局着眼做出的重大战略决策。随着这一重大战略决策的组织实施,同东北地区其他国有企业一样,黑龙江农垦所面临的市场化程度低、经济发展活力不足、所有制单一、国有经济比重偏高、产业结构调整缓慢、企业设备和技术老化、企业办社会等历史包袱沉重、社会保障和就业压力大等诸多问题和矛盾都将得到有效解决。党中央11号文件把加强农垦工作,发展现代农业放在了实施东北老工业基地振兴战略的十分突出的位置,提出要"发挥农垦系统优势,壮大农业产业化龙头企业,延长产业链"。在党和国家的重要文件中,把农垦事业提高到这样的位置和高度是不多见的,充分体现了党和国家对农垦事业的高度重视和支持。这对于我们加快发展现代农业,建设绿色、无公害农产品优势产业带,建设专业化、标准化和规模化的国家重要商品粮基地,将是一个强大的推动器。抓住这一难得的发展机遇,对于加快农垦经济发展和社会进步至关重要。

(二)政策机遇

党和国家在实施东北地区等老工业基地振兴战略中,对于发展现代农业提出了一系列相关政策。主要包括大力发展现代农业支持政策,发挥东北地区农业优势,加大对粮食主产区的扶持力度,加强农田水利建设,改善农业生产条件,巩固东北地区国家重要商品粮基地地位;发展优质、生态、安全的现代农业,建设绿色、无公害农产品优势产业带,向专业化、标准化、特色化和规模化方向发展、扩大农产品出口;利用丰富的粮食资源,大力发展畜牧业;发挥农垦系统优势,壮大农业化龙头企业,延长产业链;加强农产品市场体系和农业市场信息体系建设,提高农业市场化水平,加快建设和完善大宗农产品流通体系;创造有利于扩大再就业环

境，完善社会保障体系；坚决实行政企分开，分离企业办社会职能；对农产品加工业给予一定的税收优惠政策等。每一项政策都有很高的含金量，只要我们努力争取政策，用好用活用足政策，就一定能实现快发展和大发展。

（三）改革机遇

党中央11号文件强调进一步深化改革，着力推进体制创新和机制创新，消除不利于经济发展和调整改造的体制障碍，增强内在动力，并就积极推行投资主体多元化，大力发展混合型所有制经济和非公有制经济、打破地区、部门、所有制界限，推动产业战略性重组、改革国有资产管理体制，建立现代化产权制度，提高国有资产运营效率等提出了明确要求。这些改革要求对于我们国有资产比重很高、管理体制仍比较原始和单一的黑龙江农垦来说，进一步深化国有企业改革，建立健全与市场经济相适应的体制和机制，营造具有很强竞争力的投资、创业和发展环境，加快经济建设和社会进步，确实是机遇难得。

（四）竞争机遇

党中央11号文件关于实施东北地区等老工业基地振兴战略的范围是非常广泛的，涵盖了整个东北地区三省一市一局的各个产业，各个行业和各项事业。在整个振兴战略实施的宏大工程中，竞争将是非常激烈的。黑龙江农垦，在农业机械化程度上，在社会化大生产程度上、在产业化优势上、在人才、科教以及在资源上都具有东北三省其他地区和企业难以比拟的巨大优势，我们必须抢占先机，乘势而上。

第二节　国营农场管理内涵

一、国营农场管理的概念

国营农场管理是国家、农垦企业、农垦各主体为了达到一定预期目的，依据客观规律对农垦系统的经济活动进行计划、组织、调控、领导等一系列方式、方法和手段的总和。

其内涵主要体现在以下几方面：

1. 国营农场管理包括国家对整个农垦系统的管理和控制——宏观经济管理及农垦企业、单位对农垦生产服务的管理——微观经济管理两方面。

2. 从管理者来看，国营农场管理的主体是国家、农垦企业以及农垦各单位；从管理对象来看，国营农场管理的客体是农垦经济的整体运行；在管理目标上，国营农场管理是为了在保障农产品有效供给、维护供求平衡的基础上，通过促进农业增长和不断优化农业结构，来增加农民收入，提高农业经济效益；在管理行为方面，国营农场管理主要是运用经济手段、法律手段和必要的行政手段，通过市场机制作用于农户和农垦企业而进行间接调控。

国家或政府之所以必须对国营农场运行进行管理，主要是由两个基本前提决定的：一是市场经济的局限性；二是农业产业的特殊性。

第一,市场经济体制下的农业经济运行与发展客观上要求政府进行管理。

在社会主义市场经济体制下,农业经济的发展就是要充分发挥市场机制在资源配置中的基础性作用。但是,市场经济不是万能的,不是天然和谐的,不是完美无缺的,市场机制在调节农业经济活动时是有局限性的,其主要表现是:①市场机制调节农业经济活动属于事后调节,具有滞后性。②市场机制调节农业经济活动具有盲目性。③市场机制调节农业经济活动具有短期性。另外,市场机制有时根本就不能发挥作用,会失灵、失效。比如,城乡居民收入差距扩大、农民就业不充分等问题,依靠市场机制是无法解决的。市场机制的局限性和市场失灵,决定了在市场经济体制下发展农业经济必须要有政府管理。政府对农业经济运行进行管理在市场经济体制下是题中应有之意。

第二,农业的基础产业地位和弱质产业特性内在地要求政府对其进行管理,尤其需要政府保护。

一方面,农业是国民经济中的基础产业部门。农业是人类赖以生存和发展的基础,是社会分工和国民经济其他部门独立和发展的基础,农业对国民经济发展做出重要的产品贡献、要素贡献、市场贡献和外汇贡献,发挥着经济、社会、文化与环境等多种功能。农业的这种特殊重要性,内在地要求作为维护社会稳定和推动经济发展的政府必须通过农业经济管理来保证农业的稳定发展。另一方面,同现代工业部门相比,农业弱质产业,如果单纯依靠市场调节,农业部门肯定是处于不利地位。虽然可以认为农垦经济引领着现代农业建设的方向,但毕竟是农业产业,在技术、管理、产业体系及开拓市场等方面同现代工业部门仍然存在相当大的差距,客观上要求政府部门及相关部门进行宏观调控,以帮助垦区经济克服自身的缺陷,实现更好更快发展。

二、国营农场管理的性质与特征

(一)国营农场管理的性质

马克思在《资本论》中指出:"凡是直接生产过程具有社会结合过程的形态,而不是表现为独立生产者的孤立劳动的地方,都必然会产生监督劳动和指挥劳动,不过它具有二重性:一方面,凡是有许多人进行协作的劳动,过程的联系和统一都必然表现在一个指挥的意志上,表现在各种与局部劳动无关而与工场全部活动有关的职能上,就像一个乐队要有一个指挥一样。这是一种生产劳动,是每一种结合的生产方式中必须进行的劳动。另一方面,完全撇开商业部门不说,凡是建立在作为直接生产者的劳动者和生产资料所有者之间的对立生产方式中,都必然会产生这种监督劳动。这种对立越严重,这种监督劳动所起的作用也就越大。"

马克思的这段论述实际上说明了管理具有二重性,即管理的自然属性和管理的社会属性。管理的自然属性指管理的生产力属性,要使生产过程中的生产要素以必要的方式结合起来并生产出产品,就需要管理,随着生产力的发展,社会化生产的程度的越来越高,社会化大生产要顺利进行也必须有管理的作用的发挥,这是任何社会的生产活动都需要进行的重要活

动。管理的社会属性是指管理必然在一定的社会制度、社会历史背景和意识形态下进行,必然体现一定的生产关系。管理的自然属性和社会属性是相互作用、相互联系的两个方面,管理的自然属性总是发生于一定的社会制度、生产关系下,管理的社会属性必须依存于一定的生产力水平,两者相互作用、相互联系。

作为管理的具体表现形式,国营农场管理也具有二重性。国营农场管理的自然属性也同样体现了管理同生产力、社会化大生产相联系的属性,国营农场管理的社会属性也要体现管理同一定社会制度生产关系相联系的属性。

(二)国营农场管理的特征

1. 国营农场管理是一种社会现象;

2. 国营农场管理具有相应的管理主体;

3. 国营农场管理集中体现了管理的科学性与艺术性的统一。

管理的科学性指管理过程中体现出的客观规律,指通过科学方法对管理过程中的事物本质作出的客观判断,如管理过程中逐步形成的方法体系,技术手段等。国营农场管理也需要对农垦经济发展过程中出现的问题作出客观评价,也需要总结农垦经济发展的客观规律及趋势,体现出管理的科学性。管理的艺术性是指管理的实践性,要求管理主体在管理实践中体现出一定的灵活性,以便更好地实现管理的科学性。

国营农场管理的科学性与艺术性是相互联系、相互作用的,通过科学的方法、手段获得的管理的科学性需要实践中灵活运用,体现出一定的艺术性,例如虽然通过总体的客观判断,我们可以认为农垦系统引领着现代农业的发展方向,但实践中需要考虑到各垦区在发展水平上还存在很多的不同,也存在较大的差距,针对各垦区发展实际情况应该采取不同的发展路径。相应地,国营农场管理的艺术性需要建立在对农垦系统发展的客观情况的正确判断的基础上,否则艺术性就没有实际意义。

三、国营农场管理的研究对象及范围

农垦系统是我国农业系统中比较特殊的组织,既有一般地方农业产业发展的基本特征,又由于其组织形式、形成的历史渊源而又具备自身独特的地方,作为大农业,农垦系统堪称是我国现代农业建设的引领者,与一般农业共同的地方需要研究,自身的特色则更值得我们去发掘。农垦系统的形成与发展已经有很长的时间,但在课堂上规范地研究农垦经济在国内尚不多见,对于农业院校尤其是面向垦区这种大农业的院校来说,更应该全面系统地让学生去了解垦区、认识垦区,有关农垦系统的农业资源利用、农垦经济的预测与决策、人力资源问题、管理体制、农垦的信息化等问题都可以作为研究对象。

四、国营农场管理的基本内容

结合垦区的实际情况,国营农场管理的研究内容主要体现在如下方面:

1. 深入剖析农垦经济发展的客观规律,分析其发展的必然趋势。

2. 探究农垦系统的生产力及生产关系的适应状况,寻求与生产力发展状况相适应的国营农场管理体制,理顺处理农垦系统内部及其与外部人员之间的关系。

3. 研究如何合理利用农垦系统的土地资源、水资源等自然资源,提高土地的产出率和水资源利用率。

4. 探讨农垦系统的人力资源管理问题,为垦区的人力资源储备提供适合的方法与思路。

5. 如何调整农垦系统的产业结构,使其更好地适应农垦经济发展的需要。

6. 如何合理利用生产要素,提高经济效益。

第三节 国营农场农业资源管理

一、农垦土地资源管理

(一)农垦土地资源的合理利用

在所有生产要素中,土地对农业生产是必需的显性生产要素,土地是一个无法增加的硬性约束条件。国务院批准的《1997—2010 年全国土地利用总体规划纲要》,规定到 2010 年非农建设占用耕地不得突破 19.67 万公顷,耕地保有量控制在 12 800.64 万公顷以上。由此可见,垦区必须充分合理利用现有的土地。

1. 保护耕地,严格限制耕地的过量非农化流转

垦区应严格实施《土地管理法》,切实落实基本农田保护制度和土地用途管理制度,强化规划计划管理,保护资源,保障发展。要严格土地供应,对低水平重复建设,盲目扩大建设规模和高档房地产开发,要从严控制;要科学规划小城镇布局,引导乡镇企业按规划布局,合理集聚。

2. 加强土地整理

国际经验表明,土地整理是推进农业发展的有效途径。国土资源部土地整理中心提供的数据显示,我国土地整理潜力很大。从实践情况看,很多地区经过土地整理新增耕地面积超过了 10% 以上。

3. 加强土地管理的法制建设与促进法律实施

国家保护耕地,严格控制耕地转为非耕地。认真执行土地管理法和《基本农田保护条例》,切实贯彻保护基本农田的“五不准”原则,即:不准占用基本农田进行植树造林,发展林果业和搞林粮间作以及超标准建设农田林网;不准以农业结构调整为名,在基本农田内挖塘养鱼、建设用于畜禽养殖的建筑物等来严重破坏耕作层的生产经营活动;不准违法占用基本农田进行绿色通道和城市绿化隔离带建设;不准以退耕还林为名违反土地利用总体规划,将基本农田纳入退耕范围;除法律规定的国家重点建设项目以下,不准非农建设项目占用基本

农田。凡在基本农田上进行植树造林、新建和扩建用材林基础均不得占用基本农田。

(二)农垦集约经营

农业企业对土地的利用,存在粗放经营和集约经营两种不同的经营方式。粗放经营是对土地资源的广度开发,指在一定土地面积上,投入较少的生产资料和劳力,实行浅耕粗作、广种薄收的经营。因而它会对土地造成重用轻养、土地肥力下降,生产率低下。集约经营是对土地资源的深度开发,指在一定土地面积上,投入较多的生产资料和劳动力,对土地精耕细作,科学种植的经营。因而集约经营是以不断提高土地肥力来提高土地单位面积产量,增加农产品总量。

1. 土地集约经营的类型

(1)劳动集约型。即在单位面积的土地上投入更多的活劳动,从而获得较高的产量和收入的集约经营形式。劳动集约又分为积累性劳动集约和流动性劳动集约。

积累性劳动集约主要是指追加到土地中去的活劳动用作农田基本建设,形成农业固定资产而附属于土地上,如兴修农田水利,改良土壤、平整土地、修造梯田、修筑田间产中,打井、修坝、挖塘、建水库等。追加到土地中去的这些活劳动,将长时期对农业生产发挥作用,劳动价值也将慢慢地、多次地转移到农产品中流动性劳动集约主要是将活劳动追加到日常的农业生产过程中去,作为流动形态的生产力要素在当年生产中消耗掉。如精耕细作、精细管理、增加耕、锄次数等。

(2)技术集约型。即通过采用较多的先进技术,在单位面积土地上获得较高的产量和收入的集约经营形式。根据投入技术的内容不同,技术集约又可分为基础技术集约、应用技术集约和管理技术集约。

基础技术集约,主要是通过加强对农业技术理论的研究、试验,为集约经营创造物质技术条件。如遗传工程的研究、杂交水稻制种技术的研制成功,对于提高土地生产率起着重大的基础作用。应用技术集约,是在土地经营过程中较多地采用先进的应用技术。如在农业生产中引用优良品种、新型肥料、采用新型工具设备、科学的农作方式等。管理技术集约,主要是通过采用先进的经营管理方法,优化土地经营过程中的生产要素组合和生产结构,采用先进的生产方式来提高土地经营效益。

(3)资金集约型。即通过在单位面积土地上投入更多的资金,使用更多的能量、动力、化肥、农药等物化劳动来提高土地生产率的集约经营方式。这种方式要求经营者有较雄厚的资金和物质基础。它适用于劳动力资源相对缺乏,资金比较充裕的地区和企业。

劳动集约、技术集约和资金集约三者虽然在投入内容上各有侧重,互相有别,但是它们又是相互联系的,特别是后两者,有时难以截然区分开来,因为新技术的采用一般都伴有资金投入的增加。

2. 土地集约度指标

(1)农业集约化水平。单位面积耕地分摊的直接投入的各种物资及技术费用。

(2)单位面积耕地分摊的用工费。主要指人工费。

(3)单位面积耕地分摊的占用资金额。包括固定资产额、流动资金额等。

(4)单位面积耕地所获得的产量、产值、资产值、纯收入等。

(三)农业土地级差地租

土地的自然供给是无弹性的,但土地的经济供给是有弹性的。因土地距离市场或居住中心的远近不同,交通、通讯等便利程度以及供求关系的差异,土地的经济性是不等的。加之土地的肥沃性、对农作物的适用性等特征上的差异决定了土地是有等级之差的。现实中,一般选择相应的评价标准,将土地分为三等九级。土地在承包时会根据土地的等级确定承包费用。因此,级差地租在国营农场企业中的分配就显得尤为重要。

一般认为,全民所有制的国营农场,其土地为国家所有,又为国家经营,不可能出现农业企业与职工对土地经营的垄断,不会产生级差地租。其实,这是一种错觉。

长期以来,国营农场赢利全部上缴,亏损由国家补贴,企业内部实行国家工资制的"大帮轰",普遍出现了吃大锅饭的现象,似乎不存在因土壤肥力、位置差异、国家投资增加所获得的收益归谁的问题,但实际上级差地租产生的一般前提依然存在,只不过是以利润形式缴给国家或者在大锅饭中被均分了,这种分配机制是不合理的。

因此,改革政企不分的现实,实行所有权与经营权相分离,使国家、企业、职工三者根本利益一致基础上产生整体利益与局部利益相对分离,从而使一部分作为经营成果的级差地租的分配问题突出起来。国家应根据市场规律,充分考虑级差地租的存在,同时利用国家的人、财、物资源的集中进行生产基础设施建设,消除自然条件所形成的级差地租的外部环境,并根据目前国营农场企业实际情况,在逐步提高垦区国营农场经营管理水平的基础上,将级差地租大部分归承包者,少部分上缴国家的有利于生产力发展的措施。

二、垦区国营农场水资源管理

水利是国民经济和社会发展的重要基础设施,水资源是重要的战略资源,水利的改革与发展和水资源的可持续利用直接关系到垦区全面建设小康社会目标的实现。

为了把垦区建设成国家靠得住、调得动、费用低、能够应对社会性事件和起示范带头作用的"直属粮仓",保障国家粮食安全,推动垦区全面建设小康社会建设步伐,实现水利资源可持续利用和经济社会的可持续发展,加快实现农业现代化步伐,垦区急需加强水利基础设施建设,重点解决防洪、除涝、灌溉和水土流失治理等问题。

1. 加快灌溉工程建设

为了保证垦区水田规模,控制地下水开采,实现经济可持续发展,急需开发过境水资源,改造井灌区实行井渠结合,发展地表水灌溉面积,逐步减少井灌水田面积,恢复原始地下

水位。

另外,垦区耕地集中连片,机械化程度高,便于规模经营、适宜发展各类旱田节水灌溉工程,特别是蔬菜、苗木和经济作物节水灌溉。

2. 加快中小河流防洪工程的治理

1998 年以来国家加大了大江大河防洪工程的建设投入,大江大河的防洪安全有了一定保障,但是中小江河的控制性工程量少,标准低,抗洪能力弱,农业稳产高产难以保证。因此,要加快粮食主产区中小河流的防洪工程建设。

3. 提高水资源利用率,降低污染

由于基础设施落后,管理水平低下,垦区水资源的利用率低,长期轻视节水导致浪费现象十分严重。加之全省污水处理设施严重滞后,工业废水基本上是自然排放,进一步加剧了水的供需矛盾。在垦区应尽快建立合理用水的机制,制定符合实际水资源保护、节约的地方性法规,使节水工作走上科学化、规范化、制度化的轨道。

4. 加快黑土区水土流失治理

垦区受自然因素制约和人为活动的影响,水土流失问题日趋严重,不仅破坏了宝贵的黑土资源和生态环境,也危及到我国的粮食安全。应迟早采取相应的生物措施、耕作措施及建立封育保护工程,逐步形成垦区的生态环境。

第四节 国营农场产业化经营

一、农业产业化经营的内涵

农业产业化,是指以市场为导向,以经济效益为中心,以资源优势为基础,围绕一个或多个相关的农副产品项目,组织各方主体参与开发,将产前、产中、产后诸环节整合为一个新的产品系统,实现种养加、产供销、贸工农一体化经营,形成主导产品或产业区域化布局、专业化生产、企业化管理和社会化服务的发展机制。有人也把农业产业化看作是“农工商一体化,产供销一条龙”经营方式的简称。这里的“农”是指包括种植业、养殖业及微生物开发利用及其特殊生产在内的“大农业”,“工”是指以农产品为主的加工业,“商”是指与农产品运销有关的国内商业和对外贸易;“产”是指初级产品的生产和成品制作,“供”是指生产资料供应和各种服务的提供,“销”是指农产品及其加工品的运销,包括收购、集货、储藏、运输、批零销售。近几年来通常所说的“贸工农一体化、产加销一条龙”,只是农业产业一体化经营方式中的很重要的一种模式,但不能涵盖农业一体化经营的全部类型。从国民经济来看,将农业产业化称为“农工商、产供销一体化”,比起“贸工农、产加销一体化”更为全面、贴切。

农业产业化作为传统体制下产业被割裂、产供销脱节、部门管理条块化的替代物,包含了四个方面的内容:①农业产业化把农业作为一个完整的农业产业系统,从而扩大了农业的内

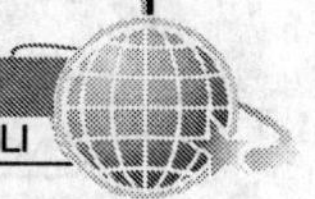

涵和外延。在传统的经营体制下,农业基本上是结构单一的初级产品"产中"部门,而农业产业化除"产中"阶段外,还包含"产前"(生产资料供应、信息、技术服务)和"产后"阶段(农产品加工、运输、贮藏和销售)将各个环节有机地联结起来,形成相对完整的产业链,从而有利于系统内各个环节之间利益的自我补偿和自我调节。②农业产业化,通过"龙头"企业带动和商品生产基地联结,把千家万户的生产经营纳入社会化大生产轨道,以企业为"龙头",确立了产业与企业的崭新关系,既能保持家庭承包经营制度的稳定,又能提高农业生产的社会化程度和农民的组织化程度,促使整个农业经营结构的现代化。③农业产业化以提高比较效益为中心,借助于一体化组织方式,将系统内的"非市场安排"与系统外的市场机制结合起来,实现生产要素的集聚、加速现代化要素的进入,做到合理配置,优化组合。④农业产业化作为当代市场经济的产物,要求达到经济学意义上的市场规模,实现商品的批量化、规模化、标准化,中间环节要少,交易成本要低,合理分配交易利益,并且运用现代企业管理办法来组织农业生产经营。农业产业一体化是在稳定家庭承包责任制的前提下,能够将农业经营体制深化改革与农业、农村经济进一步发展有机地结合起来的战略选择。

二、农业产业化经营的重要意义

农业产业化经营与一般农业经营的主要区别在于:前者是由农业产业链条各个环节多元经营主体参加的,以共同利益为纽带的一体化经营实体;在农业产业化经营组织内部,农民与其他参与主体一样,地位平等,共同分享着与加工、销售环节大致相同的平均利润;而后者的经营范围只限于农业产业链中的某个环节。因此,从经济学和管理学相结合的角度说,农业产业化的深远意义在于它能够发挥一体化产业链诸环节的协同效应和利益共同体的组织协同共同体的组织协同功能,突破上述障碍的束缚和瓶颈的约束,成功地将系统内的"非市场安排"与系统外的市场机制妥善地结合起来,引导小农户进入大市场,扩大农户经营的外部规模,形成区域规模和产业规模,产生聚合规模效应,合理分配市场交易利益。生成农业自立发展的动力,因而是市场产业发展的战略方向。

实施农业产业化,可以形成农业产业的新的投入机制和新的利益调节机制,在促进我国市场农业自立发展中起着组织、导向作用:①引导和帮助小农户进入大市场;②形成农业产业系统内部利益补偿机制和积累机制,提高农业的比较效益;③优化产业结构,建立高效农业体系;④促进农业劳动力转移,加快城乡一体化进程;⑤促进农户经营采用现代科学技术,加快传统农业向现代农业转变。

三、农业产业化经营的组织形式与原则

按照农业产业化经营参与主体的联结方式,可将农业产业化经营组织形式分为四种:

1. 紧密型

指由公司负责筹集生产资金,提高生产、技术销售等全过程服务,承担投入、技术、市场风

险，农户承担部分生产风险，公司在经营上是决策者、组织者，负责生产计划的制定和组织实施，同时还负责生产资料的供应和产品的销售；农户是生产主体，负责按照公司制定的生产计划、技术规程和要求进行生产，并按照合同价格交售产品给公司，获取劳务工资。

2. 半紧密型

指由公司和农户共同建立生产基地，公司负责种苗、技术、销售，农户负责生产、管理，产品由公司以保护价收购，公司与农户风险共担，利益共享。

3. 松散型

指公司提供有偿的技术、种苗，负责产品收购，与农户建立挂钩关系，农户要承担生产、技术大部分风险，公司承担市场风险。

4. 协作型

指由公司借贷生产资金（由乡政府统一发放、统一回收），用以解决购买种苗和原材料的启动资金，公司派技术人员实地指导，产品按照市场价格统一。

在理论界，也有学者将农业产业化经营的组织形式分为以下两种类型：

1. 松散型

"龙头"企业凭其传统信誉和对农户提供各种服务，联结基地和农户，主要是市场化关系，没有其他的约束关系。

2. 紧密型

"龙头"企业通过合同关系、股份制关系、股份合作制关系等约束关系，联结基地、农户及其他参与主体。

四、农垦实现产业化经营的主要形式

实践表明，农业产业化经营没有固定的模式，一般先在市场程度高的地区或从附加值高的产业开始，如农产品加工、集约化种植业等。市场化程度低的产品排序会稍后。同时，各地区结合当地特产，开展不同的产业经营发展模式。

（一）"龙头"企业带动型：公司 + 基地 + 农户

是以公司或集体企业为主导，以农产品加工、运销企业为龙头，重点围绕一种或几种产品的生产、销售，与生产基地和农户实行有机的联合，进行一体化经营，形成"风险共担，利益共享"的利益共同体。这种类型特别适合在资金，技术密集、市场风险大，专业化程度高的生产领域内发展。其特点是：龙头企业与农产品生产基地和农户结成贸工农一体化经营系统；利益联结方式是根据产销合同订购或实行保护价收购；农户按合同规定，定时定量向企业交售优质产品；企业按优惠价向农户提供生产资料和技术等社会化服务；企业利润按比例返还给农户；企业出资给农户投保以解决自然风险带来的后顾之忧。如遵化广野特产实业公司，年加工出口腌制菜能力 1.2 万吨，产成品 3 600 吨，为满足产品出口需要，公司狠抓基地建设，基地规模逐步扩大，从 1992 年的 26.67 公顷，发展到 1996 年的 800 公顷，农户由 500 户发展到

1.2 万户。

（二）合作经济组织带动型：专业合作社或专业协会 + 农户

是由农民自办或政府引导兴办的各种专业合作社、专业技术协会，以组织产前、产中、产后诸环节的服务为纽带，联系广大农户，而形成种养加、产供销一体化的利益共同体。这种组织具有明显的群众性、专业性、互利性和自助性等特点，实行民办、民管、民受益三原则，成为农业产业化经营的一种重要类型。陕西栗菌业特产公司是这一模式的典型代表，是以科技为依托，实施制菌、栽培、加工、销售一体化的模式。1994 年 10 月栗蘑栽培技术通过省科委组织的技术鉴定后，开始了大规模栽培和产品深加工。其做法是：以具信菌厂为龙头，扩建制菌厂，成立研究所，建立产品加工厂，以乡镇农林技术员为骨干，设立栗蘑制菌分厂，建立栽培基地，基地联结农户。

（三）市场带动模式：专业市场 + 农户

是指以专业市场或专业交易中心为依托，拓宽商品流通渠道，带动区域专业化生产，实行产加销一体化经营。该模式的特点是：通过专业市场与生产基地或农户直接沟通，以合同形式或联合形式，将农户纳入市场体系，从而做到一个市场带动一个支柱产业，一个支柱产业带动千家万户，形成一个专业化区域经济发展带。乐亭县蔬菜生产就是在市场的带动下发展起来的，为发展蔬菜生产，先后建起了 3 个综合农贸市场，9 个中型产地果蔬批发市场和 38 个分散经营蔬菜收购批发网点，形成了以市场为中心，以批发网点为支点，以中介组织为纽带的农副产品市场网络。

（四）主导产业带动型：主导产业 + 农户

从利用当地资源优势，培育特色产业入手，发展一乡一业、一村一品，逐步扩大经营规模，提高产品档次，组织产业，延伸产业链，形成区域性主导产业，以其连带效应带动区域经济发展。

（五）中介组织带动型："农产联" + 企业 + 农户

一种松散协调型的行业协会组织模式。即以各种中介组织（包括农业专业合作社、供销社、技术协会、销售协会等合作和协作性组织）为纽带，组织产前、产中、产后全方位服务，是众多分散的小规模生产经营者联合起来，形成统一的、较大规模的经营群体，促进农业产业链的形成和延长。这种模式的中介组织 - 行业协会，在功能上近似于 OPEC 组织，其作用就是内部沟通信息，协调关系和合作开发国内外市场。

以上类型的划分是相对的，它们在不同的程度上，促进了农业各生产要素的优化组合、产业结构的合理调整、城乡之间的优势互补和系统内部的利益平衡。农业产业化经营是一场真正意义上的农村革命。

第五节 国营农场企业发展的经营预测及决策

国营农场经济预测与决策是国营农场管理中两个相互联系的重要环节,本节将结合垦区国营农场系统的实际情况阐述其经济预测及决策的基本内容。学习过程中,需要读者在理解预测与决策的基本理论的基础上,结合国营农场的实际,针对实际问题提出预测和决策的基本思路。

一、国营农场经济预测

"凡事预则立,不预则废"。经济管理工作中经常需要做出各种各样的预测,宏观层面需要预测 GDP 的增长率,通货膨胀率等,行业中经常要预测行业增长潜力、行业中的技术进步情况,具体到市场的微观主体如企业则需要对市场可能出现的自然状态及其概率、企业新产品的预期收益、竞争者可能做出的反应等进行预测。无论哪一个层面的预测,其目的都是为相关管理部门提供决策依据。

国营农场管理工作中也需要根据预测对象的现状、发展的历史资料,采用科学的预测方法和手段,对预测对象的发展趋势做出合理预测,这种预测将成为农垦系统及其各部门进行决策的重要依据。

(一)国营农场经济预测的意义与原则

1. 为国营农场经济决策提供依据

预测的主要作用就在于为决策提供依据。国营农场管理过程中,经常需要针对实际问题做出决策,一般认为决策具有两个作用,其一是解决问题,其二是利用潜在的机会。就解决问题而言,在做出决策之前需要对问题的过去、现状进行深入分析,对问题未来的发展态势有尽可能充分的了解,只有这样农垦经济决策才有可能成功。有时决策的目的是为了利用好潜在的机会,通过对技术环境、经济环境等外部环境因素分析,并结合农垦各垦区的实际,发掘出存在的机会。通过对技术发展的预测,预测出技术达到经济可行的可能的时间表,为农垦企业充分利用该技术带来的机会提供依据,以便提前做好利用机会的准备。从经济环境看,现代农业是将来农业发展的方向,可以预测农垦系统作为现代农业的引领者,其未来的发展环境会更好,垦区做出实现现代化的决策就是很合理的。

2. 促进农垦经济决策机制创新

预测是面向未来的,而未来的很多因素具有不确定性,并且会出现一些没有预想到的情况,这样,一个好的预测就需要建立在创新的基础上才能做出。预测的创新性可能体现在预测方法、手段及预测思路等方面。预测中所蕴含的创新因素将促使决策主体、方法、手段等做出调整,以便更好地运用预测得到的结论做出更合理的决策,最终促使决策机制乃至管理机制的创新。

3. 国营农场经济预测的原则

具体来说，包括：客观性原则；系统性原则；连续性原则；民主性原则；定性与定量结合原则；效益性原则。

（二）农垦经济预测的目标

国营农场经济预测的总目标，是国营农场经济的发展趋势与水平以及分析其影响因素。预测的主要目标，是测定国营农场经济发展总体水平及经济增长率。具体包括国营农场生产总值、各产业增加值、工农业总产值指标（均按照现价计算），同时还应预测国营农场各产业增长速度、经济结构与规划、农工商贸服务业发展速度与盈亏水平、资金需求及缺口测量等，并同步分析影响国营农场经济发展的诸要素，包括自然因素、环境因素、社会因素、管理因素、政策因素、金融因素。

（三）国营农场经济预测的方法

经济预测是一门边缘学科，它依据经济学原理，应用数理统计学、数量经济与技术经济的方法对客观经济过程及其要素的变动趋势作出描述，从而达到预测未来的目的。它所提供的方法，对于我们制定各种经济管理计划、政策等均十分重要。针对不同领域分为以下三方面预测：行业发展预测的专用方法；重点专项预测的专门方法；财务收支预测方法。目前应用的比较广泛的经济预测方法有如下几种：专家评估法、回归分析预测法、时间序列平滑预测法、模型法、马尔柯夫预测法。

二、国营农场经济决策

对于决策的定义，不同的学者给出的界定是不一样的，比较简单的界定是从两个以上的备选方案中选择一个方案的过程。一种比较具体的定义认为，决策就是组织或个人为了实现某种目标而对未来一定时期内有关活动的方向、内容及方式的选择或调整过程。著名学者路易斯、古德曼及范特将决策定义为管理者识别并解决问题以及利用机会的过程。根据这一定义可以看出管理者是决策的主体，决策是一个由多个步骤组成的一个过程，而决策的目的则是为了解决问题和利用机会。

本质上，农垦经济决策也具有一般决策定义所体现的决策的本质特征，是为了解决农垦经济社会发展过程中出现的问题的活动过程，也是为了利用行业、国内外机会，更好地促进农垦经济社会发展而作出的抉择。

企业要在其发展过程中针对实际情况作出各种决策，如生产决策、营销决策等，对于农垦系统而言，农业生产决策是一种主要的决策类型，如农业生产主体决定产量水平及投入品的数量。近些年来，农垦系统的发展势头良好，市场环境、投资环境明显改善，巨大的商业潜力吸引了国内外众多投资者的目光，而农垦系统内部各垦区也在密切关注着好的投资机会，这一过程中，投资项目的评估对于垦区来说就显得尤为重要。因此，本节将主要阐述农垦系统的农业生产决策及投资项目决策有关的内容。

(一)农业生产决策的生产函数

农业生产的过程就是农业生产主体如家庭农场利用各种生产要素生产出满足消费者或其他生产者需要的农产品的过程,简单说就是从农业生产要素投入到农产品产出的过程。根据西方经济学理论,生产要素一般划分为劳动、土地、资本和企业家才能四个部分。

劳动指人类在生产过程中提供的体力和智力的总和,在农业生产中自然也需要农业生产者提供相应的体力和智力支出。

土地指农业生产中所使用的各种自然资源总和,既包括土地本身,又包括地上和地下的所有自然资源,如森林、江河湖泊、海洋和矿藏等。

资本可以表现为实物形态或货币形态,实物形态的资本又称为资本品或投资品,如厂房、机器设备、动力原料、原材料等。货币形态的资本又称为货币资本。农业生产中,资本的实物形态可以表现为农用机械设备、储粮仓库、农用柴油、化肥农药及种子等

企业家才能指企业家组织建立和经营管理企业的才能。农业生产中农业生产者合理组织利用农业生产要素的能力及作业管理、田间管理的能力对农业产出水平的影响也是不容忽视的,尤其是种粮大户对这种能力的要求就更高。

农业生产过程实际上就是将农业劳动、土地、农业资本及农业生产者的能力经组合后投入生产,直至获得农产品产出的过程。在一定的农业生产技术条件下,农业生产过程中的农业生产要素投入量和农产品产出量之间的关系可以用生产函数来表示。生产函数是指一定时期内,一定的技术水平下,生产中所使用的各种生产要素的数量与所能生产的最大产量之间的关系。任何生产函数都以一定时期内的生产技术水平为前提条件,一旦技术水平发生变化,原有的生产函数就会发生变化,从而形成新的生产函数,新的生产函数可能是以相同的生产要素投入生产出更多或更少的产品。

(二)农业生产决策的长期、短期划分

在进行具体的生产分析时,有必要区分长期与短期。短期指的是在此时段内,一种或多种生产要素是无法变更的,即由于生产者来不及调整全部生产要素的数量,至少有一种生产要素是固定不变的时间周期。长期指的是在此时段内所有的投入品都是可变的。短期内,厂商使用的是固定规模的生产设备,变化的是使用强度;长期内,企业的规模有了变化,短期中的固定投入品也是厂商以前根据生产和销售作出长期决策的结果。短期内生产要素的投入可以分为不变要素投入和可变要素投入,企业在短期内无法进行数量调整的那部分要素投入称为不变要素投入,如机器、厂房。短期内可以进行数量调整的因素投入称为可变要素投入,如原材料、劳动等。

根据短期与长期的划分,可以将用生产函数考察生产过程的理论分为两种,即以一种可变生产要素的生产函数来考察短期生产过程的短期生产理论和以两种可变生产要素的生产函数考察长期生产过程的长期生产理论。我们可以借助于短期生产理论和长期生产理论来研究农业生产中的决策。

(三)农业生产决策中一种变动生产要素投入的决策

根据上述有关短期与长期的划分,一种可变要素投入的决策实际上主要是短期生产决策。假定投入的资本固定不变,劳动的投入量可以变化,这样在短期内农产品的总产量的变化就由劳动投入量的变化决定,我们所关心的问题是在固定投入不变的情况下,可变投入的增加对产量的影响,以及这种可变要素的最佳投入量应如何确定。

1. 总产量、平均产量和边际产量

通过对总产量曲线、平均产量曲线和边际产量曲线的确定,能够找出合理的边际报酬递减规律。

2. 边际报酬递减规律

边际报酬递减规律存在的原因在于:在任何短期生产中,生产要素之间都存在一个最佳的组合比例,起初,由于不变要素数量固定,而可变要素投入量为0,生产要素的投入量远没有达到最佳的组合比例,随着可变要素投入的增加,生产要素的组合逐渐趋向于最佳比例,相应的可变要素的边际产量表现为递增的趋势。达到最佳组合比例时,可变要素的边际产量达到最大值。在这一点之后,如果继续增加可变要素投入,生产要素之间的组合比例偏离最佳组合比例,可变要素的边际产量将表现为递减的趋势。

3. 生产的三个阶段

根据总产量曲线、平均产量曲线和边际产量曲线,可将生产划分为三个阶段,在第Ⅰ阶段,劳动的平均产量一直是上升的,劳动的边际产量大于平均产量,劳动的总产量是增加的。任何理性的生产者都将增加可变要素劳动的投入量,将生产推到第Ⅱ阶段。

在第Ⅲ阶段,劳动的平均产量继续下降,劳动的边际产量为负值,劳动的总产量呈现出下降趋势,这说明减少投入量是有利的,在这一阶段减少劳动投入量将会增加产量,因此,理性的生产者将通过劳动投入量的减少,把生产退回到第Ⅱ阶段。

可见第Ⅱ阶段是生产者进行短期生产的决策区域。至于在这一阶段生产者应该把投入量确定在哪一点,需要考虑成本、收益及利润等方面的因素。

(四)农业生产决策中两种变动生产要素投入的决策

长期中,任何一种生产要素都是可以调整的,对以两种可变要素的生产函数来讨论长期生产中可变要素的组合与产量之间的关系,为生产者进行生产的长期决策提供依据的案例不加以详细阐述。

第六节　案例:黑龙江垦区国营农场管理模式

一、黑龙江垦区基本概况

黑龙江垦区地处东北亚经济区位中心,位于我国东北部小兴安岭山麓、松嫩平原和三江平原地区,属世界著名的三大黑土带之一。辖区总面积5.62万平方千米,现有耕地面积280万公顷、林地面积92万公顷、草原面积36万公顷、水面面积26万公顷,是国家级生态示范区。下辖9个管理局、113个农牧场,615家国有及国有控股企业,846家非国有企业,分布在全省12个市,总人口171.2万人,其中从业人员95.7万人。目前黑龙江垦区已经发展成为我国耕地规模最大、现代化程度最高、综合生产能力最强的国家重要商品粮基地和粮食战略后备基地。目前,垦区粮食综合生产能力达到407.4亿克,提供商品粮383亿克,可保证1.2亿人口一年的口粮供应。2010年,垦区被农业部命名为"国家级现代化大农业示范区"。

垦区土地平坦连片,有机质含量高,土壤肥沃,气候适宜,有得天独厚的适合粮食作物生长环境,是国家享有盛誉的粮食主产区。人均占有耕地面积20亩,比全国人均占有耕地面积最高的省份高15亩以上,居全国之首。垦区农业机械装备先进,粮食生产的机械化程度高,现有农机总动力达368.2万千瓦,平均每万亩耕地拥有农业机械总动力1 227千瓦。有耕作机械16.83万台(套)、排灌机械9.37万台(套)、收获机械3.34万台、植保机械0.14万台、农用飞机29架、农用运输机械1.83万辆(台),水利工程机械704台,粮食处理中心167座,基本实现了粮食生产全过程机械化。垦区粮食生产从业人员人均经营耕地100余亩、劳均生产粮食6.5万斤,生产能力达到了中等发达国家水平。大豆单产连续两年超过美国生产水平。农业科技转化率和农业从业人员素质较高。垦区在良种繁育、模式化栽培、病虫害防治、农业航化作业等新技术应用上和实行保护性耕作方面居国内领先水平。

生态环境质量好,有利于有机、绿色、无公害粮食作物生产。垦区现已建成国家级生态示范区4个、省级生态示范区2个,国家级、省级自然保护区17个,受保护地区面积比例达12.3%。累计治理水土流失面积达405万亩,水土流失治理率达45.5%,治理沙化土壤19万亩,盐渍化土壤19万亩,森林覆盖率达15.3%。2003年,进行安全农产品认证198个,安全农产品生产基地认定17个。建立国家级绿色食品基地4个,占全省的47.6%,同比增长29.9%;绿色食品面积扩大到650万亩,其中绿色食品基地检测面积400万亩。

农业生产组织化程度较高,农业生产辐射示范周边农村。具有粮食食品加工、农业机械化、规模化经营、种子加工、农业科研、社会化服务等诸多辐射优势。目前,粮食食品加工龙头企业可拉动周边市县种植1 500万亩耕地、带动百万农户进入市场;可为市县农户作业服务1 000万亩以上,良种辐射面积10 000万亩。在发展现代农业中,便于实现优势共享、资源共享。

近年来,垦区以战略性结构调整为主线,挖掘和发挥比较优势,举全局之力构造出了大豆、水稻、鲜奶、小麦、大麦、良种、肉类、北药加工等产业化龙头企业,推进了黑龙江垦区产业结构、产品结构、经济结构、产权结构、组织结构的战略调整。农业产业化已成为垦区实现新型工业化、率先实现农业现代化的重要途径。

目前,黑龙江垦区有各类产业化龙头企业100余户,其中国家、省级重点龙头企业9户(国家级龙头企业5户);重点龙头企业所涉及产业主要有粮食加工、食品、肉类加工、制药、种子、物流等行业;龙头企业的粮食年加工能力已经达到600万吨,另外还具有20亿支中药水针剂、3 000万支冻干粉针剂、70亿粒胶囊片剂、30万吨尿素等加工能力。

垦区所拥有的"完达山""北大荒""九三"等品牌的知名度、美誉度不断提高;九三油脂公司、北大荒米业公司、完达山乳业公司、北大荒麦芽公司、九三丰缘麦业公司等一批重点龙头企业不断壮大,牵动能力不断地增强。已经建立并不断地完善"龙头+基地+农户"产业化经营模式。随着龙头企业的发展壮大,对基地的反哺和牵动作用增强,104个农牧场,22万个家庭农场,2.3万个市县农户直接从产业化经营中获益,有力地牵动了垦区和地方经济的发展,未来牵动地方经济发展的作用将更加突出。

二、黑龙江垦区国营农场管理模式

黑龙江垦区共有9大分局,114个农牧场。主要体现为政企合一的特点,在经营管理模式方面,在原有主要采用"大农场套小农场的模式"基础上,实行的是总局、分局、农场和集团总公司、分公司、子公司并行的管理体制。

(一)国营农场经营管理模式

近年来,黑龙江垦区国营农场的农业改革进一步深化,双层经营体制不断完善。国有企业改革和三年脱困目标如期实现,中小企业产权制度改革基本推进到位。管理体制改革迈出重要步伐,集团化运作和农场内部政企分开步伐明显加快。总局机关机构改革任务顺利完成,社会保障制度、干部人事制度和事转企改革取得实质性进展。与体制和机制创新相对应的是,农业产业化发展实现新突破。通过加快实施农业产业化战略,一批龙头企业和产业化集团迅速发展壮大。完达山乳业、九三油脂集团成为国家级产业化龙头企业,省级产业化龙头企业已发展到13家。龙头企业与基地和农户的联结更加紧密,带动了垦区22万个家庭农场和地方2.3万个农户。"完达山""北大荒"等一批知名品牌,在全国叫响并打入国际市场,在国内外市场的占有率大幅度提高。

(二)职工家庭农场的经营模式

1. 按经营项目划分。农垦企业的农业生产经营是以五业——农、林、牧、副、渔为主的,职工家庭农场按其主要承包和经营项目可划分为:农业型的家庭农场、家庭林场、家庭畜禽场、家庭渔场、家庭果茶场、家庭蔬菜场等;以工副业为主的家庭副食品加工厂、家庭手工业厂、家庭运输组、家庭商店、家庭饮食店或其他家庭服务性行业等。

2. 按职工家庭农场的组织形式划分:

(1)单户家庭农场:以一户的劳动力为主进行承包,单独从事家庭生产经营。这是当前家庭农场的主要形式。

(2)联户家庭农场:这是一种由亲朋好友自愿结合的互助式的多户联营家庭农场。

(3)机农合一家庭农场。一般以拖拉机驾驶员为主,吸收自愿参加的农业技术职工承包较大面积土地进行家庭式经营。

3. 按家庭农场的经营方式划分:

(1)承包型家庭农场。这是当前农垦企业生产经营或其他行业经营的一种主要方式。其主要特点是:职工承包原企业生产经营的农、林、牧、副、渔业或其他行业的一部分项目,签订承包合同,规定承包期限,明确双方的权利与义务。

(2)开发型家庭农场。其主要特点是承包的多是农垦企业内部的荒山、荒地、荒水、荒滩,以自筹资金为主进行开发性的生产经营;其承包开发的面积、规模均较大,承包的时间也更长一些。

(3)联合型家庭农场。它与联户不同之处在于它打破了血缘关系和亲朋好友的框框,按照技术分工或资金分股组成联合型家庭式农场。它包括内联和外联两种,内联主要是以某一专业户为主,联合其他行业或项目的专业户组成联合式的专业经营或多行业综合经营。外联主要是打破企业界线,而向社会进行横向联合。

(4)租赁式家庭农场。其主要特点是职工租借原农垦生产经营的小型行业,如小型加工业、服务行业、利用原有厂房、店铺等不动产设备,从事生产经营,签订租赁合同,明确租赁期限,规定应向企业缴纳的租赁金。

复习思考题

1. 目前国营农场管理面临什么样的机遇?
2. 国营农场管理的内涵是什么,详细阐述?
3. 国营农场管理的性质和特征。
4. 国营农场农业资源管理包括哪几部分,请详细阐述。
5. 农业产业化经营的组织形式与原则是什么?
6. 国营农场人力资源管理的主要内容有哪些?
7. 国营农场企业发展的经营预测程度有哪些?
8. 国营农场企业发展的生产决策内容是什么?

第二篇 农业企业经营管理模拟实践篇

导 语

进入21世纪,随着经济全球化进程的加快,信息水平的提高,什么要素的变动成为企业发展的最重要动因?那么无疑是人才!尤其是管理人才!在发展速度起决定作用的今天,如何在一个相对短的时间内为企业培养出一大批兼备管理知识与实战技能的应用型、创新型管理人才,成为当前高校教育培养模式的历史重任。因此,目前无论是在企业管理人员培训中,还是在高等教育经济管理类专业课程的教学实践中,迫切需要一种全新理念支撑下的实训手段与方法:既能够让学习者与培训者全面理解与掌握经济管理专业的理论知识,又可以充分调动培训者与学习者的主动性与积极性。同时让学习者与实训者能够感受到身临其境的状态,真正体会到一个企业经营者所直面市场竞争的精彩与残酷,承担经营风险与责任,并由此提高学习者与实训者的综合经营管理素质与实战能力。

因此,在亲历感受到农业企业之需、农林高校教育之需的急切诉求下,教材在充分借鉴国内外企业、高校等已有研究成果的基础上,运用独到的设计理念和新颖的教学方式,在本篇适时推出农业企业经营模拟,通过体验式教学设计使学生能够在学校的学习中感受到农业企业在市场经济中的激烈竞争,在企业经营过程中成功的喜悦与失败的痛苦。

第十二章　农业企业经营模拟简介

第一节　农业企业经营沙盘模拟释义

一、关于“沙盘模拟”的起源与内涵

沙盘，本意是战争中军事作战指挥所用的土或沙子做成的假设充当实际战场环境、地形地貌的工具，不必亲自到战场所在地，就能够在盘面上清晰地体现战场的实际效果的一种方式。

模拟，说明使用和面对的并不是一个真正的实际环境或者对象，而只是具备了真实环境和对象所具有的主要特性的一些客观器具。

二、企业经营沙盘模拟

企业经营沙盘模拟，就是利用沙盘理念，采用现代管理技术手段——ERP 来实现模拟企业真实经营，使学生在模拟企业经营中得到锻炼、启发和提高。又被称为：ERP（Enterprise Resource Planning），它是企业资源计划的简称。企业资源包括厂房、设备、物料、资金、人员，甚至还包括企业上游的供应商和下游的客户等。企业资源计划的实质就是如何在资源有限的情况下，合理组织生产经营活动，降低经营成本，提高经营效率，提升竞争能力，力求做到利润最大化。因此可以说，企业的生产经营过程也是对企业资源的管理过程。

实际上，在我们现在所运用的一些沙盘对抗实训课程就是针对一个模拟企业，把该模拟企业运营的关键环节：战略规划、资金筹集、市场营销、产品研发、生产组织、物资采购、设备投资与改造、财务核算与管理等部分设计为该实训课程的主体内容，把企业运营所处的内外部环境抽象为一系列的规则，由受训者组成六个相互竞争的模拟企业，每个受训者在模拟企业中都担任一定的角色，如 CEO（首席执行官）、COO（首席运营官）、CFO（首席财务官）、营销总监、生产总监、采购总监、人力资源总监等，通过模拟企业 6～8 年的经营对抗（竞赛），使受训者在分析市场、制定战略、营销策划、组织生产、财务管理和人员考核等一系列活动中，参悟科学管理规律，提升管理能力，并深刻体会理论联系实际的重要性，对低年级学生起到激发学习兴趣的作用，对高年级学生起到学以致用的目的。

三、企业经营沙盘模拟的意义

企业经营沙盘模拟的意义集中体现在其内容的实用性、体系的可扩展性和思想的可移植

性上。企业经营沙盘模拟课程是一个实用的教学系统。

企业经营沙盘模拟课程与培训可以强化受训者的管理知识,训练其管理技能,全面提高受训者的综合素质。其融理论与实践于一体、融手工与信息化于一体的教学设计新颖独到。以一种参与式、体验式学习方式解决了从知识到技能的转化。不仅如此,企业经营沙盘模拟课程还可以用于综合素质训练,使受训者在以下方面获益:

1. 树立共赢理念

市场竞争是激烈的,也是不可避免的,但竞争并不意味着你死我活。寻求与合作伙伴之间的双赢、共赢才是企业发展的长久之道。这就要求企业知彼知已,在市场分析、竞争对手分析上做足文章,在竞争中寻求合作,企业才会有无限的发展机遇。

2. 全局观念

通过沙盘模拟对抗课程的学习,受训者可以深刻体会到团队协作精神的重要性。在企业运营这样一艘大船上,CEO 是舵手、CFO 保驾护航、市场总监冲锋陷阵……在这里,每一个角色都要以企业总体最优为出发点,各司其责,相互协作,才能赢得竞争,实现自我。

3. 保持诚信

诚信是一个企业立足之本,发展之本。诚信原则在沙盘模拟对抗课程中体现为对"游戏规则"的遵守,如市场竞标规则、产能计算规则、生产设备购置以及转产等具体业务的处理上。保持诚信是受训者立足社会、发展自我的基本素质。

4. 个性与职业定位

每个个体因为拥有不同的个性而存在,这种个性在 ERP 沙盘模拟对抗中会彰显无疑。有的小组轰轰烈烈,有的小组稳扎稳打,还有的小组则不知何去何从。虽然,个性特点与角色胜任有一定关联度,但在现实生活中,很多人并不是因为"爱一行,干一行",更多的需要大家去"干一行,爱一行"。

5. 哲学思维与军事理论的综合运用

哲学是各门学科的基础,在沙盘经营模拟课程与培训中,尤其是在 CEO 的思维和战略决策中得到充分体现。譬如"中庸之道""全局观念""稳扎稳打,出奇制胜"都有了发挥的舞台。

6. 感悟人生

在市场的残酷与企业经营风险面前,是"轻言放弃"还是"坚持到底就是胜利"?这不仅是一个企业可能面临的问题,更是在人生中不断需要抉择的问题,经营自己的人生与经营一个企业具有一定的相通性。

7. 风险管控

最大限度地提示参与者风险无时不在、无处不在,如何识别和管控风险是一个经营者的必修课。面对风险采取什么样的应对之策:心理、道德、能力、人际等等的最佳组合才是取胜之道。

四、企业经营沙盘模拟的课程特色

1. 生动有趣

管理课程一般都以理论 + 案例为主,比较枯燥而且很难把这些理论迅速掌握并应用到实际工作中。而通过模拟沙盘进行培训增强了娱乐性,使枯燥的课程变得生动有趣。通过游戏进行模拟可以激起参与者的竞争热情,让他们有学习的动机——获胜!

2. 体验实战

这种培训方式是让人们通过"做"来"学"。参与者以实战的方式体会深奥的商业思想——他们看到并触摸到商业运作的方式。体验式学习使参与者学会收集信息并应用于实践。

3. 团队合作

这种模拟是互动的。当参与者对游戏过程中产生的不同观点进行分析时,需要不停地进行对话,从而增强了他们的沟通技能,并学会了如何以团队的方式工作。

4. 看得见,摸得着

剥开经营理念的复杂外表,直探经营本质。企业结构和管理的操作全部展示在模拟沙盘上,将复杂抽象的经营管理理论以最直观的方式让学员体验、学习。完整生动的视觉感受将极为有效地激发学员的学习兴趣,增强学习能力。在课程结束时,学员们对所学的内容理解更透,记忆更深。

5. 想得到,做得到

把平日工作中尚存疑问的决策带到课程中印证。在 2 ~ 3 天的课程中模拟 6 年的企业全面经营管理,学员有机会参与企业经营的重大决策,并能直接看到结果。使学员得到了天降大任于斯人的体验。

第二节　模拟农业企业组织架构与课程构成

一、模拟农业企业组织架构

企业创建之初,任何一个企业都要建立与其企业类型相适应的组织结构。组织结构是保证企业正常运转的基本条件。在农业企业经营沙盘模拟实训课程中,采用了简化农业企业组织结构的方式。将农业企业的组织主要由几个主要角色代表,包括 CEO(首席执行官)、COO(首席运营官)、财务总监、营销总监、生产总监、采购总监、人力资源总监和商业情报人员等,如图 1 - 1 所示。在受训者人数少时,可以一兼多职:在受训者人数多时,可以增加助理职务。

1. CEO(首席执行官/总经理)

CEO 负责制定和实施公司总体战略与年度经营计划;建立和健全公司的管理体系与组织

结构,从结构、流程、人员、激励目标各方面着手优化管理,实现管理的新跨越;主持公司的日常经营管理工作,实现公司经营管理目标和发展目标。现代企业的治理结构分为股东会、董事会和经理班子三个层次。在ERP企业经营沙盘模拟实训中,省略了股东会和董事会,企业所有的重要决策均由CEO带领团队成员共同决定,如果大家意见相左,由CEO拍板决定。CEO最大的职责是做出有利于企业发展的战略决策,同时还要负责控制企业按流程运行,保障顺利运行;另外,CEO在实训中还要特别关注每个人是否能胜任其岗位,尤其是一些重要岗位,如财务总监、营销总监等,如不胜任要及时调整,以免影响整个企业的运行及竞赛。

2. COO(生产运营总监)

在实际企业中,COO是个重要的角色,负责组织协调企业的日常运营活动。在本实训中,COO协助CEO控制企业按流程运行,起着盘面运营监督的作用。在受训者人数较少时可不设。对企业的一切生产活动进行管理,并对企业的一切生产活动及产品承担最终责任。生产总监既是生产计划的制定者和决策者,又是生产过程的监控者,对企业目标的实现负有重大的责任。他的工作是通过计划、组织、指挥和控制等手段实现企业资源的优化配置,创造最大经济效益。

在ERP企业经营沙盘模拟实训中,生产总监参与制定企业经营战略,负责指挥生产运营过程的正常进行,生产设备的选购、安装、维护及变卖和管理成品库等工作,权衡利弊,优化生产线组合,保证企业产能。在本实训中,生产能力往往是制约企业发展的重要因素,因此生产总监要有计划地扩大生产能力,以满足市场竞争的需要,同时提供季度产能数据,为企业决策和运营提供依据。

3. CFO(财务总监)

在企业中,财务与会计的职能常常是分离的,他们有着不同的目标和工作内容。会计主要负责日常现金收支管理,定期核查企业的经营状况,核算企业的经营成果,制定预算及对成本数据的分类和分析。财务的职责主要负责资金的筹集、管理,做好现金预算,管好、用好资金,妥善控制成本。如果说资金是企业的血液,财务部门就是企业的心脏。财务总监要参与企业重大决策方案的讨论,如设备投资、产品研发、市场开拓、ISO资格认证、购置厂房等。公司进出的任何一笔资金,都要经过财务部门。

在受训者较少时,将上述两大职能归并到财务总监身上,统一负责对企业的资金进行预测、筹集、调度与监控。其主要任务是管好现金流,评估应收款金额与回收期,预估长、短期资金需求,按需求支付各项费用、核算成本,做好财务分析;进行现金预算,洞悉资金短缺前兆,采用经济有效的方式筹集资金,将资金成本控制到较低水平,管好、用好资金。在受训者人数达到一定规模时,建议增设主管会计(财务总监助理)分担会计职能。

记住:资金闲置是浪费,资金不足会破产,二者之间应寻求一个有效的平衡点。

4. 营销总监/销售总监

营销总监主要负责进行需求分析和销售预测,寻求最优市场,确定销售部门目标体系;制

定销售计划和销售预算;对销售团队的建设与管理;客户管理,确保货款及时回笼;销售业绩分析与评估;控制产品应收款账期,维护企业财务安全;分析市场信息,为确定企业产能和产品研发提供依据。营销总监所担负的责任主要是开拓市场、实现销售。

企业的利润是由销售收入带来的,销售实现是企业生存和发展的关键。为此,营销总监应结合市场预测及客户需求制定销售计划,有选择地进行广告投放,运用丰富的营销策略,控制营销成本,并取得与企业生产能力相匹配的客户订单,与生产部门做好沟通,保证按时交货给客户,监督货款的回收,进行客户关系管理。

营销总监还可以兼任商业间谍的角色和任务,因为他最方便监控竞争对手的情况,比如对手正在开拓哪些市场,未涉足哪些市场,他们在销售上取得了多大的成功,他们拥有哪类生产线,生产能力如何等,充分了解市场,明确竞争对手的动向可以有利于今后的竞争与合作。

5. 采购总监

采购是企业生产的首要环节。采购总监负责各种原料的及时采购和安全管理,确保企业生产的正常进行;负责编制并实施采购供应计划,分析各种物资供应渠道及市场供求变化情况,力求从价格上、质量上把好第一关,为企业生产做好后勤保障;进行供应商管理;进行原材料库存的数据统计与分析。

在ERP企业经营沙盘模拟实训中,采购总监负责依据生产计划,制定采购计划,与供应商签订供货合同,按期采购原材料并向供应商付款,管理原料库等具体工作,确保在合适的时间点,采购合适的品种及数量的原材料,保证正常生产。

6. 商业情报人员/商业间谍

知己知彼,方能百战百胜,闭门造车是不行的。商业情报工作在现代商业竞争中有着非常重要的作用,不容小觑。商业情报人员的设定正是符合这种实际需要和客观要求的。

二、农业企业经营模拟课程构成

1. 组织准备工作

组织准备工作是沙盘经营模拟课程和实训的首要环节,主要分为三项工作内容:首先,将学员分级,每组一般5-6人,可以根据学员数量情况分为6组、12组、18组,并依据企业经营实际需要,将其命名为A、B、C、D、E、F……,其次,明确每个角色的职能定位,确定企业组织架构内每个角色的岗位责任,并可以适当增加商业间谍、财务助理等辅助角色,而且可以在模拟企业6~8年的经营过程中将组织内成员进行角色互换,从而体验角色转换后职能变化,学会换位思考。第三,为了使培训课程能够达到预期效果,应该着重强调企业的诚信问题,因为诚信是企业的生命,是企业生存之本。同时在企业经营过程中不要怕犯错误,学习和培训的目的就是为了发现问题,并努力寻找解决问题的方法,因此,要求每个成员要亲历亲为,强调谁犯的错误越多,可能获得的收益就越大。

2. 基本情况描述

对于一个企业经营者和决策者来说，接手一个新企业时，需要对整个企业有一个完整的了解，包括股东期望、企业目前的财务状况，市场占有率，产品及生产设施、赢利能力等。基本情况描述以本企业起始年的财务报告，包括资产负债表与利润表为基本条件，逐项描述企业目前的财务状况和经营成果。并对其他相关方面进行补充说明。

3. 市场规则与企业运营规则

企业在一个开放的市场环境中生存，企业之间的竞争需要遵循一定的规则，综合考虑市场竞争及企业运营所涉及的方方面面，提炼出八个主要方面的约定：

市场划分与市场准入；销售会议与订单争取；厂房购买、出售、租赁；生产线购买、转产、维修与出售；产品生产；原材料采购；产品研发与 ISO 认证；融资贷款与贴现。

4. 初始状态设定

企业沙盘经营模拟不是从一个企业创建时开始，而是一个已经生产经营了三年的生产制造型企业。虽然已经从基本情况描述中获得了企业运营的基本信息，但还需要把这些数字再现到沙盘盘面上，由此为下一步企业运营做好铺垫。通过初始状态设定，可以使学员和培训者体会到财务数据与企业实际业务的高度相关性，理解到财务数据是对企业运营情况的一个总结凝练，为今后“透过财务看经营”做好观念上的准备。

5. 企业经营竞争模拟

企业经营竞争模拟是沙盘经营模拟课程培训的主体部分，按企业经营年度展开。经营伊始，通过商务周刊所发布的市场预测材料，对每个市场每个产品在每一年的产品总体需求量、单价、发展趋势做出有效预测。每个企业组织在市场预测的基础上讨论企业战略的业务策略，在企业首席执行官的带领下按照一定程序进行经营，做出所有重要事项的经营决策，决策的结果会从企业经营结果中得到直接体现。

6. 现场案例分析

现场案例分析是沙盘经营模拟培训课程的精华所在。每一个企业财务年度结束后，企业管理者需要对企业经营流程及结果进行分析，深刻反思企业兴在哪里，败在哪里，竞争对手情况如何，是否需要对企业战略进行相应调整。让指导教师根据理论与实战相结合的经验和培训、课程上出现的相应情况，进行当场分析，找出大家普遍掌握不好的地方，对现场的内外夹攻案例施行深入剖析，用实际经营过程的数据来揭示企业经营的真谛，让学生和培训者深深感悟到管理理论知识与实战艺术的差距。

三、农业企业经营模拟课程主要内容

课程涉及整体战略、产品研发、生产排程、市场与销售、财务、团队沟通与建设等多个方面，具体内容包括：

1. 整体战略方面

评估内部资源与外部环境，制定长、中短期策略；预测市场趋势、调整既定战略。

2. R&D 方面

产品研发决策；必要时修改研发计划，甚至中断项目。

3. 生产方面

选择获取生产能力的方式（购买或租赁）；设备更新与生产线改良；全盘生产流程调度决策；匹配市场需求、交货期和数量及设备产能；库存管理及产销配合。

4. 市场营销与销售方面

市场开发决策；新产品开发、产品组合与市场定位决策；模拟在市场中短兵相接的竞标过程；刺探同行敌情，抢攻市场；建立并维护市场地位、必要时做退出市场决策。

5. 财务方面

制定投资计划，评估应收账款金额与回收期；预估长、短期资金需求，寻求资金来源；掌握资金来源与用途，妥善控制成本；洞悉资金短缺前兆，以最佳方式筹措资金；分析财务报表、掌握报表重点与数据含义；运用财务指标进行内部诊断，协助管理决策；如何以有限资金转亏为盈、创造高利润；编制财务报表、结算投资报酬、评估决策效益。

6. 团队协作与沟通方面

实地学习如何在立场不同的部门间沟通协调；培养不同部门人员的共同价值观与经营理念；建立以整体利益为导向的组织。

第三节　手工沙盘盘面划分与模拟企业战略定位

一、手工模拟沙盘盘面划分

手工沙盘的盘面主要由以下四大部分组成：财务中心，营销与规划中心，物流中心，生产中心。

1. 财务中心

其主要是负责企业会计核算和财务管理。主要职能是管理现金、长期贷款，短期贷款，应收款，应付款，税金，利息，贴息，管理费用，转产费用，广告费，租金，折旧，其他等项目。现金用灰色的币表示，每个价值 1M。银行贷款有相应的空桶表示，分为 20M/桶和 15M/桶两种。应收与应付款也要用相应的装有现金的桶表示。各项费用要放置在综合费用区域内的相应位置上。

2. 营销与规划中心

其主要是负责企业战略规划与市场营销。其主要职能是：市场开拓规划、产品研发规划、ISO 认证规划。其中：市场开拓规划的功能为确定企业需要开发哪些市场，可供选择的区域除了已开发的本地市场外,还有区域市场、国内市场、亚洲市场、国际市场等五个市场组成,其市场进入需要具有相应的准入资格,应该支付相应开拓费用。

产品研发规划是确定本企业需要研发哪些产品,可供选择的产品除了已经开发生产的 P1 产品外,还有 P2,P3,P4 产品,其产品的生产资格需要进行相应周期与付出相应费用后才能取得。

ISO 认证规划的功能是确定企业需要争取获得哪些国际认证,包括 ISO9000,即质量认证和 ISO14000,即环境认证。同样需要进行相应周期和付出相应费用后才能取得认证资格。

3. 物流中心

其主要是负责本企业的材料采购管理、库房的库存管理。主要职能是进行采购原材料。其中心共有原材料库 4 个,产成品库 4 个,负责原材料订单的制定与原材料的采购入库,特别需要注意的是 R1 – R4 的原材料要有采购提前期的问题,即 R1,R2 原材料有一个提前期,R3,R4 原材料有两个采购提前期,也就是说 R3,R4 原材料有一个在途采购季度。同时本中心还需要根据 P1,P2,P3,P4 产品的订单进行生产,然后完工入库。

4. 生产中心

其主要负责本企业的生产计划、生产组织等工作。其拥有的生产资料有:

2 种厂房,包括大厂房与小厂房,其中大厂房可容纳有 6 条生产线,小厂房可容纳 4 条生产线,已购置的厂房价值由厂房右上角摆放的桶内现金额表示;

4 种生产线,包括手工生产线、半自动生产线、全自动生产线、柔性生产性,企业已经购置的生产线设备由设备净值处的“生产线净值”表示。

4 种生产产品标识,包括 P1,P2,P3,P4 产品标识,表示可能所在的 4 种生产线上正在生产的产品品种。以及所在生产线净值组成。每一个生产制造型的农业企业,都要首先明确企业组织内每个角色的岗位责任。本企业的岗位角色根据需要设置为 CEO、营销总监、生产总监、采购总监、财务总监 5 个主要角色,同时为了能够更好的体现培训的价值,特别由指导教师在其中承担多种角色,以帮助培训更好的模拟企业实际所处内外部环境。

教师角色需要随着课程与培训的不断展开在不同阶段发生变化,起到引导培训和课程顺利进行的重要作用。教师在企业经营模拟过程中各个阶段分别承担了引导者、企业原领导层、商务或媒体信息发布者、股东、银行家、高利贷者、客户、供应商、审计、咨询顾问、评论家和分析家。

二、模拟企业战略定位

在市场经济条件下,现代企业越来越意识到,企业经营就如同在波涛汹涌的大海中航行,虽然有平稳推进的时候,但大多数时间是充满着经营的风险。而企业要实现本身的长期规划目标,就必须要制定适合本企业的长期经营战略。

1. 企业战略的内涵

在一定时间内,企业只拥有有限的资源,只能完成有限的业务,因此企业目标一定要明确。企业战略是指在市场经济中,企业为谋求长期生存与发展,在充分分析外部环境与内部条件的基础上,以正确的指导思想对企业的主要目标、经营方向、重大经营方针、经营策略、实施步骤,作出长远的、系统的、全局的谋划。

2. 企业战略的内容

一个完整的企业战略包括以下几个内容:

(1)外部环境与内部条件分析

企业要实现其作为资源转换体的职能,需要达到外部环境与内部条件的动态平衡。要了解外部环境中哪些会为企业带来机遇,哪些会给企业带来威胁。进而了解企业内部资源条件是否充足,资源配置是否合理,只有全面把握企业的优势和劣势,才能使战略不会脱离实际。SWOT分析是制订企业战略时可以参照的一种方法。采用这种决策方法的根本目的是把自己公司和竞争对手公司的优势、劣势、机会、挑战进行比较,然后决定某项新业务或者新投资是否可靠。做此分析可以有利于自己公司在做新业务前充分发挥自己的长处避免自己的短处,趋利避害,化劣势为优势,化挑战为机会。从而降低公司的经营和投资风险。

(2)战略目标

战略目标就是一个企业长期要实现什么目标,这个目标要体现时间限制、可测量、具有总领性和现实可行性。

(3)经营方向

经营方向指明了企业现在可以提供的产品与服务领域以及在未来一定时期内决定进入或者退出,决定支持或者限制某些业务领域。它为企业活动确定了界限。

(4)经营策略

规定了企业如何利用其自身资源开展业务活动以实现战略目标。规定企业管理阶层的工作程序和决策规则,研究和规划企业的经营重点,部署资源,明确企业的主要职能领域,如营销、生产、人力资源、财务等各方面的工作方针及相互关系的协调方法。

(5)实施步骤

规定了一个战略目标需要分为几个阶段及每个阶段所要达到的阶段目标,由于战略目标是一个立足于长远发展的目标,因此不可能很容易实现,分阶段实施战略目标可以帮助企业有机会对其行为效果做出回顾和评价,以期对战略方案做出适当调整,从而更有效,更现实地追求战略目标。

3. 选择战略

在沙盘经营模拟过程中,企业管理层通过网络、经济周刊等渠道获得一定时期有关产品、价格、市场发展情况的预测资料,结合企业现有资源情况,进行战略选择。

4. 战略调整

企业战略不是一成不变的，而是根据企业内外部环境的变化和竞争对手的发展动态不断调整的。每一年经营完成，都要检验企业战略的实战性，并且结合公司自身优势与劣势根据以后年度的市场趋势预测，调整既定战略。

第四节　企业经营的本质

企业是社会经济的基本单位，企业的发展在受自身条件和外部环境制约，企业的生存与企业间的竞争不仅要遵守国家的各项法规及行政管理规定，还要遵守行业内的各种约定。在开始模拟竞争之前，管理层必须了解熟悉这些规则，才能做到合法经营，才能在竞争中求生存、求发展。

企业是指从事商品生产、流通和服务等活动，为满足社会需要和赢利进行自主经营、自负盈亏，具有法人资格的经济组织。

经营是指企业以市场为对象，以商品生产和商品交换为挺然，为了实现企业的目标，使企业的投资、生产、销售等经济活动与企业的外部环境保持动态均衡的一系列组织的活动。

企业是一个以赢利为目的的组织。企业管理的目标是可以概括为生存、发展、赢利。

一、企业生存

企业在市场上生存下来的基本条件：一是以收抵支；二是到期还债。如果企业出现以下两种情况，就将宣告破产：

1. 资不抵债

所谓指个人或企业的全部债务超过其资产总值以致不足以清偿债权人的财务状况，其着眼点是资债比例关系及因此而产生的风险，其偿还能力仅以实有财产为限，不考虑信用、能力等其他的偿还能力。计算债务的数额，不考虑是否到期，均纳入总额之内。简单来说如果企业所取得的收入不足以弥补支出，导致所有者权益为负时，企业将破产。

2. 现金断流

在企业运转过程中资金是必不可少的，如果支出过多，收入过少不足以抵消支出的部分，则会造成资金的不足，就是断流。如果企业到期负债无法偿还，也将被宣布破产。

在农业企业经营模拟过程中，一旦破产条件成立，需要指导教师进行裁定。一般可能有以下三种处理方式：其一，如果企业盘面能让股东或者债权人看到企业恢复生机的希望，那么股东可能会增资，债权人可能会采取债转股。其二，企业联合或者兼并。其三，就是最不好的结果，企业需要进行破产清算。

二、企业赢利

企业经营的本质是股东权益最大化,即赢利。而从利润表中的利润构成中不难看出赢利的主要途径有两个:一是扩大销售,即为开源;二是控制成本,节约开支,即节流。

1. 扩大销售

模拟企业的利润主要是来自于市场销售收入,而销售收入由销售数量和产品单价两个因素决定。提高销售数量有以下几种方式:

(1)扩张现有市场,开拓新市场;

(2)研究开发新的产品系列;

(3)扩建或者改造企业自身生产设施与设备,提高生产中心的产能总量;

(4)合理加大企业在市场上的广告投放力度,进行品牌营销的宣传活动。

提高模拟企业产品的单价,这是规则上不允许的,并且实际经营过程中,也会受到诸多因素的限制,因此,模拟企业在生产过程中可以选择单价较高的产品进行生产。

2. 控制成本

产品成本分为直接成本和间接成本。

(1)降低直接成本

直接成本主要包括构成产品的原料费和人工费。在沙盘经营模拟培训课程中,原料费一般是由产品的 BOM 结构决定的,在不考虑替代材料的前提下没有降低空间。而且用不同的生产线生产同一种产品的加工费用也是相同的,因此在本企业沙盘经营模拟培训课程过程中产品的直接成本一般是相对固定的,除非修改规则。

(2)降低间接成本

从节约成本的角度看,我们可以把间接成本区分为投资性支出和费用性支出两类。投资性支出包括购买厂房、投资新的生产线等支出。这些投资是为了扩大企业的生产能力而必须发生的支出费用;费用性支出则是包括广告费用、贷款利息、折旧等方面,这可以通过有效筹划节省一部分费用支出。

第十三章　农业企业模拟经营概况与状态设定

第一节　农业企业的公司经营信息化

一、公司的内涵

公司(Company)是指一般以营利、从事商业经营活动或某些目的而成立的组织形式。从严格意义上讲,公司是指依照法律规定,由股东出资设立的以营利为目的的社团法人。换句话说,公司是按照一定组织形式形成的经济实体,一般以赢利为目的,从事商业经营活动或某些目的而成立的组织. 以实现投资人利益最大化为使命,通过提供产品或服务换取收入。它是社会发展的产物,因社会分工的发展而发展。公司一般具备独立承担民事责任。统称为法人。公司发展现状是指公司在经营活动中以某一时间段或时间点发展的情况进行描述。

农业企业的公司,需要用现代科学技术改造农业,用现代经营形式推进农业,用新的管理理念引领农业,这一思路已经成为传统农业向现代农业转型的核心思路,在这一转型过程中,信息化技术起着举足轻重的作用。与发达国家相比,中国农业信息化起步较晚,但发展势头很好,不少农业企业在形成之初就开始考虑用信息化技术来支持企业管理。正是农业企业化的思路很好地带动了农业信息化的快速发展。

二、农业企业经营信息化

农业企业化是指以企业的管理经营方式来经营农业,创立农业企业集团,以现代企业的管理方式促进农业企业的发展。目前,不仅农业企业在不断涌现,而且已经形成了农业集团化企业。

这些农业集团化企业形成了以农资为主,同时辅以饲料进出口等多个经营板块运营的状况,但由于涉及多个行业,不同行业具有不同的特点,运营模式也都不尽相同,不少新业务需要实时掌握其经营和销售状况,诸如化肥销售的市场变化就非常大,因此,企业的经营决策的正确与否就直接影响着企业的营业额和利润。

在这样的状况下,不少农业企业开始考虑并使用商业智能系统来辅助自己决策,以便快速响应市场变化。以化肥市场为例,有了商业智能系统之后,农业企业就可以实时全面的分析化肥销售的状况,以及市场需求变化状况。除了通过行业对标来了解市场变化趋势之外,通过商业智能系统,还可以及时掌握各子公司的赢利能力、成本管控能力等各项指标。同时,各分公司的销售、采购、库存等重点绩效管理指标也能及时、准确地反馈给管理者。这让企业决策又上升到了一个新的台阶。

虽然现在一些农业企业也有企业资源计划系统,但业务系统并不能将这些信息直接反馈给管理者,只有商业智能系统才能满足企业决策者对各项指标实时掌控的需求。

企业经营模拟系统在农业企业中有不少应用,主要是有针对性的对农业集团的投资增值指标、购销存指标、重点价格等进行分析,同时也可以对公司经营状况、财务指标,资金资产状况进行模型设计,构建出符合农业企业自身业务特点以及行业特性的辅助决策分析系统。

农业企业通过总体绩效管理指标体系的建立,能够从多个维度对各部门的投资比例、投资权益进行动态分析;对于关键产品的采购、销售价格实时进行监控,同时及时掌握市场动态,有针对性地进行采购、销售价格也可适时进行调整,这样使得农业企业公司利润做到最大化。

而且经过多维度查询,可以实现不同条件下的指标趋势对比分析,也可以通过穿透等手段及时发现影响公司运营、发展的各种因素。定期生成的各种报表,不但减轻了一线财务人员的工作量,而且为决策者的决策提供了数据支撑。

通过企业经营模拟系统商业智能系统,让原有农业企业信息事后管理数据无用的局面改变为信息实时更新,及时承现在使用者面前。这使得农业企业的整体运营管理上升到一个新的台阶,同时也让传统农业向现代农业迈出了一大步。

第二节　公司发展现状、股东期望与初始状况设定

一、公司发展现状

在进行模拟经营前,作为继任者,需要了解你即将接手企业的具体情况,你在企业中的任职情况,承担什么样的责任,企业所属行业以外的外部环境与自身内部条件。

本模拟经营企业是一个典型的离散制造型生产企业,企业从创建至今已经三年,长期以来一直专注于某行业的 P 系列产品的生产与经营。目前,本企业自主拥有一个大厂房,可以容纳 6 条各种类型的生产线,但已经安装并投入生产了 3 条手工生产线和 1 条半自动生产线,机器设备运行状况良好。目前,企业的所有生产设备都投入到生产 P1 产品,并且几年来本企业经营的市场份额始终是在本地市场进行销售,本区域具有一定的产品知名度,产生了一定的品牌效应,各类客户对本企业的产品和信誉都比较满意。

二、股东期望

通过对企业目前状况的判断,企业赢利能力减缓,企业的发展速度呈下降趋势。生产设

备陈旧老化严重，产品结构与市场结构都比较单一，原企业的管理团队似乎满足于现状，在相当长一段时期内墨守成规地组织企业的生产经营活动，导致企业发展后劲不足，缺乏必要的活力，目前虽然尚未衰败，但企业整体状况已经处于停滞不前的状态。

鉴于此，公司董事会及全体股东代表大会召开会议表决，决定将企业的经营权转交给一批优秀的新企业管理团队去经营。并且公司董事会及股东大会希望新的公司管理团队能够把握全球经济一体化与信息时代的机遇和特点，投资新产品的开发，使公司的市场地位和产品的市场份额能够得到进一步拓展和提升。同时在全球化市场广泛开放之际，积极开发本地市场之外的区域、国内、亚洲、国际市场等新市场，进一步开拓外部市场领域；扩大企业的生产规模，采用现代化生产手段，努力提高企业的劳动生产效率，带领企业全面进入快速、健康发展的新轨道上来。

三、初始状态设定

首先要对企业财务现状进行描述。企业的财务状况是指企业资产、负债、所有者权益的构成情况及其相互关系。企业的财务状况由企业对外提供的主要财务报告——资产负债表来表述。资产负债表是根据资产、负债、所有者权益之间的相互关系，即：资产 = 负债 + 所有者权益的恒等关系，按照一定的分类标准和一定的次序，把企业特定日期的资产、负债、所有者权益三项会计要素所属项目予以适当排列，并对日常会计工作中形成的会计数据进行加工、整理后编制而成，其主要目的是为了反映企业在某一特定日期的财务状况。通过资产负债表，可以了解企业所掌握的经济资源及其分布情况；了解企业的资本结构；分析评价、预测企业的短期偿债能力和长期偿债能力；正确评估企业的经营业绩。

从资产负债表和利润表两张主要财务报告中虽然可以了解企业的财务状况及经营成果，但不能得到更为细节的内容，如长期借款何时到期，应收账款何时回笼等。为了让大家有一个公平的竞争环境，需要统一设定模拟企业的初始状态。

首先确定初始年，即第 0 年末的数据（第 0 年为教学年），从资产负债表上可以看出，模拟企业总资产为 1.05 亿（模拟货币单位，下同），因此各组目前拥有 105 个单位为 1 百万（M，下同）的币值（95 个灰色彩币、10 个红色彩币）。下面就请指导教师带领全体学员或者参加培训人员，按照资产负债表上各项目的排列顺序将企业资源分布状况复原到沙盘上，复原的过程中最好请各个角色各司其职，从熟悉本岗工作开始。按照教学年和资产负债表和利润表进行布置沙盘盘面。

其中农业企业沙盘模拟经营课程和培训，根据课程设计要求所涉及到的业务对资产负债表中的项目进行了适当的简化，形成如表 13 – 1 所示的简易结构。

表 13－1　简易资产负债表　　编报单位:百万元

资产	期末数	负债和所有者权益	期末数
流动资产		负债:	
现金	20	长期负债	40
应收款	15	短期负债	
在制品	8	应付账款	
成品	6	应交税金	1
原料	3	一年内到期的长期负债	
流动资产合计	52	负债合计	
固定资产		所有者权益	
土地建筑	40	股东资本	50
机器与设备	13	利润留存	11
在建工程		年度净利	3
固定资产合计	53	所有者权益	64
资产总计	105	负债和所有者权益总计	105

对表 13－1 中所表示的模拟农业企业财务状况作以下表述:

(一)流动资产 52M

流动资产包括现金、应收账款、存货等,其中存货又细分为在制品、成品和原料。

1. 现金 20M

请财务总监拿出一满桶灰币(共计 20M)放置于现金库位置。

2. 应收账款 15M

为获得尽可能多的客户,企业一般采用赊销策略,即允许客户在一定期限内缴清货款而不是货到即付款。应收账款是分账期的,请财务总监拿一个空桶,装 15 个灰色彩币,置于应收账款 3 账期位置。

提示:账期的单位为季度。离现金库最近的为 1 账期,最远的为 4 账期。

3. 在制品 8M

在制品是指处于加工过程中,尚未完工入库的产品。大厂房有三条手工生产线、一条半自动生产线,每条生产线上各有一个 P1 产品。手工生产线有三个生产周期,靠近原材料库的为第一周期,三条手工生产线上的三个 P1 在制品分别位于第一、二、三周期。半自动生产线有两个生产周期,P1 在制品位于第一周期。

每个 P1 产品成本由两部分构成：R1 原料费 1M 和人工费 1M，取一个空桶放置一个 R1 原料（红色彩币）和一个人工费（灰色彩币）构成一个 P1 产品。由生产总监、采购总监与财务总监配合制作四个 P1 在制品并摆放到生产线上的相应位置。

4. 成品 6M

P1 成品库中有 3 个成品，每个成品同样由一个 R1 原料费 1M 和人工费 1M 构成。由生产总监、采购总监与财务总监配合制作三个 P1 成品并摆放到 P1 成品库中。

5. 原料 3M

R1 原料库中有三个 R1 原料。每个价值 1M。由采购总监取三个空桶，每个空桶中分别放置一个 R1 原料，并摆放到 R1 原料库。

除以上需要明确表示的价值之外，还有已向供应商发出的采购订货，预定 R1 原料两个，采购总监将两个空桶放置到 R1 原料订单处。

（二）固定资产 53M

固定资产包括土地及厂房、生产设施等。

1. 大厂房 40M

企业拥有自主厂房——大厂房，价值 40M。请财务总监将等值资金用桶装好放置于大厂房价值处。

2. 设备价值 13M

企业创办三年来，已购置了三条手工生产线和一条半自动生产线，扣除折旧，目前手工生产线账面价值为 3M，半自动生产线账面价值为 4M。请财务总监取四个空桶，分别置入 3M、3M、3M、4M，并放置于生产线下方的“生产线净值”处。

（三）负债 41M

负债包括短期负债、长期负债及各项应付款。

1. 长期负债 40M

企业有 40M 长期借款，分别于长期借款第四年和第五年到期。我们约定每个空桶代表 20M，请财务总监将两个空桶分别放置于第四年和第五年位置。

提示：对长期借款来说，沙盘上的纵列代表年度，离现金库最近的为第 1 年，依此类推。对短期借款来说，沙盘上的纵列代表季度，离现金库最近的为第 1 季度。

如果以高利贷方式融资，可用倒置的空桶表示，于短期借款处放置。

2. 应付税 1M

企业上一年税前利润 4M，按规定需交纳 1M 税金。税金是下一年度交纳，此时没有对应操作。

（四）教学年运作提示

1. 期初状态中，除了按照资产负债表上的价值分布定位后，还有两个 R1 原材料订单。

2. 应收账款为三期 15M。

3. 长期贷款为:4 年期 20M、5 年期 20M,共计 40M。

4. 起始年运行时:

(1)年初支付 1M 广告费;

(2)不作任何贷款;

(3)每季度下 1 个 R1 原料订单;不做任何投资与开发;

(4)不作任何投资(包括产品开发和市场开发)。

5. 长期贷款年利率为 10%,短期为 5%。

至此,企业初始状态设定完成。

农业企业在一定期间的经营成果表现为企业在该期间所获得的利润,它是企业经济效益的综合体现,由利润表(又称损益表或者收益表)来表述。利润表是用来反映收入与费用相抵后确定的企业经营成果的会计报表。利润表的项目主要分为收入和费用两大类。

在农业企业沙盘经营模拟课程与培训过程中,由指导教师根据课程设计要求所涉及的全部业务对利润表中的项目进行了适当的符合实战要求的简化,形成如表 13－2 所列示的简易利润表的结构。

表 13－2 利润表 编报单位:百万元

项目	本期数	对应利润表的项目
销售收入	36	主营业务收入
直接成本	14	主营业务成本
毛利	22	主营业务费用
综合费用	9	营业费用、管理费用
折旧前利润	13	
折旧	5	利润表中的管理费用、营业费用及主营业务成本已含有折旧,这里的折旧项目单独列示
支付利息前利润	8	
财务收入/支出	4	
其他收入/支出		
税前利润	4	
所得税	1	
净利润	3	

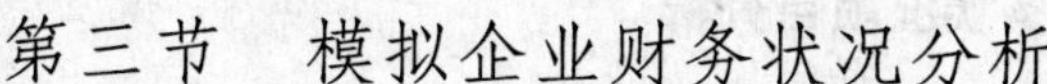

第三节 模拟企业财务状况分析

财务状况对于无论是实际企业还是模拟企业来说，都是至关重要的，因此，对于模拟企业经营状况的财务分析十分必要。

一、模拟企业经营状况财务分析的分类

按照分析范围的不同，可以分为全面分析和专题分析；

按照分析时间的不同，可以分为预测分析、控制分析、总结分析；

按照分析对象的不同，可以分为资金分析、成本分析、利润分析。

此外，财务分析还有定期分析、不定期分析以及定量分析、定性分析之分。但不论何种分析，其分析程序大致相同。

二、模拟企业经营状况财务分析的一般程序

1. 收集资料。占有大量资料，是做好财务分析工作的基础。为了顺利开展财务分析工作，保证分析结果正确，要求农业企业财务人员除平时应注意资料的收集、整理和积累外，在分析前，还必须深入实际，有针对性开展调查研究，掌握第一手资料。收集的资料主要有：财务预测，财务计划资料；会计核算资料，包括资金运用、产品成本、工资和利润等核算资料；业务核算资料和统计资料等；收集的资料应正确、真实和完整。否则，将会影响财务分析工作的质量。为此，对资料还要认真地进行核实，如果发现有差错，应立即加以更正。

2. 整理资料。由于影响农业企业财务指标变动的原因是错综复杂的，既有主次之分，又有内因和外因的影响。因此，对收集到的资料，需要进行加工整理，做到去粗取精，去伪存真。为了便于进行对比分析，对资料要进行调整和分类，使资料口径一致，具有可比性。

3. 运用一定的分析方法，进行分析研究。在对资料进行核实和加工整理之后，便可根据不同的分析对象和要求，运用与之相适应的数学方法，进行计算，开展定量分析。为了得出正确可靠的分析结论，对定量分析的结果应进行认真地复核。

4. 进行综合评价，提出改进措施。在进行定量分析的基础上，开展定性分析。检查农业企业在开展财务活动中对党和国家的有关方针、政策、法令制度的遵守和执行情况，查明实际与计划发生差异的原因和性质，最后进行综合评价，总结成功经验，揭露矛盾，针对财务管理中存在的问题，提出改进意见和措施，以上只是财务分析的一般程序。在实际工作中，由于情况要复杂得多，应当根据实际情况，确定适当的分析程序。

三、模拟企业经营财务状况项目分析

(一)固定资产占用情况分析

主要研究农业企业在一定时期内固定资产的装备情况、固定资产的增减变动情况,各类固定资金的构成比例及其合理性。包括:

1. 固定资金保证程度的分析。为了弄清农业企业现有固定资产的配备是否符合其生产规模,了解企业机械化程度的提高情况,应着重分析几项生产用固定资产(如拖拉机、收割机、运输汽车等)的保证程度。

2. 固定资金增减变动情况的分析。农业企业固定资金发生增减变动有以下两方面的原因:一是由于固定资产实物数量的增减变动引起固定资产原值的变化;二是由于固定资产折旧引起的价值变化。因此,分析固定资金的增减变动情况,要从固定资金的特点出发,既要通过原值的变化看固定资金实物量的增减变动,又要通过净值的变化看其价值量的增减变动。

3. 固定资金结构的分析。农业企业的固定资产一般可分为若干类,如生产用固定资产、非生产用固定资产、租出固定资产、未使用固定资产、不需用固定资产等。固定资产结构,就是指各类固定资产总值在全部固定资产总值中所占的比重。其计算公式如下:

某类固定资产的比重 = 某类固定资产总值 ÷ 全部固定资产总值 × 100%

(二)固定资金利用效果分析

可以通过计算和分析“固定资产产值率”“固定资金利润率”两个指标来进行。

1. 每百元固定资产产值的分析。每百元固定资产提供的产值即固定资产产值率,可以利用这个指标来分析考察固定资产的综合利用效果。固定资产产值率越高,即每百元固定资产提供的产值越多,说明固定资产的利用效果越好。固定资产产值率的计算公式如下:

某类固定资产的比重 = 每 100 元提供的某类固定资产产值 ÷ 全部固定资产产值 × 100%

上式中,总产值为农林牧副渔各业产值之和。如果分析当年固定资产的利用情况,总产值应按现行价格计算;如果要进行不同时期的比较,总产值则应按不变价格计算,以便消除价格因素变动的影响。公式中的分母是指按全部固定资产原值计算的年平均总值。

2. 每百元产值占用固定资产的分析。每百元产值占用的固定资产即固定资产占用率,这个指标正好与固定资产产值率相反,固定资产占用率越低,说明固定资金的利用效果越好。固定资产占用率的计算公式如下:

固定资产占用率 = 固定资产平均总值 ÷ 总产值 × 100%

3. 固定资金利润率的分析。固定资金利润是指农业企业在一定时期内的利润总额与该时期的固定资金平均占用额的百分比。这个指标反映农业企业所占用的固定资金提供了多少利润。与固定资金产值率相比,固定资金利润率能更好地反映农业企业固定资金使用效果。固定资金利润率越高,说明固定资金利用效果越好。

（三）流动资金占用与来源情况分析

资金占用与资金来源是同一事物的两个方面，资金在运用过程中会表现为各种不同的占用形态，但无论资金的形态如何变化，其占用额与来源额总是相等的。在计划经济条件下，农业企业流动资金的各种占用形态都有规定的来源。因此，我们可以根据各类资金占用与其来源的对应关系，分析各类流动资金占用与来源的适应程度，了解农业企业财务的一般状况，以及企业在流动资金管理和运用过程中对财经纪律的遵守情况等。由于流动资金的占用及其来源情况，定期反映在农业企业的资金平衡表中。

1. 定额流动资金占用情况分析

流动资金计划定额是农业企业为完成生产任务所需要的流动资金的最低限额，是银行有计划地发放流动资金贷款和农业企业筹集、供应流动资金的主要依据，是考核、评价农业企业流动资金占用合理性及运用好坏的一个标准。因此，分析定额流动资金的占用情况，要用实际占用数与计划数进行对比，同时还要分析研究定额流动资金的结构。一般来说，只要实际占用数与计划占用数相差不大，便属于正常情况。如果相差很大，则应分析原因。引起实际占用数超过计划数的因素一般有：实际占用中有不合理的仓储积压；生产过程中有浪费；在产品资金超过定额；材料价格发生变化；销售环节有问题；产成品积压；计划定额偏低。

2. 定额流动资金来源情况分析

农业企业的资金来源渠道是否畅通，能否筹集到足够的资金，直接关系着农业企业财务状况的好坏。定额流动资金来源情况分析的主要内容包括自有流动资金保证程度分析和流动资金借款分析。

（1）自有流动资金保证程度的分析。农业企业自有流动资金保证程度是指其自有流动资金实有数与定额数是否相符。分析自有流动资金保证程度的目的，主要是检查农业企业有无足够的自有流动资金保证生产经营的正常需要，自有流动资金不足，会造成企业资金周转困难，影响生产经营活动的正常进行；如果自有流动资金太多，又会造成资金的积压浪费，不利于企业加强经济核算。衡量农业企业自有流动资金的保证程度，主要采用自有流动资金率指标。自有流动资金率是指自有流动资金实有数与定额流动资金计划定额的百分比，其计算公式如下：

自有流动资金率 = 自有流动资金实有数 ÷ 定额流动资金计划定额 × 100%

在正常情况下，农业企业的自有流动资金率应等于 100%，如果自有流动资金率大于 100%，表明企业的流动资金有多余；如果自有流动资金率小于 100%，则表明农业企业自有流动资金不足。

（2）流动资金借款的分析。流动资金借款也是农业企业定额流动资金的一个重要来源。对流动资金借款的分析，主要是检查流动资金借款使用的合法性及合理性。分析方法是将借款计划与实际借款数进行比较。

3. 非定额流动资金占用与来源情况分析

农业企业非定额流动资金占用主要包括现金、银行存款以及应收款项等。非定额流动资金来源主要包括应付款项、预提费用、结算借款、应交税金及应交利润等。在正常情况下,非定额流动资金占用与其来源是平衡的。但在实际工作中,占用额与来源额却往往不一致。分析的方法是,将非定额流动资金的占用数与来源数对比,如果占用数大于来源数,表明非定额流动资金占用了定额流动资金或专项资金的来源;如果占用数小于来源数,则表明非定额流动资金的来源被定额流动资金或专项资金所占用。这种互相占用的现象如果长期大量存在,将会影响资金的正常使用,对农业企业的财务产生不良影响。

除上述总结分析外,还可结合有关资料,分别对各个项目进行分析。此外,还应分析农业企业的支付能力。农业企业的支付能力是指其偿还应付款项的能力。农业企业要及时偿还应付款项,除应及时收回应收款项外,还需储存一定数量的货币资金。

4. 流动资金利用效果分析

为了了解农业企业流动资金的利用效果,除按上述方法对流动资金的占用和来源情况进行分析外,还必须把流动资金的占用量同它所完成的工作量或最终财务成果联系起来进行分析。农业企业在生产经营活动中应节约使用资金,加速流动资金周转。这样,才能使等量的资金发挥更大的作用,从而取得更好的财务成果。分析流动资金利用效果的目的,就是要充分挖掘流动资金的利用潜力,不断改善企业的经营管理,寻求有效地利用流动资金的途径。反映流动资金利用效果的指标主要有流动资金周转率、产值资金率和流动资金利润率等。因此,对流动资金利用效果分析主要是对其指标完成情况的分析。

5. 农业企业利润总额情况分析

运用对比分析法,将农业企业的利润总额的实际数与计划数进行对比,了解利润总额计划的完成程度;对利润总额各组成部分进行对比分析,揭示利润总额增减变动的原因,为进一步分析指明重点。将本期利润总额及其构成项目的实际数与上期数(上年、上季、上月)或上年同期的实际数进行对比,可以从动态上观察农业企业利润的变动趋势,明确利润变动的方向。

(1)各业销售利润计划完成情况分析

农林牧副渔各业销售利润计划的完成情况。表明农业企业经营各业生产的经济效益,是考核农业企业工作成绩的一个重要方面。通过各业销售利润的分析,可以检查各业销售利润计划的执行情况,找出影响销售利润增减变动的原因,并结合农业企业的实际情况,寻求增加利润的途径,促使企业不断改善经营管理,取得更好的经济效益,分析各业销售利润的计划完成情况,主要根据各业销售利润计划和各业销售利润表中的有关资料进行。

(2)影响产品销售利润情况分析

为了更深入地考察农业企业各业主产品销售利润计划的完成情况,查明主要产品销售利润的增减变动。

农业企业各业主要产品销售利润的实际数和计划数都是根据下列公式计算的：

某种产品的销售利润 = 某产品的销售收入 - 销售产品的生产成本 - 销售费用 - 税金

从产品销售利润的计算公式就可以看出，影响产品销售利润增减变动的因素主要有：产品销售数量；单位产品销售价格；销售产品的品种结构；销售产品的生产成本；销售费用；销售税金。

根据有关产品销售利润的实际资料和计划资料，运用因素分析法，可以确定上述各种因素对产品销售利润的影响程度。

(3)利润率分析

利润率是反映农业企业利润水平的指标，它是一个相对数。由于同一个农业企业在不同时期的经营规模不一定相同，不同农业企业的经营规模和经营方向也不相同，用绝对数表现的利润额在同一农业企业的不同时期和不同农业企业之间缺乏可比性。因此，除计算和分析利润额之外，还必须计算分析利润率指标。利润率指标排除了经营规模的影响，通过利润率指标的分析，可以全面衡量不同时期或不同农业企业之间管理水平的高低，查明提高利润水平的潜力。

农业企业的利润率指标，主要有以下七种：销售利润率；成本利润率；产值利润率；资金利润率；实现利润增长率；上交税利增长率；主要产品利润增长率。

第十四章 农业企业模拟运营规则

第一节 模拟企业市场运营管理

任何一个行业,任何一个企业的生存与发展离不开市场这个大环境。谁赢得了市场,谁就赢得了竞争。市场是瞬息万变的,经济全球化的趋势大大加快,也促使竞争变得异常激烈,企业间的对抗性和所处内外部环境的复杂性也常常是不可预期的。那么就需要按照每个区域、每个产业的市场规则来经营企业。在这里我们把企业模拟经营的市场规则确定为两大部分。

一、市场划分与市场准入

1. 市场开拓费用持续时间:区域 1M 1 年;国内 2M 2 年;亚洲 3M 3 年;国际 4M 4 年。

2. 市场开发完成后可以放弃,即不在该市场投入广告,再次进入该市场也不需要重新开发和开发费用按开发时间在年末平均支付,不允许加速投资,可以中断投资。市场开发完成后,领取相应的市场准入证。企业目前在本地市场经营,新市场包括区域,国内,亚洲,国际市场。不同市场投入的费用及时间不同,只有市场投入全部完成后方可接单。所有已经进入的市场,每年至少需要投入 1M 维持,否则视为放弃了该市场。

3. 广告分市场,分产品进行投放,投入 1M,获得一次选取订单的机会,以后每多投 2M 增加一次选单的机会。如:投入 7M 最多可以拿到四张订单,但能否拿到四张订单取决于市场需求,竞争态势等等;投入 2M 最多只能拿到一张订单,只是比投入 1M 优先拿到订单。广告费用计入综合管理费用。

4. 无论投入多少广告费用,每次只能选择 1 次订单,然后等待下一次的选单机会,各市场的产品数量是有限的,并非打广告就一定能得到订单。

5. 市场地位。市场地位是针对每个市场而言的。企业的市场地位根据上一年度各企业的销售额排列,销售额最高的企业称为该市场的“市场领导者”,俗称“市场老大”。在该市场上所有订单优先选取,一旦在该市场上不能按时交货,则丧失“市场老大”地位。

6. 需求预测。P1 由于技术水平低,虽然近几年需求较旺,但未来将会逐渐下降;P2 产品是 P1 的技术改进版,虽然技术优势会带来一定增长,但随着新技术的出现,需求最终会下降;P3,P4 为全新技术产品,发展潜力巨大。

7. 订单下端一般标注客户对企业的资质要求及特殊交货期。订单表中的 ISO9000 和 ISO14000,投入的是取得认证后的宣传费用,对整个市场所有产品都有效。若希望获得标有相关认证的订单时,必须在相应栏目中投入 1M 的广告费用。

二、销售会议与订单争取

1. 销售会议

每年年初,召开市场订货会,每个企业派营销总监参加,根据企业市场地位,广告投入,市场需求以及各企业间的竞争态势等因素,按程序领取订单。常言道,预则立,不预则废。在开始新的一年的经营之前,CEO 应当召集各位业务主管召开新年度规划会议,根据各位主管掌握的信息和企业的实际情况,初步提出企业在新一年的各项投资规划,包括市场和认证开发,产品研发,设备投资,生产经营等规划。同时,为了能准确在一年一度的产品订货会上争取销售订单,还应当根据规划精确的计算出企业在该年的产品完工数量,确定企业的可接订单数量。

订单程序:可选择的市场:本地—区域—国内—亚洲—国际;可选择的产品:P1—P2—P3—P4。

首先,由上年在该市场的订单价值决定市场领导者,并由其最先选择订单;其次,按产品的广告投入量的多少,依次选择订单;若同一产品有多家企业的广告投入相同,则按市场在全部产品的广告投入量决定选单顺序;若市场的广告投入量也相同,则按上年订单的销售额的排名选择顺序;否则通过招标方式选择订单。

(1)新年度全面规划

企业在进行新年度规划时,可以从以下方面展开。

①市场开拓规划,企业只有开拓了市场才能在该市场销售产品。企业拥有的市场决定了企业产品的销售渠道。开拓市场投入资金会导致企业当期现金的流出,增加企业当期的开拓费用。减少当期的费用,应当考虑当期的资金情况和所有者权益情况。只有在资金有保证,减少的利润不会对企业造成严重后果时才能进行。

②ISO 认证开发规划。企业只有在取得 ISO 认证资格,才能在竞争时取得标有 ISO 条件的订单。不同的市场,不同的时期,不同的产品对 ISO 认证的要求是不同的,不是所有的市场在任何时候对任何产品都有 ISO 认证要求。所以企业要对是否进行 ISO 认证进行决策。

③产品研发投资规划。企业在经营前期,产品品种单一,销售收入增长缓慢。企业如果要增加收入,就必须多销售产品。而要多销售产品,除了销售市场足够多之外,还必须要有多样化的产品,因为每个市场对单一产品的需求总是有限的,为此,企业需要做出是否进行新产品研发的投资。企业如果要进行新产品的研发,就需要投入资金,同样会影响当期的现金流量和所有者权益。

④设备投资规划。企业生产设备的的数量和质量会影响产品的生产能力,企业要提高生

产能力,就必须对落后的生产设备进行更新,补充现代化的生产设备。要更新设备,需要用现金支付设备款,支付的设备款计入当期的在建工程,设备安装完成后,增加固定资产。所以,设备投资支付的现金不影响当期的所有者权益,但会影响当期的现金流量。正是因为设备投资会影响现金流量,所以在设备投资时,应当重点考虑资金的问题,防止出现由于资金问题而使投资中断,或者投资完成后由于没有资金不得不停工待料等情况。

(2)确定可接受的订单数量

在新年度规划会议后,企业要参加一年一度的产品订货会。企业只有参加产品订货会,才能够争取到当年的产品销售订单。在产品订货会上,企业要准确拿单,就必须准确计算出当年的产品完工数量,据此确定企业当年甚至每一个季度的可接订单数量。企业当年某产品可接订单数量的计算公式为:某年某产品可接订单数量 = 年初该产品的库存量 + 本年该产品的完工数量。

(3)制订新年度计划

①生产计划

沙盘企业中,编制生产计划的主要目的是为了能够确定产品投产的时间和投产的品种,从而预计产品投资需要的加工费和原材料。生产计划主要包括生产及材料需求计划,开工计划,原材料需求计划等。

②材料采购计划

企业要保证材料的供应,必须提前订购材料。实际工作中,采购材料可能是现款采购,也可能是赊购。沙盘企业中,一般采用的是现款采购规则,也就是说,订购的材料到达企业时,必须支付现金。

第一,订购的数量。订购材料的目的是为了能够保证生产的需要,如果订购过多,占用资金,造成资金使用效率下降,订购过少,不能满足生产的需要。,所以,材料订购数量应当以既能满足生产需要,又不造成资金的积压为原则,尽可能做到材料零库存。

第二,订购的时间。一般情况下,企业订购的材料当季度不能入库,要在下一季度或下两季度才能够到达企业,为此,企业在订购原材料时,要考虑材料的运输时间。

第三,采购材料付款的时间和金额。

③现金预算

企业在经营过程中,常常出现现金短缺的意外情况,正常经营不得不中断,搞得经营者焦头烂额。其实,仔细分析我们发现,这种意外情况的发生不外乎两方面的原因:第一,企业没有正确的编制预算,导致预算与实际严重脱轨;第二,企业没有严格地按照计划进行经营,导致实际脱离预算。为了合理安排和筹集资金,企业在经营之前应当根据新年度计划编制现金预算。

2. 订单争取

如果没有特殊说明,普通订单可以在当年内任何一个季度交货。如果当年不能交货,企业将会受到延期处罚。

注1:加急订单必须在第一季度交货。

注2:标注了ISO9000和ISO14000,那么企业必须取得了相应认证并投放了认证的广告费,两个条件具备,才能得到这张订单。

延期交货处罚:

(1)市场地位下架一级。若市场领导者延期交货,则本年该市场没有市场领导者。

(2)下一年,该订单必须最先交货。

(3)交货时,扣除该订单总金额的25%(取整),作为处罚。

最低市场投入:为了占领市场并维持可接受订单的地位,你必须花费每年至少1M的市场投入费用(每个市场,而并非每个产品),其原因是为了维持在市场中的存在,永远需要花一些投入。如果这个最低市场投入没有兑现,那么你在市场上的位置就会没有,包括你的市场模板以及你先前在市场进入时的投入。谨记:你一直需要支付至少1M在当地市场。

切记:在所有市场上的市场投入必须在客户见面之前完成。在销售会议中不可能做任何变动。销售经理必须投入相应的硬币召开订货会,会闭将硬币交给教师。

订单选取时,需要一份市场预测表到手,有很多可以研究的东西,阅读市场预测表就显得十分重要,计算好每种产品每年的均单数量有利于把握好市场的大致走向。详细地分析市场,包括每年每种产品的均单量平均每组理论上可以拿到的产品数量,利润走势图等,市场分析的好坏决定着你打广告的好坏。

打广告根据生产的产品量的多少,还要根据市场间谍,根据别的和自己组主打产品和市场的情况,在综合考虑自己财务状况来打广告,在打广告的时候要估算一下自己的盈亏平衡点,不要一味的盲目的多投广告,要提高广告的效率。想出来一个方案的时候都要做好一个预算,一般要做好三年的预算,以保证现金不会断流。

在选单是要开好交货期,算好自己每个季度的产能,在资金比较紧张的情况下要考虑选择能尽快收回资金的订单。

第二节 模拟企业资产管理

企业的资产分为固定资产和流动资产,流动资产包括现金,应收款,在制品,原材料,产成品;固定资产包括厂房,生产线,在建工程(即为在建的生产线)。本节主要说明企业的固定资产。固定资产是指使用期限较长,单位价值较高,并且在使用过程中保持原有实物形态的资产。

一、厂房的购买、租赁与出售

企业在运行的初始状态固定资产分布如下:(1)厂房:目前,沙盘上有一个大厂房,价值计

40M。(2)机器与设备:沙盘上拥有手工生产线 3 条,每条原值 5M,净值为 3M;半自动生产线 1 条,原值 8M,净值 4M;因此机器与设备价值共计 13M。(3)在建工程,初始状态时没有在建工程,也就是没有生产线的投入和改建。

企业有两种厂房可供选择,分别为大厂房和小厂房。大厂房的卖价为 40M,租金为 5M/年,可以容纳 6 条生产线;小厂房的卖价为 30M,租金为 3M/年,可容纳 4 条生产线。

当企业出现财务危机时,也就会面临厂房的出售问题,厂房出售的具体内容是:大厂房的售价为 40M,收入记为 4 季度应收款,小厂房售价为 30M,收入也记为 4 季度应收款。(出售厂方可在任何时期)。企业在年底可决定厂房是购买还是租赁,购买厂房后将买家放在厂房价值处,厂房不计提折旧。

二、生产线的购买、转产与维护、出售

企业的生产线购买、转产与维护、出售如表 14－1 所示。

表 14－1　企业的生产线购买、转产与维护

生产线	购买价格	安装周期	生产周期	转产周期	转产费	维修费	残值
手工线	5M	无	3Q	无	无	1M/年	1M
半自动	8M	2Q	2Q	1Q	1M	1M/年	2M
自动线	16M	4Q	1Q	1Q	4M	1M/年	4M
柔性线	24M	4Q	1Q	无	无	1M/年	6M

每条生产线同时只能有一个产品在线。产品上线时需支付加工费,不同生产线的生产效率不同,但支付的加工费相同,均为 1M。

1. 购买生产线

投资新生产线时,按安装周期平均支付投资,全部投资到位的下一个季度领取标识开始生产。资金短缺时可随时中断生产。具体各生产线的购买周期如上表。

2. 转产生产线

转产生产线转而生产其他产品。转产时可能需要一定的转产周期,并支付一定的费用,具体费用如上表,最后一笔支付到期一个季度后方可更换产品标识,转产时生产线上不能有其他正在生产的产品。

3. 维护生产线

每种生产线的维护费均为 1M/年。

当年在建的和当年出售的均不用交维护费。

4. 出售生产线

生产线只能按残值出售。出售生产线时如果生产线净值等于或小于残值，将净值转化为现金；如果生产线净值大于残值，相当于残值的部分转化为现金，将差额部分作为费用处理。

5. 生产线折旧

当年投资的生产线价值计入在建工程，当年不计提折旧。

每年按生产线净值（原值－残值）的1/3（取整）计算折旧，当年建成的生产线和当年出售的生产线不计提折旧。

完成规定年份的折旧后，生产线可继续使用，但不用提取折旧。生产线剩余的残值可以保留，直到该生产线变卖为止。

第三节　模拟企业生产管理

在企业经营沙盘模拟中，把企业的采购管理、生产管理、质量管理统一纳入到生产管理领域，则新产品研发、物资采购、生产运作管理、品牌建设等一系列问题背后的一系列决策问题就自然地呈现在学员面前，它跨越了专业分隔、部门壁垒。学员将充分运用所学知识、积极思考，在不断的成功与失败中获取新知识。

一、材料采购

1. 采购原材料需经过下原料订单和采购入库两个步骤，这两个步骤之间的时间差成为订单提前期，各种原材料提前期如表14－2所示。

表14－2　原料采购提前期表

原材料	订单提前期
R1（红色）	1Q
R2（橙色）	1Q
R3（蓝色）	2Q
R4（绿色）	2Q

2. 根据上季度所下采购订单接受相应原料入库，并按规定付款或计入应付款，用空桶表示原材料订货，将其放在相应的订单位置上，R1，R2订购必须提前一个季度订货，R3，R4必须提前两个季度订货如图14－1，14－2所示。

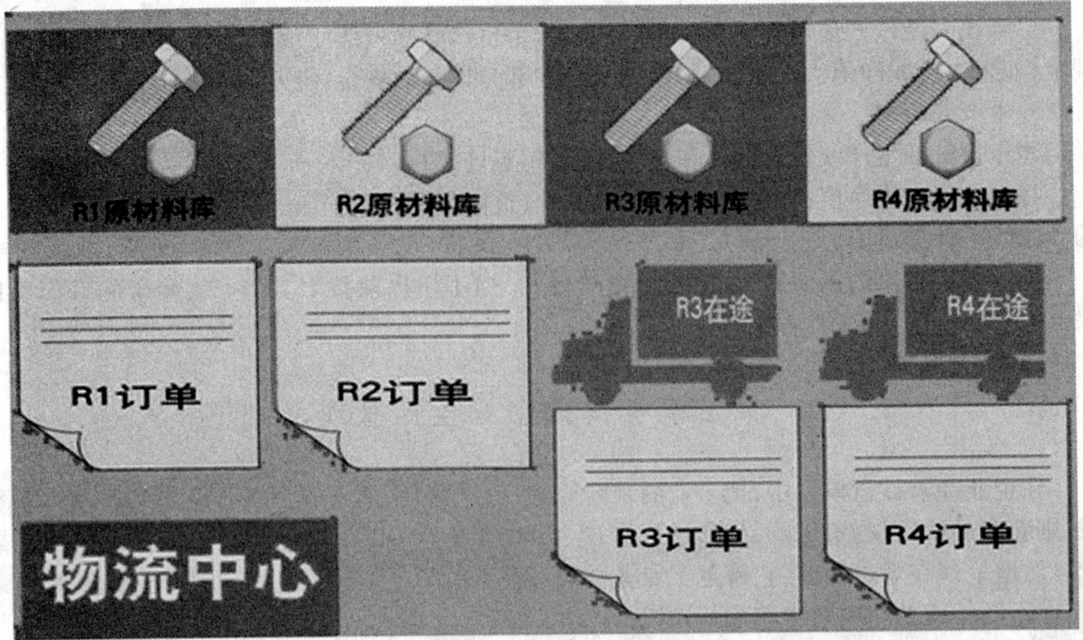

图 14－1 物流中心图

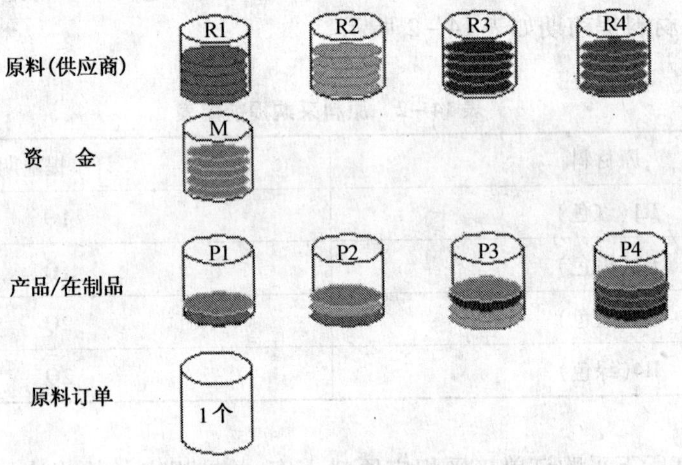

图 14－2　原料及订单示意图

3.注意：

(1)没有下订单的原材料不能采购入库；

(2)所有下订单的原材料到期必须采购入库；

(3)原材料采购入库时必须支付现金。

二、产品的生产

1.产品研发完成后方可接单生产。生产不同的产品需要的原材料不同，各种产品所需如下表14－3。

表14－3 产品与原材料配比及成本对应表

产品	原材料	原料价值	加工费(手工/半自动/自动/柔性)	直接生产成本
P1	R1	1M	1M	2M
P2	R1＋R2	2M	1M	3M
P3	2R2＋R3	3M	1M	4M
P4	R2＋R3＋2R4	4M	1M	5M

2.每条生产线同时只能有一个产品在线。产品上线时需要支付加工费，不同生产线的生产效率不同，但需要支付的加工费是相同的，均为1M。

三、紧急采购

如果原材料预定不够，又需要当期采购，则可以使用紧急采购每种原材料单价为2倍，紧急采购产成品的价格为直接成本的3倍。

需紧急采购时，要参考违约和紧急采购价格中高出实际成本的部分价格哪个更低。因为这两部分都需计入损失，采用更低的价格可以尽量降低损失，获得较大利润。

四、财务知识在生产中的运用

财务是一个团队的“计划核心”，任何数据都要经过财务的核算才能确定可行性，所有组员都必须懂得财务知识，这样才能做到与自身职位的密切结合，研讨出更科学的方案。

生产和采购懂财务，能知道企业的资金流情况，制定合理的生产计划，控制材料订单，并在这一基础上学会更加合理的订单方法，以现金流控制为前提，提前多采购一定数量的材料，给营销方案预留后路，走双重多重生产营销计划。最大化的利用企业的剩余现金流。

生产成本公式：

1.在满足“今年第4季的加工费＋今年第4季的材料采购费＝今年年末在制品”(简称

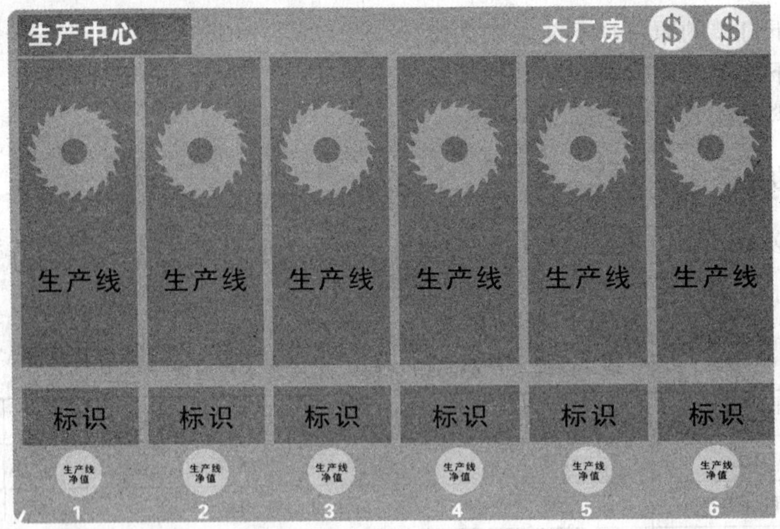

图 14－3　生产中心示意图

“今末加工费＋今末材料＝今末在制”)的前提下,可得出以下结论:

今年的利润表中的直接成本＋今年的库存产成品＋今年的库存原材料＝去年的库存产成品＋去年的库存原材料＋去年的期末在制品＋今年1、2、3季的材料采购费总和＋今年1、2、3季的加工费总和

即公式一:今直接成本＋今库品＋今库料＝去库品＋去库料＋今前3季材料＋今前3季加工费

如果今年没有库存的产成品和原材料,去年也没有库存的产成品和原材料,那就更好计算了。公式最终简化则为

公式二:今直接成本＝去末在制＋今前3季材料、加工费

2. 若不满足前面的条件“今末加工费＋今末材料＝今末在制”的前提,则必须把这三个因素考虑在内。将该条件等号的左右边加到基础公式的左右边即可,得出以下公式:

今年的利润表中的直接成本＋今年的库存产成品＋今年的库存原材料＋今年第4季的加工费＋今年第4季的材料采购费＝去年的库存产成品＋去年的库存原材料＋去年的期末在制品＋今年1、2、3季的材料采购费总和＋今年1、2、3季的加工费总和＋今年年末在制品

即公式三:今直接成本＋今库品＋今库料＋今末加工费＋今末材料＝去库品＋去库料＋今前3季材料＋今前3季加工费＋今末在制

如果今年没有库存的产成品和原材料,去年也没有库存的产成品和原材料,那就更好计算了。公式最终简化则为

公式四:今直接成本+今末材料、加工费=去末在制+今前3季材料、加工费+今末在制

3. 上面的四个公式看似复杂,但你好好研究的话,就会发现其实非常简单,非常好理解。原因如下。

现在假设一个案例:

设今年有销售额了,假设卖了10P2,10P3,直接成本是多少?

P2的直接成本是3M,包含2M材料费用,1M加工费费用。P3的直接成本是4M,包含3M材料费用,1M加工费费用。所以,这份销售额的直接成本应当为10×3+10×4=70M。

现在知道的条件是:今年卖出了10P2,10P3其直接成本是70M,那么,这直接成本在现金流量表中从何而来、如何产生,怎么体现的呢?

当然是生产过程而产生的,前面说了,生产成本包含了材料费用、加工费。

那么,这材料费用和加工费分散到哪里去了?

这取决于今年可以拿什么东西来卖。而今年能拿来卖的成本包含:

①去年的在制品,今年第一季就下线了;

②去年的库存原材料,可以用于今年生产之用(没有就为0);

③去年的库存产成品,直接可以用于交货(没有就为0);

④今年1、2、3季的原材料采购;

⑤今年1、2、3季的加工费支出。

这样就可以理解这2个公式:

公式一:今直接成本+今库品+今库料=去库品+去库料+今前3季材料+今前3季加工费

公式二:(去今无库存情况下)今直接成本=去末在制+今前3季材料、加工费

假设有2季周期(半自动线)或3季周期(手工线)才能生产出一个产品,而在第3季上线生产,第3季就需要材料和加工费的支付,今年是无法下线的,而这部分成本会在今年归集到今年年末的在制品当中,这样,就不符合这个公式了。

因此,在有手工或半自动线的前提下,使用第二个公式比较准确。这样就又理解了第二个条件的2个公式:

公式三:今直接成本+今库品+今库料+今末加工费+今末材料=去库品+去库料+今前3季材料+今前3季加工费+今末在制

公式四:(去今无库存情况下)今直接成本+今末材料、加工费=去末在制+今前3季材料、加工费+今末在制

4. 注意:如果结论是这个公式两边不等,那么肯定是这些数据上有错误了,从这方面去着手检查,很快就可以找出错误的地方。而这往往是导致错误的最大因素。

一般有这样几种出错情况:

①材料采购的费用填写与实际应当支付的不同;

②去年的库存原料或者产成品没算进去、少算或者多算;

③今年和去年的年末在制品混淆不清。

第四节　模拟企业财务管理

一、支付设备维护费

设备使用过程中会发生磨损，要保证设备正常运转，就需要进行维护。设备维护会发生诸如材料费，人工费等维护费用。沙盘企业中，只有生产线需要维护费。年末，只要有生产线，无论是否生产，都应支付维护费。尚未安装完工的生产线不需要支付维护费。设备维护费每年年末用现金一次性集中支付。

操作要点如下：

1. 财务总监

支付维护费。根据期末现有完工的生产线支付设备维护费。支付设备维护费时，从现金库中取出现金放在综合费用的“维护费”处记录。在任务清单对应的方格内登记现金的减少数。

2. CEO

在监督财务总监完成以上操作后，在运营任务清单对应的方格内打“√”。

二、支付租金/购买厂房

企业要生产产品，要有厂房。厂房可以购买，也可以租用。年末，企业如果在使用没有购买的厂房，则必须支付租金；如果不支付租金，则必须购买。

操作要点如下：

支付租金。从现金库中取出现金放在综合费用的“租金”处。

购买厂房。从现金库中取出购买厂房的现金放在厂房金额“价值”处。

记录。在监督财务总监完成以上操作后，在运营任务清单对应的方格内打“√”。如果不做上面的操作，则在运营任务清单对应的方格打“×”。

三、计提折旧

固定资产在使用过程中会发生损耗，导致价值降低，应对固定资产计提折旧。沙盘企业中，固定资产计提折旧的时间、范围和方法可以与实际工作一致，也可以采用简化的方法。本教材沙盘规则采用了简单的处理方法，与实际工作有些差异。这些差异主要表现在：折旧在每年年末计提一次，计提折旧的范围仅仅限于生产线，折旧的方法采用直线法取整计算。在会计处理上，折旧额全部作为当前的期间费用，没有计入产品成本。

操作要点如下。

1. 财务总监

计提折旧。根据规则对生产计提折旧。按生产线净值的 1/3 向下取整计算。比如,生产线的净值为 10,折旧为 3;净值为 8,折旧为 2。计提折旧时,根据计算的折旧额从生产线的“价值”处取相应的金额放置在综合费用旁的“折旧”处。

记录:在运营任务清单对应的方格内登记折旧的金额。注意,在计算金额支出时,折旧不能计算在内,因为折旧并没有减少金额。

2. CEO

在监督财务总监完成以上操作后,在运营任务清单对应的方格内打“√”。

3. 计提折旧的固定资产

(1)房屋建筑物;

(2)在用的机器设备、食品仪表、运输车辆、工具器具;

(3)季节性停用及修理停用的设备;

(4)以经营租赁方式租出的固定资产和以融资租赁式租入的固定资产。

4. 不计提折旧的固定资产

(1)已提折旧仍继续使用的固定资产;

(2)以前年度已经估价单独入账的土地;

(3)提前报废的固定资产;

(4)以经营租赁方式租入的固定资产和以融资租赁方式租出的固定资产;

(5)未投入使用的固定资产(不管是否达到预期可使用状态)。

四、新市场开拓/ISO 资格认证投资

企业要扩大产品的销路必须开发新市场。不同的市场开拓所需要的时间和费用是不同的。同时,有的市场对产品有 ISO 资格认证要求,企业需要进行 ISO 认证投资。操作要点如下。

1. 营销总监

新市场开拓。从财务总监处申请开拓市场所需要的资金,放置在沙盘所开拓市场所对应的位置。当市场开拓完成,年末持有开拓市场的费用到交易处领取“市场准入”的标识。放置在对应市场的位置上。

ISO 资格认证投资。从财务总监处申请 ISO 资格认证所需要的资金,放置在 ISO 资格认证对应的位置。当认证完成年末持有认证投资的费用到交易处领取“ISO 资格认证”的标识。放置在对应市场的位置上。

记录:进行了市场开拓或 ISO 认证投资后,在运行任务清单对应的放格内打“√”,否则打“×”。

2. 财务总监

支付费用。根据营销总监的申请，审核后，将市场开拓和 ISO 资格认证所需要的资金支付给营销总监。

记录：在任务清单对应的方格内，记录现金的减少数。

3. CEO

在监督营销总监和财务总监完成以上操作后，在运营任务清单对应的方格内打"√"。

第五节　模拟企业的研发与认证

通过 ERP 沙盘可以展示企业的主要物资资源，包括厂房、设备、仓库、库存物料、资金、支援、订单、合同等各种内部资源；还可以展示包括企业上下游的供应商、客户和其他合作组织，甚至提供各种服务的政府管理部门和社会服务部门等外部资源。一般来说，ERP 沙盘模拟展示的重点是企业的内部资源。其中就包括模拟企业的研发与认证，即产品研发、市场开发和 ISO 认证。

一、产品研发

(一)操作步骤

首先，企业要研发新产品，必须投入研发费用。每季度的研发费用在季末一次性支付。当新产品研发完成，企业在下一季度可以投入生产。

操作步骤如下：

1. 营销总监

研发投资。企业如果需要研发新产品，则从财务总监处申请取得研发所需资金，放置在产品研发相应产品的生产资格证放置在"生产资格"处，企业取得资格认证后，从下一季度开始，可以生产该产品。

记录：在运营任务清单对应的放个内打"√"。

2. 财务总监

支付研发费用。根据营销总监提出的申请，审核后，用现金支付。

记录：如果支付了研发费用，则在运营人物清单对应的方格内登记现金的减少数。

3. CEO

在监督完成以上操作后，在运营任务清单的对应的方格内打"√"。反之，则打"×"。

(二)产品分类

在沙盘模拟中，产品主要分为四类：P1，P2，P3，P4。

P1，成本低，前期需求大。因为无需研制，所以前两年无疑就是 P1 的争夺战。主要销往 3 个市场：本地、区域、国际。

P2，成本不高，需求量稳定，材料补充快，研制周期短，倘若第一年本地市场位置向 P3 转移而争夺国内甚至亚洲老大位置。

P3，利润高，研发成本高，可以作为后期压制与翻盘的一把利剑，建议在第三年后主要生产 P3 来压制研发慢的企业。可以说谁控制了 P3 谁就控制了国内市场和亚洲市场。

P4，研发成本高，研发周期长，虽然利润不菲，但是要求高，可销售时间段只有 2 至 3 年，一般不建议过多研制 P4。

（三）企业在选择新产品开发方向的影响因素

1. 考虑产品性质和用途。在进行新产品开发前，应充分考察同类产品和相应的替代产品的技术含量和性能用途，确保所开发产品的先进性或独创性，避免“新”产品自诞生之日起就被市场淘汰。

2. 考虑价格和销售量。系列化产品成本低，可以降价出售增加销售量，但是系列化产品单调，也可能影响销售量。因此，对系列化、多样化产品以及价格、销售之间的关系，要经过调查研究再加以确定。

3. 充分考虑消费者需求变化速度和变化方向。随着人们物质生活水平的提高，消费者的需求呈多样化趋势，并且变化速度很快。而开发一新产品需要一定的时间，这个时间一定要比消费者需求变动的时间短，才能有市场，才能获得经济效益。

4. 企业产品创新满足市场需求的能力。

5. 企业技术力量储备和产品开发团队建设。

（四）新产品开发的策略

新产品的开发是企业产品策略的重要组成部分。新产品开发的主要策略有：

1. 领先策略

这种策略就是在激烈的产品竞争中采用新原理、新技术、新结构优先开发出全新产品，从而先入为主，领略市场上的无限风光。这类产品的开发多数属于发明创造范围，采用这种策略，投资数额大，科学研究工作量大，新产品实验时间长。

2. 超越自我策略

这种策略的着眼点不在于眼前利益而在于长远利益。这种暂时放弃一部分眼前利益，最终以更新更优的产品去获取更大利润的经营策略，要求企业有长远的“利润观”理念，要注意培育潜在市场，培养超越自我的气魄和勇气，不仅如此，更需要有强大的技术作后盾。

3. 紧跟策略

采用这类策略的企业往往针对市场上已有的产品进行仿造或进行局部的改进和创新，但基本原理和结构是与已有产品相似的。这种企业跟随既定技术的先驱者，以求用较少的投资得到成熟的定型技术，然后利用其特有的市场或价格方面的优势，在竞争中对早期开发者的商业地位进行侵蚀。

4. 补缺策略

每一个企业都不可能完全满足市场的任何需求，所以在市场上总存在着未被满足的需

求,这就为企业留下了一定的发展空间。这就要求企业详细地分析市场上现有产品及消费者的需求,从中发现尚未被占领的市场。

二、市场开发

(一)市场分析

在进行市场开发之前,首先要进行市场分析和对市场份额有一定了解。即需要进行市场分析。

首先,市场分析的主要任务是:分析预测全社会对项目产品的需求量;分析同类产品的市场供给量及竞争对手情况;初步确定生产规模;初步测算项目的经济效益。又分为(1)市场需求预测分析;(2)市场需求层次和各类地区市场需求量分析;(3)估计产品生命周期及可销售时间。

市场分析的作用主要表现在两个方面:

1. 企业正确制定营销战略的基础。企业的营销战略决策只有建立在扎实的市场分析的基础上,只有在对影响需求的外部因素和影响企业购、产、销的内部因素充分了解和掌握以后,才能减少失误,提高决策的科学性和正确性,从而将经营风险降到最低限度。

2. 实施营销战略计划的保证。企业在实施营销战略计划的过程中,可以根据市场分析取得的最新信息资料,检验和判断企业的营销战略计划是否需要修改,如何修改以适应新出现的或企业事先未掌握的情况,从而保证营销战略计划的顺利实施。

只有利用科学的方法去分析和研究市场,才能为企业的正确决策提供可靠的保障。

(二)市场份额

市场份额又称市场占有率,它在很大程度上反映了企业的竞争地位和赢利能力,是企业非常重视的一个指标。

企业较少关注市场份额质量的原因有两个:第一个原因是很多企业还没有树立以顾客为中心的现代营销理念;第二个原因是提高市场份额质量所带来的收益不确切,企业对提高市场份额质量心存疑虑。

要提高市场份额质量,企业就必须从顾客的满意率入手做更深入细致的工作,需要花费大量的人力、财力和物力,并且需要较长时间。这种投资由于数量大、要求高、时间长,且投资效果无法准确地测算,显得风险较大,使得不少企业最终放弃了提高市场份额质量的打算。

另外,市场份额与利润有着很密切的关系,但高的市场份额,并不意味着高的利润,很多企业在市场份额数量扩大的过程中,虽然销售增长导致了成本下降,但用于扩大市场份额数量的费用增长远快于生产成本的下降,再加上竞争使价格下降,单位产品赢利快速下降,最后使企业产品的赢利能力下降。扩大市场份额数量的费用快速增长的原因,一方面是由于在市场扩大过程中,增加的营销管理人员由于缺乏经验或缺少培训或素质不高,致使费用失控;另一方面是竞争者的强烈反应引起的费用增长。企业扩展市场份额数量的行动必然使竞争者采取相应的行动,最常见的就是企业加大广告投入,竞争者也会加大广告投入,企业降低价格，竞争者也会降低价格，甚至比企业降得更厉害。结果是企业花了很大的代价，销售并未显著增长或销售量增长了且市场份额也扩大了，但赢利却下降了。事实上企业产品赢利能力受到很多因素的影响，除了市场份额的数量、大小之外，还包括了行业竞争的激烈程度、行业平均赢利水平、企业管理能力、市场份额质量等因素。市场份额的数量只是影响企业产品赢利能力的因素之一。一般来讲，在以下两种情况下，高的市场份额意味着带来高额利润。

1. 单位成本随着市场份额的提高而降低。这是由于市场领导者所经营的工厂较大，享有成本上的规模，另外成本经验曲线下降较快，所以单位成本下降。

2. 公司提供优质高价的产品，同时价格的升高要超过高质量所带来的额外成本。

三、ISO 认证

ISO 是一个国际化组织，其成员由来自世界上 100 多个国家的国家标准化团体组成，代表中国参加 ISO 的国家机构是中国国家技术监督局（CSBTS），ISO9000 认证图标如图 14－4 所示。

图 14－4　ISO9000 认证图标

第六节　实训操作辅助材料

一、市场规则简表

1. 市场准入与市场开发（如表 14－4 所示）

表 14－4　市场开发表

市场	本地市场	区域市场	国内市场	亚洲市场	国际市场
开拓时间	开拓	1 年	2 年	3 年	4 年
开拓投入	无	1M/年	1M/年	1M/年	1M/年

表 14－4(续)

1. 市场开拓在每年的年末进行,每年只能进行一次,每次投放 1M,不能加速开拓
2. 市场开拓要求每年投入,在资金短缺的情况下可以停止对该市场的投资,但付出的投入不能收回;如果在一段时间后想继续对该市场投资可在原来基础上继续投入
3. 所有市场可以全部进行开拓,也可以部分市场进行开拓
4. 只有在该市场完全开拓后,才能在下一年里参与该市场的竞争
5. 市场开发投资按年度支付,允许同时开发多个市场,研发投资计入当年综合费用

2. ISO 认证(如表 14－5 所示)

表 14－5　ISO 认证表

管理体系	每年投资额	投资周期	全部投资总额
ISO9000	1M	2 年	2M
ISO14000	1M	3 年	3M

两项认证投资可同时进行或延期。相应投资完成后领取 ISO 资格证。认证投资计入当年综合费用。

二、财务报表

财务报表分为三个明细表:综合费用表、利润表、资产负债表如表 14－6,14－7,14－8 所示。具体如下:

注:库存折价拍价,生产线变卖,紧急采购,订单违约计入损失。

毛利＝销售收入－直接成本

折旧前利润＝毛利－综合费用

支付利息前利润＝折旧前利润－折旧

财务费用＝长贷、短贷利息＋贴现息

税前利润＝支付利息前利润－财务费用

所得税:当本年所有者权益≥66 时,应计提所得税。此时,

所得税＝(本年所有者权益－66)×25%

年度净利＝税前利润－所得税

表 14－6 综合费用表

项目	金额
管理费	
广告费	
设备维护费	
损失	
转产费	
厂房租金	
新市场开拓	
ISO 资格认证	
产品研发	
信息费	
合计	

表 14－7 利润表

项目	金额
销售收入	
直接成本	
毛利	
综合费用	
折旧前利润	
折旧	
支付利息前利润	
财务费用	
税前利润	
所得税	
年度净利润	

表 14－8 资产负债表

项目	金额	项目	金额
现金		长期负债	
应收款		短期负债	
在制品		应交所得税	
产成品		—	—
原材料		—	—
流动资产合计		负债合计	
厂房		股东资本	
生产线		利润留存	
在建工程		年度净利	
固定资产合计		所有者权益合计	
资产总计		负债和所有者权益总计	

每年经营结束请将此表交到裁判处核对。

三、市场预测报告(商业周刊)

如图14-5市场预测图所示。

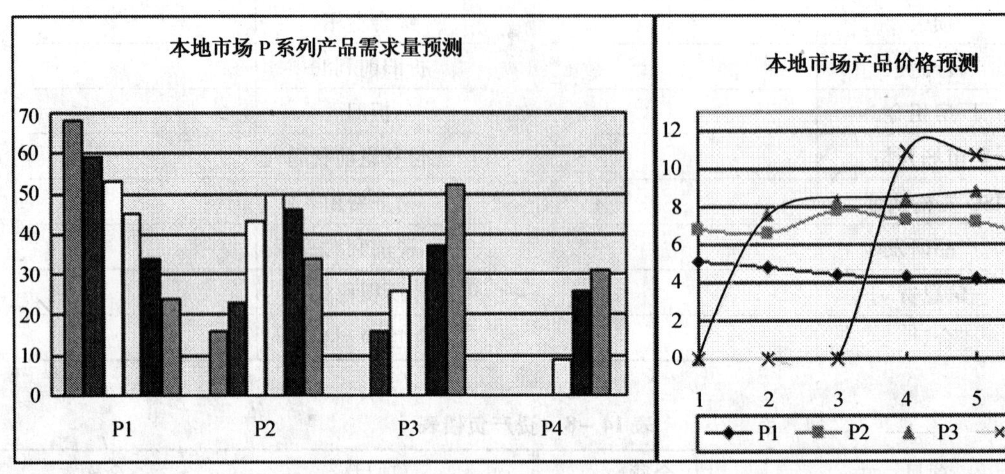

(a)

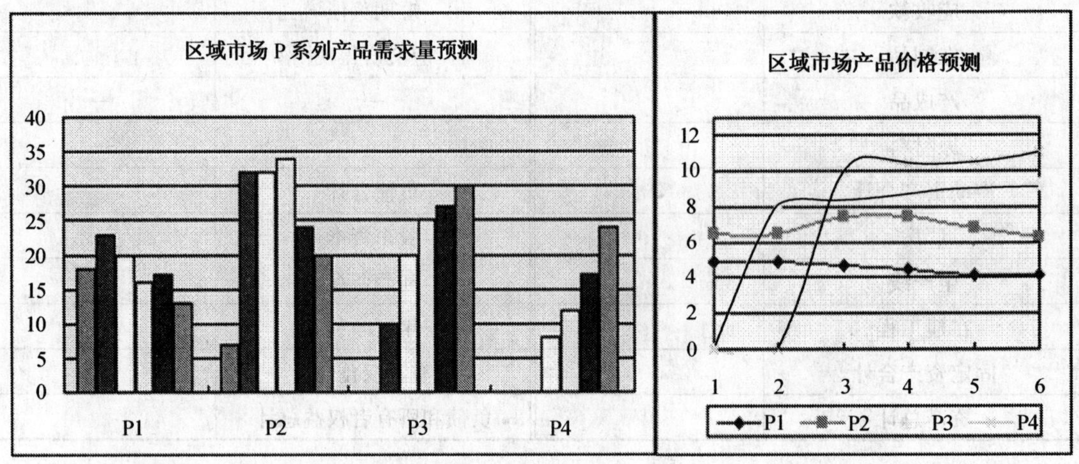

(b)

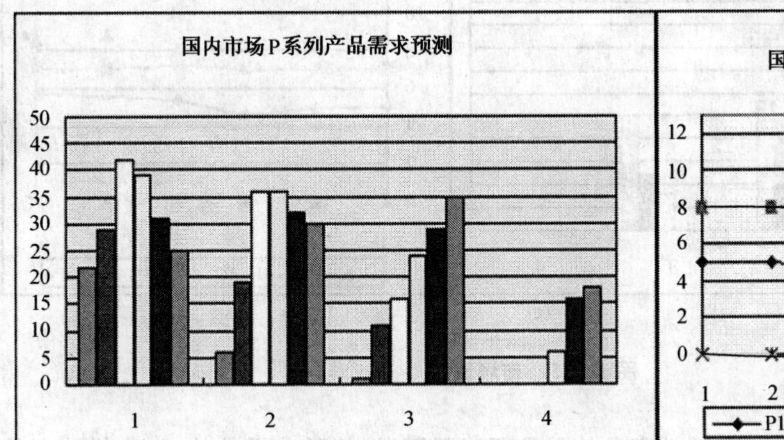

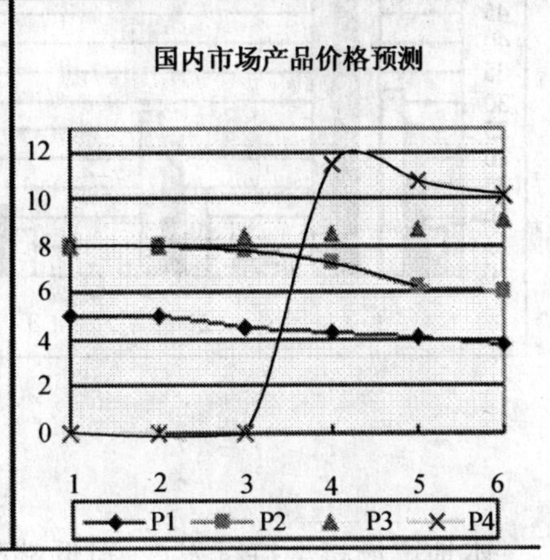

国内市场P系列产品需求预测
50
45
40
35
30
25
20
15
10
5
0
1
2
3
4

国内市场产品价格预测
12
10
8
6
4
2
0
1
2
3
4
5
6
P1
P2
P3
P4

亚洲市场P系列产品需求量预测
50
45
40
35
30
25
20
15
10
5
0
1
2
3
4

亚洲市场产品价格预测
12
10
8
6
4
2
0
1
2
3
4
5
6
P1
P2
P3
P4

(c)

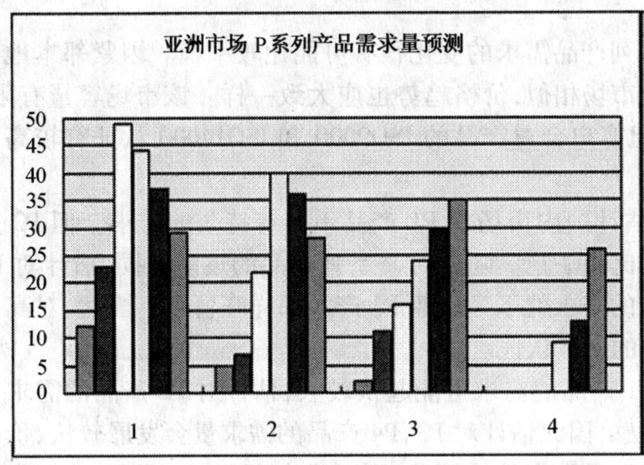

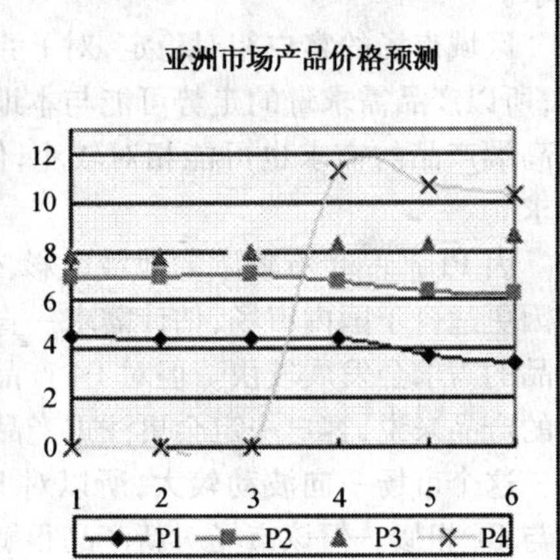

(d)

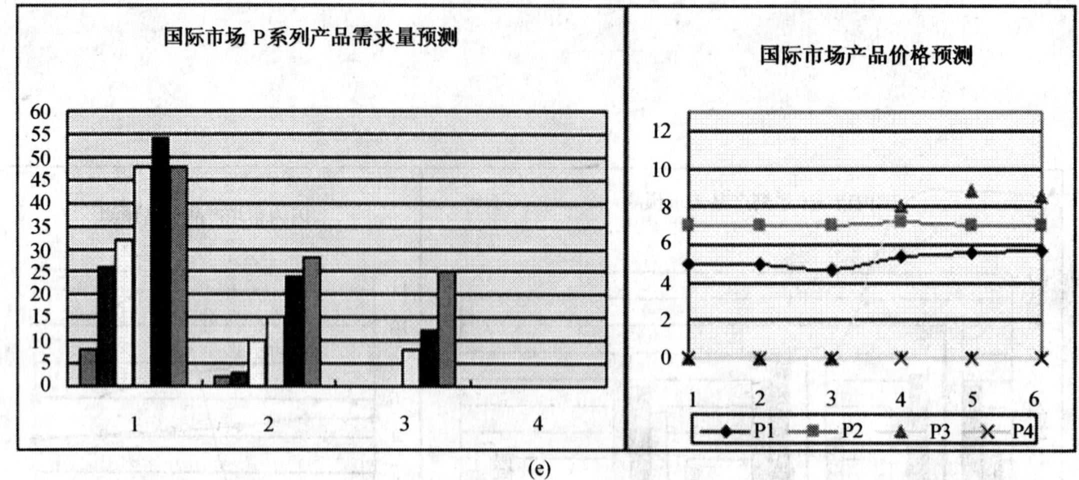

(e)

图 14－5　市场预测

本地市场将会持续发展,对低端产品的需求可能要下滑,伴随着需求的减少,低端产品的价格很有可能走低。后几年,随着高端产品的成熟,市场对 P3,P4 产品的需求将会逐渐增大。由于客户对质量意识的不断提高,后几年可能对产品的 ISO9000 和 ISO14000 认证有更多的需求。

区域市场的客户相对稳定,对 P 系列产品需求的变化很有可能比较平稳。因紧邻本地市场,所以产品需求量的走势可能与本地市场相似,价格趋势也应大致一样。该市场容量有限,对高端产品的需求也可能相对较小,但客户会对产品的 ISO9000 和 ISO14000 认证有较高的要求。

因 P1 产品带有较浓的地域色彩,估计国内市场对 P1 产品不会有持久的需求。但 P2 产品因更适合于国内市场,估计需求一直比较平稳。随着对 P 系列产品的逐渐认同,估计对 P3 产品的需求会发展较快。但对 P4 产品的需求就不一定像 P3 产品那样旺盛了。当然,对高价值的产品来说,客户一定会更注重产品的质量认证。

这个市场一向波动较大,所以对 P1 产品的需求可能起伏较大,估计对 P2 产品的需求走势与 P1 相似。但该市场对新产品很敏感,因此估计对 P3,P4 产品的需求量会发展较快,价格也可能不菲。另外,这个市场的消费者很看中产品的质量,所以没有 ISO9000 和 ISO14000 认证的产品可能很难销售。

P 系列产品进入国际市场可能需要一个较长的时期。有迹象表明,对 P1 产品已经有所认同,但还需要一段时间才能被市场接受。同样,对 P2,P3 和 P4 产品也会很谨慎的接受。需求发展较慢。当然,国际市场的客户也会关注具有 ISO 认证的产品。

第十五章　农业企业手工与电子沙盘模拟及实例

第一节　农业企业手工沙盘模拟

一、初始年的运营

农业企业沙盘模拟经营设置了初始年，通过在初始年的模拟运营，可使参训者熟悉操作流程，为以后自己独立运营打下基础，变成驾驭沙盘的行家里手。所以，初始年运营的主要内容就是，在CEO的领导下分析企业六年要走的道路后，对企业的厂房、生产线的选择，产品的研发和原材料的订购以及ISO资格认证问题进行操作的过程。

每季运行流程，在运行手册中，从起始年表格的第一行开始，记录流程如表15－1所示。

1. 第一季(期)

表格的空白列第一列记录第一季的数据。

表15－1　运行流程表

内　　容	1季度	2季度	3季度	4季度
新年度规划会议	√			
参加订货会/登记销售订单	－1			
制订新年度计划	√			
支付应付税	－1			
季初现金盘点(请填余额)	18	14	10	22
更新短期贷款/还本付息/申请短期贷款(高利贷)	×	×	×	×
更新应付款/归还应付款	×	×	×	×
原材料入库/更新原料订单	－2	－1	－1	－1
下原料订单	√	√	√	√
更新生产/完工入库	√	√	√	√
投资新生产线/变卖生产线/生产线转产	×	×	×	×
向其他企业购买原材料/出售原材料	×	×	×	×

表 15－1（续）

内　　容	1 季度	2 季度	3 季度	4 季度
开始下一批生产	－1	－2	－1	－2
更新应收款/应收款收现	√	√	15	32
出售厂房	×	×	×	×
向其他企业购买成品/出售成品	×	×	×	×
按订单交货	×	√	×	×
产品研发投资	×	×	×	×
支付行政管理费	－1	－1	－1	－1
其他现金收支情况登记	×	×	×	×
支付利息/更新长期贷款/申请长期贷款				－4
支付设备维护费				－4
支付租金/购买厂房				×
计提折旧				(4)
新市场开拓/ISO 资格认证投资				×
结账				√
现金收入合计	0	0	15	32
现金支出合计	－4	4	3	12
期末现金对账(请填余额)	14	10	22	42

(1)由 CEO 召开新年度规划会议，由于起始年按照原来制定的规划进行生产，即只生产 P1 产品，不作其他开发和更新，因此没有更多的讨论。开完会后 CEO 在第一行的表格内画“√”号。

(2)营销总监参加订货会议，初始年并无悬念，6 个企业各投了 1M 广告费，得到一张相同的订单，如图 15－1 所示。

财务总监在第二行的表格内写入“－1”，表示支出 1M。如表 15－2 所示。

表 15－2

新年度规划会议	√			
参加订货会/登记销售订单	1			

销售会议完成后，由营销总监在市场取得商品订单后，负责填写商品核算统计表如表 15－3 所示。

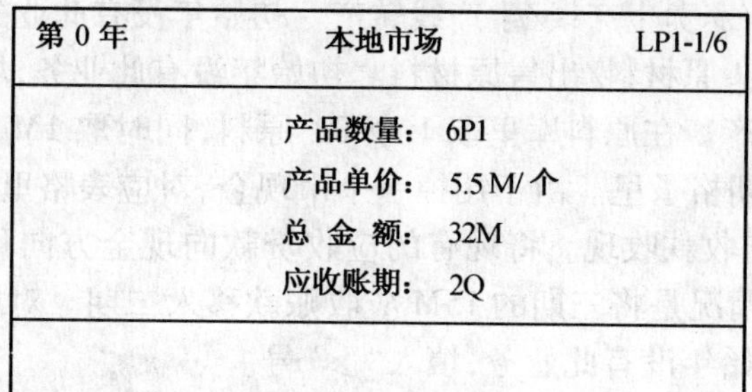

第 0 年　本地市场　LP1-1/6

产品数量：6P1
产品单价：5.5M/个
总 金 额：32M
应收账期：2Q

图 15-1　市场广告单

表 15-3　商品核算统计表

	P1	P2	P3	P4	合计
数量	6				6
销售额	32				32
成本	12				12
毛利	20				20

(3)制订新年度计划，即现有四台设备满负荷生产，不作其他开发和投资，此步完成后 CEO 在相应格子内画“√”号。

(4)支付应付税，根据上一年结出的应付税金，取一个币放入沙盘中财务区里的应交税位置上，在对应格子写入“-1”。

(5)季初现金盘点，期初设置现金数为 20，参加订货会和支付应付税共 -2M，所以此处填 18。

(6)更新短期贷款/还本付息/申请短期贷款(高利贷)，短期贷款在这一步骤里借贷与更新，初始年没有短期贷款，填入“×”号。

(7)更新应付款/归还应付款，购入其他企业产品时，会有此项发生。初始年没有此业务，填入“×”号。

(8)原材料入库/更新原料订单，将上一期预订的 2 个 R1 原材料付 2M 现金后取回，放入原料库，在对应格子填入“-2”。

(9)下原料订单。按教学年运作提示，每季度为下一季度下 1 个 R1 原料订单，取一空杯里面放入一个小纸条，上写“原材料 R1 一个”，放入订单区中。对应格子填入“√”号。

(10)更新生产/完工入库，将盘面上在产品依次推入下一格，下线的在制品放入成品库。对应格子填入“√”号。

(11)投资新生产线/变卖生产线/生产线转产。初始年没有此业务,填入“×”号。

(12)向其他企业购买原材料/出售原材料。初始年没有此业务,填入“×”号。

(13)开始下一批生产。在原料库里取1个R1原料,同时取1M现金,做成P1在制品放在空出的生产线的第一期格子里。由于用掉一个币现金,对应表格里填入“-1”。

(14)更新应收款/应收款收现。将现有的应收贷款向现金方向移动一格,若有移出应收贷款者放入现金。具体情况是将三期的15M应收账款移入二期。对应格子填入“√”号。

(15)出售厂房。初始年没有此业务,填入“×”号。

(16)向其他企业购买成品/出售成品。初始年没有此业务,填入“×”号。

(17)按订单交货。查点成品库成品数量,不够交货数量,没有操作,若反之则按单交货。填入“×”号。

(18)产品研发投资。初始年没有此业务,填入“×”号。

(19)支付行政管理费。比赛规则规定每期必须支付1M行政管理费。取一个币放入沙盘中财务区里的管理费位置上,在对应格子填入“-1”。

(20)其他现金收支情况登记。初始年没有此业务,填入“×”号。

(21)现金收入合计。本期没有现金收入,填入“0”。

(22)现金支出合计。本期共有现金支出4,填入“-4”。

(23)期末现金对账。季初现金盘点18,加本期现金收入0,减本期现金支出4,得14。填入“14”。

2.第二季(期)

在第二季里,只说明有操作的项,空白项跃过,以下各季做法同此季。需填写的内容填入表格的第二列空白格子里。

(1)季初现金盘点。期初现金数为14,所以此处填14。

(2)原材料入库/更新原料订单,将上一期预订的1个R1原材料付1M现金后取回,放入原料库,在对应格子填入“-1”。

(3)下原料订单。为下一季度下1个R1原料订单,取一空杯里面放入一个小纸条,上写“原材料R1一个”,放入订单区中。对应格子填入“√”号。

(4)更新生产/完工入库。将盘面上在产品依次推入下一格,下线2个在制品放入成品库。对应格子填入“√”号。

(5)开始下一批生产。做成2个P1在制品放在空出的生产线的第一期格子里。对应表格里填入“-2”。

(6)支付行政管理费。取一个币放入沙盘中财务区里的管理费位置上,在对应格子填入“-1”。

(7)现金收入合计。本期没有现金收入,填入“0”。

(8)现金支出合计。本期共有现金支出4M,填入“-4”。

(9)期末现金对账。季初现金盘点14,加本期现金收入0,减本期现金支出4,得10。填入“10”。

3. 第三季(期)

需填写的内容填入表格的第三列空白格子里。

(1)季初现金盘点。期初现金数为10,所以此处填10。

(2)原材料入库/更新原料订单,将上一期预订的1个R1原材料付1M现金后取回,放入原料库,在对应格子填入“-1”。

(3)下原料订单。为下一季度下1个R1原料订单,取一空杯里面放入一个小纸条,上写“原材料R1一个”,放入订单区中。对应格子填入“√”号。

(4)更新生产/完工入库。将盘面上在产品依次推入下一格,下线1个在制品放入成品库。对应格子填入“√”号。

(5)开始下一批生产。做成1个P1在制品放在空出的生产线的第一期位置上。对应表格里填入“-1”。

(6)支付行政管理费。取一个币放入沙盘中财务区里的管理费位置上,在对应格子填入“-1”。

(7)现金收入合计。本期没有现金收入,填入“0”。

(8)现金支出合计。本期共有现金支出6,填入“-6”。

(9)期末现金对账。季初现金盘点10,加本期现金收入15,减本期现金支出3,得22。填入“22”。

4. 第四季(期)

需填写的内容填入表格里空白的第四列里。

(1)季初现金盘点。期初现金数为22,填入。

(2)原材料入库/更新原料订单,将上一期预订的1个R1原材料付1M现金后取回,放入原料库,在对应格子填入“-1”。

(3)下原料订单。为下一季度下1个R1原料订单,取一空杯里面放入一个小纸条,上写“原材料R1一个”,放入订单区中。对应格子填入“√”号。

(4)更新生产/完工入库。将盘面上在产品依次推入下一格,下线2个在制品放入成品库。对应格子填入“√”号。

(5)开始下一批生产。做成2个P1在制品放在空出的生产线的第一期格子里。对应表格里填入“-2”。

(6)支付行政管理费。取一个币放入沙盘中财务区里的管理费位置上,在对应格子填入“-1”。

(7)支付利息/更新长期贷款/申请长期贷款。将现有的长期贷款向现金方向移动一格,代表一年,若有移出者用现金归还,同时支付利息。具体情况是将四年的20M移入三年格内,五年的长期贷款移入四年格内,同时支付利息4M,取四个币放入沙盘中财务区里的利息位置上,在对应格子填入"-4"。

(8)支付设备维护费。每年末按机机器台数支付此费,每台1M。现有四台设备,取四个币放入沙盘中财务区里的维修费位置上,在对应格子填入"-4"。

(9)支付租金/购买厂房。初始年没有此业务,填入"×"号。

(10)计提折旧。按规则,每台机器按净值的三分之一取整数部分折旧。具体情况是在四台机器前的净值杯里各取出一个币,放入沙盘中财务区里的折旧位置上,在对应格子填入"-4"。由于不影响现金,故此数字表中用"()"号标出。

(11)新市场开拓/ISO资格认证投资。初始年没有此业务,填入"×"号。

(12)结账。将期末数字转入下一年期初。对应格子填入"√"号。

(13)现金收入合计。本期现金收入32,填入。

(14)现金支出合计。本期共有现金支出12M,填入"-12"。

(15)期末现金对账。季初现金盘点22,加本期现金收入32,减本期现金支出12,得42。填入"42"。

经营一个完整的财务年度后,由财务总监负责填写综合费用明细表及利润表。

结果如表15-4,15-5,15-6所示。

表15-4 综合费用表 单位:百万元

项 目	金 额	备 注
管理费	4	
广告费	1	
保养费	4	
租 金		
转产费		
市场准入开拓		□区域 □国内 □亚洲 □国际
ISO资格认证		□ISO9000 □ISO14000
产品研发		P2( ) P3( ) P4( )
其 他		
合 计	9	

表 15-5 利润(损益表) 单位:百万元

项　　目	上年数	本年数
销售收入		32
直接成本		12
毛利		20
综合费用		9
折旧前利润		11
折旧		4
支付利息前利润		7
财务收入/支出		4
其他收入/支出		
税前利润		3
所得税		1
净利润		2

表 15-6 资产负债表 单位:百万元

资产	期初数	期末数	负债和所有者权益	期初数	期末数
流动资产:			负债:		40
现金		42	长期负债		
应收款			短期负债		
在制品		8	应付账款		
成品		6	应交税金		1
原料		2	一年内到期的长期负债		
流动资产合计		58	负债合计		41
固定资产:			所有者权益:		
土地和建筑		40	股东资本		50
机器与设备		9	利润留存	11	14
在建工程			年度净利	3	2
固定资产合计		49	所有者权益合计		66
资产总计		107	负债和所有者权益总计		107

*注:期末数利润留存 14 为期初数利润留存 11 加期初数年度净利 3 得来。

至此，企业盘面上状态如下：

（一）流动资产 58M

1. 现金 42M；

2. 在制品 8M，4 个 P1；

3. 成品 6M，3 个 P1；

4. 原料 2M，2 个 R1；

5. 订单处预定 R1 原料 1 个。

（二）固定资产 49M

1. 大厂房 40M；

2. 设备价值 9M。手工生产线账面价值为 3M，半自动生产线账面价值为 4M。三条手工生产线和一条半自动生产线，各自的价值分别为 3M、3M、3M、4M；

（三）负债 41M

长期负债 40M，分别置于第三年和第四年位置。至此，沙盘盘面上共有 107 个彩币，其中 97 个灰色彩币、10 个红色彩币。

二、农业企业沙盘模拟运营的分析

按照农业企业经营沙盘模拟的规则，在经营完成初始年（即第 0 年）后，企业经营竞争模拟进行沙盘模拟的主体部分，即按企业经营年度从第一年至第六年展开。第一年经营开始前，通过指导教师作为信息发布者的商务周刊发布市场预测资料，对每个市场每个产品的总体需求量、单价、发展趋势做出有效预测。每一个企业组织在市场预测的基础上讨论企业战略和业务策略，在 CEO 的领导下按一定程序开展经营，做出所有重要事项的经营决策，决策的结果会从企业经营结果中得到直接体现。

（一）企业沙盘模拟的产品分析

P1 产品在第一年和第 2 年都会在市场上是各个企业最主要竞争的市场份额。可是根据资料显示，P1 产品在 3 年后将迅速进入衰退期。单价会在 4 左右。这是一个接近于成本价钱的价格。也就是说，在企业进行到第 3 个年头，所有的企业的 P1 生产线都会纷纷下马。P1 为鸡肋产品。但是，这次比赛的规则是，交易额第一的企业就是该市场的领导者。并没有要求净利润。因此，P1 市场的取舍问题，会在第 2 年到第 3 年的企业间排名产生很大的影响力。

P2 市场价格稳定，而且是唯一一个在 6 年里，先后经历成长期，成熟期以及衰退期的产品。因此，对于 P2 产品的经营策略，应该随着它市场地位的变化而变化。

P3 是市场上利润空间最大的产品。在第 6 年，于几个市场同时出现成熟期的最高点。最高交易价格会在 10 左右，和同时期的 P4 持平，且成本少 1 个单位。P3 的问题在于，各个企业都在打 P3 市场，选择哪个市场成为关键。

P4 是 4 种产品中的明星类产品。也就是说，在 6 年中，企业不得不为这种产品花费相当数量的资本投入，却很难在这种产品上实现真正的价值，因此选择放弃了 P4。

(二)企业沙盘模拟的市场分析

本地市场：头 3 年 P1，P2 价格上扬。第 4 年，P2 市场又是各个市场中价格最高的。即是说，在头三年，他对我们企业现在的产品(技术含量低，生产能力薄弱)来说，是一个很好的资本积累空间。而第 4 年以后，又是我们企业扩大再生产以及开发新市场的有力后盾。

区域市场：开发期短，市场规模很大。但是，3 年后所有的产品价格全面走低。区域市场的问题就在于如何介入，如何退出。

国内市场：国内市场无论是利润空间，还是产品需求都是相当可观的，牢牢把握住国内市场，就意味着有可能问鼎效益最好的企业。但，它的开发时期和 P3 的研发时期相近。因此，最有可能出现的情况就是所有的企业在第 3 年，第 4 年同时在国内市场下重注。结果必然是，国内市场成为各个企业的鸡肋，食之无味，弃之可惜。

亚洲市场：亚洲市场开发期较长，但他拥有 P3 的最高价格区间，虽然对 ISO 要求很高，但因为产品价格不菲，可以弥补在质量认证的投入。

国际市场：这是一个奇怪的市场。在所有年份看来，P2，P3，P4 市场都没有很大的吸引力。但是，P1 却出现一枝独秀的情况。因此，在第 2 年后，如果同时出现 3 + 的竞争对手，这里可以在最后一年博得 5 000 + 的利润空间(风险很大)。

根据以上的分析结果，在起始年做出第一次 6 年发展战略决策。头三年以 P1，P2 为主打产品，全面占领本地市场，第 4 年实现本地市场向亚洲市场的局部过渡，第 5 年实现企业重心从本地市场向亚洲市场转移。决胜在第六年的亚洲市场的以市场为中心的发展战略。

(三)市场开拓与订单规则分析

市场开拓完成后可取得相应的市场模板，通过 ISO 认证后可选择进行 ISO 广告投入。ISO 广告投入应分配到每个具体的市场和产品。投入 1M 有一次选取订单的机会，以后每多投 2M 增加一次选单机会。有 ISO 要求的订单必须有相应的资质及 ISO 广告投入后方可接单。普通订单可在当年任一季度交货，加急订单必须在第一季度交货。出现逾期交货时，必须先将逾期的订单交完货后方可再交其他订单。逾期订单在交货时按该张订单销售额的 75% 结算货款。

第二节　农业企业电子沙盘模拟实训操作

农业企业电子沙盘模拟实战是采用用友创业者 4.0 版，其具体操作如下：

一、登录系统

一队分配一个 IP，根据所分配的队号设置。如：队号为 U 01，则 IP 为 192.168.0.101，以此类推。请在本地连接中设置，如图 15－2 所示（考虑操作系统区别，IP 设置略有不同，请各队提前学会如何设置 IP，比赛时不负责指导）。

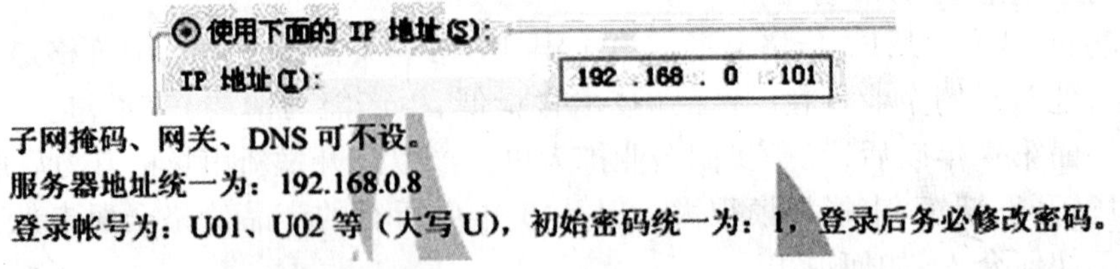

⊙使用下面的 IP 地址(S)：
IP 地址(I)：　192 .168 . 0 .101

子网掩码、网关、DNS 可不设。
服务器地址统一为：192.168.0.8
登录帐号为：U01、U02 等（大写 U），初始密码统一为：1，登录后务必修改密码。

图 15－2　登录系统图

二、流程运行任务

电子沙盘模拟实战中的主要任务，简单来说：在沙盘模拟对抗中有三大块业务重点：财务、生产和营销。

1. 财务管理模块，包括资金的流动，现金的储备，每季度每年的资金预算，企业资金的健康控制，融资的多少和方式的选择和运用。

2. 生产运营模块，包括生产能力的预算，物料清单和采购提前期，生产力扩展的计划，生产成本预算。

3. 营销与规划模块，营销分为长期目标和短期目标，长期目标是整体经营方向，产品研发的选择，市场选择；短期目标是每年度的销售预测，广告投入预算，订单的选择。

具体步骤为：

（一）年初规划

1. 年初会议的几个要点：财务总监先做好初步现金预算，计算公司的现金流情况，并且要好好研究商业新闻，讨论公司下一年发展战略，会议讨论的核心问题：

（1）新产品研发问题、产品库存问题等。

（2）新市场开发与已开发市场维护问题。

（3）是否需要贷款问题。

（4）广告投入问题、ISO 认证与宣传。

（5）生产线和厂房的购买、租赁或者变更问题。

2. 订货会议与订单取货：每年初各企业的市场总监与客户见面并召开订货会议，根据市场地位、市场投入、市场需求及竞争态势，按规定程序领取订单。

首先，由上一年的销售总额决定市场排名：

（1）上年在该市场的订单价值决定市场领导者，并由其最先选择订单；

（2）其次，在当前市场上，按产品的广告投入量的多少，依次选择订单；

(3)若在同一产品上有多家企业的广告投入相同,则按该市场上全部产品的广告投入量决定选单顺序;

(4)若市场的广告投入量也相同,则按上年订单销售额的排名决定顺序;

(5)否则通过非公开招标方式确定订单的归属。

(二)年中运营

由于企业经营模拟电子沙盘是采用网络实时经营运作,一切流程都在网络上操作。因此,需要将手工沙盘的流程熟练记忆在头脑中。然后按照市场运营及生产操作规程的要求,根据沙盘模拟的主要模块进行操作。

(三)年末总结

1.本期经营管理状况

(1)本期生产经营状况分析

从供应、产量、产值、质量及销售等方面对公司本期的生产经营活动作出评价,并与上年同期水平进行对比。

(2)本期管理状况分析

从组织内部制度建设、部门分工协作、市场营销管理、人力资源规划与配置等方面对公司本期的管理活动作出分析、评价和说明。

2.本期财务状况及经营成果

(1)资产、负债结构分析

本期资产、负债结构以及与期初、去年同期对比的增减变化情况,对变化原因作出分析说明。

(2)存货分析

①根据产品销售率分析本公司产销平衡情况;

②分析存货积压的形成原因及库存产品完好程度;

③分析本期处理库存积压的产品,包括处理的数量、金额及导致的损失。

(3)应收账款分析

①分析金额较大的应收账款形成的原因及处理情况,包括催收或上诉的进度情况;

②本期未取得货款的收入占总销售收入的比例,比例较大的应说明原因;

③应收账款中非应收货款部分的数量,包括预付货款、定金及借给外单位的款项等,对于借给外单位或其他用途而记入应收账款科目的款项应单独列出,并作出说明;

④季度、年度分析应对应收账款进行账龄分析,予以分类说明。

(4)固定资产及其他资产状况分析

企业经营模拟过程中每季度、年度应对固定资产和其他资产的净值、折旧情况、使用状况、大修理情况及使用效率情况作出说明,为公司进行固定资产更新、改造项目投资决策提供依据。

(5)负债及财务风险分析

①根据负债比率、流动比率及速动比率分析企业的偿债能力及财务风险的大小;

②分析本期增加的借款的去向。

3. 措施与建议

①根据分析,结合具体情况,对企业生产、经营提出合理化建议;

②对现行各项管理制度提出建议;

③总结前期工作中的成功经验。

三、电子沙盘模拟中特殊运行任务

(一)电子沙盘模拟中实现有效筹资管理的措施

企业筹资是指企业根据其生产经营、对外投资和调整资本结构等需要通过金融市场等筹资渠道运用一定的筹资,方式经济有效地筹措和集中资金的活动。筹集资金是企业的基本财务活动,是资金运动的起点,是决定资产规模和生,产经营发展程度的重要环节。资金的筹集必须遵循一定的原则,按照一定的步骤进行。

1. 进行财务的预测与分析,计算融资时所需要的资金量

企业为了保证生产经营的正常进行,必须知道自己在什么时间、需要多少资金,才能编制合理融资计划。在电子沙盘模拟中,每个会计年度初期,企业管理层需要制定(或调整)企业发展战略,以此为依据确立企业未来的销售目标。有了销售目标,企业的财务主管就可以编制销售预算,即对未来一年企业可能实现的销售量、销售收入作测算。这样,以销售预测为依据,结合企业对未来的预期,就可以编制准确的生产预算、采购预算、设备投资专门预算,并进行相应的现金预算。由于现金预算的内容包括现金的流入量、现金的流出量、现金的多余及现金短缺的数值,因此根据现金预算,管理层就可以判断出未来企业现金流的状况及现金结余的情况以及现金是否有短缺,如果有短缺,金额是多少,测算出资金需要量。

2. 根据运营企业自身情况对融资方式的选择进行可行性分析

电子沙盘模拟中允许企业的融资方式有长期贷款、短期贷款、贴现及高利贷。其中长期贷款最长为 5 年期,每年年底支付利息,贷款的最高限额是权益额的 2 倍;短期贷款及高利贷期限为 1 年,不足 1 年的按 1 年计息,短期贷款与高利贷到期时还本付息,短期贷款贷款限额是权益的 2 倍,高利贷没有贷款额度的限制;资金贴现在资金出现缺口且不具备银行贷款的情况下,并且有应收款时随时可以进行,金额是 7 的倍数不论应收款期限长短,拿出 7 百万元交 1 百万元的贴现费。企业需要融资时,根据自己的负债情况,选择可行的融资方式,如表 15 -7 所示。

3. 根据不同融资方式的资本成本和风险水平,确定不同融资方式的资金筹集比例及数额

在电子沙盘模拟中,由于不同筹资方式的资本成本及财务风险有所不同,所以企业应计算并且比较不同筹资方式的资本成本及财务风险,进而选择适合企业的筹资方式及确定不同

筹资方式的筹资比例，既要保证筹资的综合资本成本较低，又要控制企业的风险水平，这样才能以最经济的方式获取所需资金，并且在债务到期时能够及时偿还，而不至于由于债务安排的不合理，出现无法偿贷的财务危机，如表 15－8 所示。

表 15－7 电子沙盘模拟中融资方式一览表

贷款类型	贷款时间	贷款额度	年息	还款方式
长期贷款	每年年末	权益的 2 倍－已有长期负债	10%	年底付息，到期还本
短期贷款	每季度初	权益的 2 倍－(已有短期贷款＋一年内到期的长期负债)	5%	到期一次还本、付息
高利贷	任何时间	与银行协商	20%	到期一次还本、付息
资金贴现	任何时间	视应收款额	1:6	变现时贴息

表 15－8 电子沙盘模拟中不同融资方式资金成本与风险比较一览表

贷款类型	资金成本	财务风险
高利贷	最高	较高
资金贴现	较高	较低
短期贷款	最低	最高
长期贷款	较低	最高(偿还期最长)

4. 确定企业最佳的融资方案，合理规划资本结构

在准确地预测出企业资金需要量的基础上，通过对不同的融资方式的定性与定量分析，明确企业可供选择的不同融资方式的筹资数额及占总筹资额的比例，制定出最佳的筹资方案，构建出科学的资本结构。

(二)电子沙盘模拟中筹资模块内容的拓展

1. 丰富筹资方式

在电子沙盘模拟中，运营企业没有上市，因此其融资渠道只能是银行借款、高利贷及应收账款贴现，融资的方式比较单调。单靠举债融资加大了企业的财务风险，并且难以使运营企业资本结构合理化。现实生活中，企业可供选择的融资方式很多，有吸收直接投资、金融机构贷款、发行股票和债券、租赁、留存收益、商业信用等。

如果在电子沙盘模拟中丰富运营企业的筹资方式，虽然会增加制定筹资决策的难度，但同时会使参与者对资金的管理能力得到有效锻炼。比如企业需要进行外部融资时，不仅考虑银行贷款，而且商业信用、租赁等都可作为企业的外部融资来源，通过对企业偿债能力的分

析,来确定企业是否适合举债融资;企业也可以通过应付账款等负债性资产来进行商业信用融资;企业在生产过程中,如果需要购进设备,可以考虑租赁融资。

2. 充分体现影响运营企业融资能力的非量化因素

在电子沙盘模拟中,长、短期贷款累计金额分别不能超过权益的 2 倍,当企业资金短缺时,其可以根据权益金额及负债情况安排资金筹集。可以看出,在 ERP 沙盘模拟中,权益情况是影响运营企业筹资最关键的因素。但是,现实企业筹资方案的制定受一些非量化的因素影响。

(1)企业经营者与所有者的态度

从经营者的角度看一旦发生财务危机其职务和利益,将受到重大影响故经营者倾向于较少地使用财务杠杆,尽量降低债务资金的比例。相反企业的所有者往往不愿分散其控制权故不愿增发新股而要求经营者去举债。虽然企业对如何适当运用财务杠杆都有自己的分析,但企业经营者与所有者的态度实际上往往成为决定资本结构的关键因素。

(2)企业信用等级与债权人的态度

企业能否以借债的方式筹资和能筹集到多少资金,不仅取决于企业经营者和所有者的态度,而且还取决于企业的信用等级。通常都会与信用评级机构商讨其资本结构,并且对他们提出的意见予以充分重视。如果企业的信用等级不高,债权人将不愿意向企业提供信用从而使企业无法筹措到它所希望达到的负债水平。

(3)企业所处行业

由于许多不同行业的资本结构具有行业性特点,如医药、食品行业一般具有较低的财务杠杆,而造纸、钢铁、航空等行业拥有高的财务杠杆。因此融资方案的制定必然受企业所处行业的影响。

现实企业筹资方案的制定复杂很多,需要考虑上述在内的众多影响因素。因此,只有不断完善沙盘筹资模块 ERP 的运营规则,比如分设多个行业进行经营模拟、进行运营企业信用测评以此为依据决定企业的贷款额度等等,才能使虚拟企业的筹资环境与现实最大限度的吻合,虚拟企业的资金管理会更加真实化。这样在领会管理思想的同时,ERP 管理能力才能得到切实的锻炼。

(三)企业破产的预测

在市场经济条件下,企业的破产与企业的建立就像人的出生与死亡一样,是客观存在的。对投资者等与企业有利害关系的方面来讲,准确地判断企业是否面临破产境地,将能够最大限度地降低自己的财务风险,获得较好的经济效益。

1. 导致企业破产的因素分析

导致企业破产的因素很多,既有企业内部因素,也有企业外部因素。在此主要对导致企业破产的内部因素进行分析。

(1)过分依赖于单一产品或单一的客户,对产品开发,市场走向的调研及市场的开发缺乏进取心。

如果企业长期依赖于单一的产品或单一的客户，则企业会发现，不管以前自己的产品多么有优点，多么有市场，自己与客户间的关系多么稳定，但路却越走越难。这是因为，任何产品，均有其自己的生命周期。即使有些产品可在较长时间内有自己的市场，也并不意味着其他竞争对手会坐视某一企业长期占有某一产品的市场而无动于衷。至于客户方面，同样会因为竞争的原因使得自己的传统客户放弃或中断原来的合作关系而寻求新的合作伙伴。即使企业与客户间的关系能够始终维持，但只要客户的财务状况发生重大困难（如资金周转不灵或面临破产等），企业也将因此而受牵连而随即陷入困境。因此，过分依赖单一产品或单一客户的企业，在财务上是危险的，在发展前景上是暗淡的。

（2）企业业务扩张过度，致使发展的后劲不足，已扩张的业务范围也可能因基础不稳定而萎缩，最终导致企业破产。

（3）盲目开发风险性较大的业务（如房地产开发业务），但缺乏对这类业务市场趋势的把握，也缺乏有关专业人才，结果将可能使这类业务成为导致企业破产的导火索。

（4）企业内部管理不善，缺乏财务会计控制，缺乏理财专业人员，致使企业在遇到财务困难时，路可能会越走越窄，最终走向破产。

2. 企业破产的预测

我们在前面进行比率分析时已经看到，单个财务比率只能表现其某一方面财务状况，即使将若干个比率联系起来，也不易于用来揭示企业是否面临破产的困境。

在现实生活中，许多企业为了粉饰其某一方面的财务状况，往往采用一些手段来操纵某些指标，使其具有较好的外在表现。但是，由于会计系统所固有的平衡特性，使得企业对某一方面财务指标的粉饰可能同时与另一些方面财务指标的恶化并存。因此，将多个财务指标有机地结合在一起，则可以消除个别指标在评价企业财务状况方面的缺陷。

四、企业电子沙盘模拟的重要参数

注意：

（1）每市场每产品选单时第一个队选单时间为 65 秒，自第二个队起，选单时间设为 40 秒；

（2）初始资金为 60M；

（3）信息费 1M/次/队，即交 1M 可以查看一队企业信息，交费企业以 Excel 表格形式获得被间谍企业详细信息（可看到的信息框架结构如图 15 - 3 所示）；

（4）间谍无法看到对手的选单情况。

违约金比例	20 %	贷款额倍数	3 倍
产品折价率	100 %	原料折价率	80 %
长贷利率	10 %	短贷利率	5 %
1，2期贴现率	10 %	3，4期贴现率	12.5 %
初始现金	600 W	管理费	10 W
信息费	1 W	所得税率	25 %
最大长贷年限	5 年	最小得单广告额	10 W
原料紧急采购倍数	2 倍	产品紧急采购倍数	3 倍
选单时间	40 秒	首位选单补时	25 秒
市场同开数量	2	市场老大	○有 ◉无
竞拍时间	90 秒	竞拍同拍数	3

信息确认

图 15－3　企业电子沙盘模拟的重要参数图

第三节　电子沙盘简介及与手工沙盘的关系

目前，大多数高等本、专科院校均采用用友电子沙盘（创业者企业模拟经营系统），它是用友手工沙盘（ERP 沙盘 V4.0）的拓展和延伸，在教学和实训中既可以相结合，也可以单独使用。用友创业者企业模拟经营系统是教师在讲授 ERP 沙盘模拟课程时所用的教学软件。利用它可以记录企业模拟竞争过程，收集各企业每年广告投入、成本费用、财务状况、经营成果等信息；协助完成选单过程；对各组经营情况进行销售分析、成本分析、财务分析等，减轻了教师的授课负担，便于大量数据的分析对比工作。理想的教学模式是对于初训者适宜将用友创业者企业模拟经营系统与实物沙盘相结合，便于学生对企业的经营及运作流程有一个直观的认识；对于已经熟悉了企业的运营流程，而进行经营决策的高级训练可以单独使用用友电子沙盘进行训练。

“创业者”电子沙盘是浙江大学城市学院和用友软件股份有限公司联合开发的最新企业经营模拟软件，首创基于流程的互动经营模式。系统与实物沙盘完美结合，继承了 ERP 实物沙盘形象直观的特点，同时实现了选单、经营过程、报表生成、赛后分析的全自动运行，将教师彻底从选单、报表录入、监控等具体操作中解放出来，而将教学研究的重点放于企业经营的本质分析。

该系统全真模拟企业市场竞争及经营过程，受训者身临其境，真实感受市场氛围。既可使受训者全面掌握经管知识，又可树立团队精神、责任意识。对传统课堂教学及案例教学既是有益补充，又是创新革命。该系统有以下一些特点：采用B/S架构，基于web的操作平台，安装简洁，可实现本地或异地的训练；可以对运作过程的主要环节进行控制，学生不能擅自改变操作顺序，也不能随意反悔操作，避免作弊；自动核对现金流，并依据现金流对企业运行进行控制，避免了随意挪用现金的操作，从而真实反映现金对企业运行的关键作用；实现交易活动（包括银行贷款、销售订货、原料采购、交货、应收账款回收、市场调查等）的本地操作，以及操作合法性验证的自动化；可以与实物沙盘结合使用，也可单独使用（高级训练或比赛时采用）；有多组训练的选择，普通版可在6~18组中任选；可以有限地改变运行环境参数，调节运行难度；增加了系统间谍功能；系统中集成了即时信息（Instant Message）功能；强大的用户决策跟踪——可无遗漏地暴露决策失误，进行赛后复盘分析。

电子沙盘经营规则与过程ERP实物沙盘经营侧重于对企业的综合认知，但这一训练存在不可回避的三个问题：其一，企业经营监控不力，在企业运营的各个环节，如：营销环节、运营环节、财务环节等存在有意无意的疏漏和舞弊，控制成本巨大；其二，受时空限制，参与课程人数有限；其三，教师工作量，不能做到精细数据管理、管理工具和方法的综合应用。

电子沙盘经营可以作为集中课程进行，也可以由学生社团组织沙盘比赛的形式开展。特别是在层层比赛的形式中，可以让学生们有更多的时间和更好的氛围，多次反复地进行体验训练。由于有这样反复“做”的过程，可以让学生对企业经营从“会”的阶段，逐步进阶到“熟”的阶段。

第四节 企业经营决策模拟沙盘运营实例

案例：基于对卓越模拟公司的实际战例

对企业基本情况描述是，该公司CEO是个稳重的人，经营时处处精打细算、谨小慎微，因此也决定了公司的经营特点，即采用保守战略。

一、企业经营决策模拟的第一年经营

（一）第一季（期）

1. 新年度规划会议

大家讨论热烈，各持己见，最后CEO拍板作出以下决定：走专营路线，一年后停止P1的生产，以生产P3为主，广告采用保守策略。决策如下：

（1）广告费投入：本地P1，投入资金1M；

（2）开发区域、国内、亚洲市场，投入资金3M；

（3）研发P3，投入资金8M。

评注：CEO认为，P3利润较大，别的企业不一定马上生产，所以很可能是一个冷门，我们会占优。且专营生产，投入资金少，不会在资金上有太大的压力；P1产品卖价走低，渐成鸡肋，可淘汰之；广告费冲减利润，尽量少投。如多投和别人争抢，会两败俱伤，造成浪费。

他的观点是有一定道理的，尤其是对P1产品的分析，真是入木三分，精辟之至。但以后光生产P3，品种单一，拿订单少，市场占有率不会太高。投入广告少，广告的投入产出率好，但同时也会造成产品的积压。

投入广告费最好考虑本年的产量，第一年的P1产量为9个，计算如下：

在有期初在制品时：

手工生产线产能 = 4/生产周期 = 4/3 ≈ 1.3(个/年)

半自动生产线产能 = 4/生产周期 = 4/2 = 2(个/年)

现有三台手工生产线和一台半自动生产线并全生产P1产品，所以

P1第一年产量 = 3 × 1.3 + 1 × 2 = 6(个)

P1第一年可供货数量 = 第一年产量 + 期初库存量 = 6 + 3 = 9(个)

投入广告费和产量最好有一个比例，这个比例笔者认为可在0.5 ~ 1.5之间，因此，广告费可在4 ~ 15之间，可根据情况灵活掌握。

2. 营销总监参加订货会议

投了1M广告费，排名第六，得到一张订单，如图15 - 4所示。

第1年	本地市场	LP1-1/6
	产品数量：1P1 产品单价：6M//个 总金额：6M 应收账期：4Q	

图15 - 4 广告订单

3. 制订新年度计划

除上述计划外，补充计划如下：

(1)得到订单后，现有四台设备满负荷生产P1；

(2)ISO9000和ISO14000各投资1M共2M；

(3)第三季开始投入全自动生产线资金，每季4M；

(4)研发P3每季投入资金2M；

(5)期末现金35M。

评注:研发 P3 至少需要 6 期时间,共需资金 12M。每期投入 2M,但可以中断。累计资金达到 12M,研发时间大于或等于 6 期时可以获得 P3 生产许可证。

(二)第二季

1. 研发 P3 投入 2M;

2. 期末现金 29M。

(三)第三季

1. 投入全自动生产线资金 4M;

2. 研发 P3 投入 2M;

3. 期末现金 20M。

评注:建全自动生产线至少需要 4 期时间,共需资金 16M。每期投入 4M,但可以中断。累计资金达到 16M,建设时间大于或等于 4 期时可以生产产品。

此季度开始建设全自动生产线,第二年第三期就可投入使用,正好生产刚研发出来的 P3 产品。

(四)第四季

1. 投入全自动生产线资金 4M;

2. 研发 P3 投入 2M;

3. 期末借长期贷款 60M;

4. 对区域市场、国内市场、亚洲市场投入市场开拓各 1M,共 3M;

5. 投入 ISO9000 认证和 ISO14000 认证各 1M,共 2M;

6. 期末现金 58M。

评注:长期贷款的期限是 5 年期,利息是年利 10% 年末支付,并且是有限额的,计算公式是:上年的权益值 ×2 - 已借长期贷款额,之后调整为 20 的倍数。本例为上年的权益值 66 ×2 - 已借长期贷款额 40,调整为 20 的倍数为 80。

区域市场、国内市场、亚洲市场都需要开拓,开拓时间分别为 1 年、2 年和 3 年,开拓资金各需要 1M、2M 和 3M,投资亦可中断,时间和资金达到标准后可获得市场准入证。

获取 ISO9000 质量认证和 ISO14000 环境认证亦需时间和资金,时间分别为 2 年和 3 年,资金各需要 2M 和 3M,投资亦可中断,时间和资金达到标准后可获得相应资格。

下期准备卖掉一手工生产线,条件是不能在线上有在制品,因此在进行下一批生产时,一手工生产线上没有在制品。实际上,该生产线当期就可卖掉。

运营表如表 15 - 9 所示:

表 15-9　第一年运营表

内　　容	1 季度	2 季度	3 季度	4 季度
新年度规划会议	√			
参加订货会/登记销售订单	-1			
制订新年度计划	√			
支付应付税	-1			
季初现金盘点(请填余额)	40	35	29	20
更新短期贷款/还本付息/申请短期贷款(高利贷)	×	×	×	×
更新应付款/归还应付款	×	×	×	×
原材料入库/更新原料订单	-1	-1	-1	-1
下原料订单	√	√	√	√
更新生产/完工入库	√	√	√	√
投资新生产线/变卖生产线/生产线转产	×	×	-4	-4
向其他企业购买原材料/出售原材料	×	×	×	×
开始下一批生产	-1	-2	-1	-1
更新应收款/应收款收现	√	√	√	√
出售厂房	×	×	×	×
向其他企业购买成品/出售成品	×	×	×	×
按订单交货	×	√	×	×
产品研发投资	-2	-2	-2	-2
支付行政管理费	-1	-1	-1	-1
其他现金收支情况登记	×	×	×	×
支付利息/更新长期贷款/申请长期贷款				+60 -4
支付设备维护费				-4
支付租金/购买厂房				×
计提折旧				(4)
新市场开拓/ISO 资格认证投资				-5
结账				√
现金收入合计	0	0	0	60
现金支出合计	-5	-6	-9	-22
期末现金对账(请填余额)	35	29	20	58

由营销总监负责填写商品核算统计表,如表 15-10 所示:

表 15－10 商品核算统计表

	P1	P2	P3	P4	合计
数量	1				1
销售额	6				6
成本	2				2
	4				4

由财务总监负责填写费用明细表和利润表，如表 15－11，15－12，15－13 所示。

表 15－11 费用明细表

单位：百万元

项目	金额	备 注
管理费	4	
广告费	1	
保养费	4	
租 金		
转产费		
市场准入开拓	3	√□区域 √□国内 √□亚洲 □国际
ISO 资格认证	2	√□ISO9000 √□ISO14000
产品研发	8	P2（ ） P3（ √ ） P4（ ）
其 他		
合 计	22	

表 15－12 利润（损益）表

单位：百万元

项 目	上年数	本年数
销售收入		6
直接成本		2
毛利		4
综合费用		22
折旧前利润		－18

表 15－12(续)

项　　目	上年数	本年数
折旧		－4
支付利息前利润		－22
财务收入/支出		－4
其他收入/支出		
税前利润		－26
所得税		
净利润		－26

表 15－13　资产负债表　　单位:百万元

资产	期初数	期末数	负债和所有者权益	期初数	期末数
流动资产:			负债:		
现金		58	长期负债		100
应收款		6	短期负债		
在制品		6	应付账款		
成品		16	应交税金		1
原料		1	一年内到期的长期负债		
流动资产合计		87	负债合计		100
固定资产:			所有者权益:		
土地和建筑		40	股东资本		50
机器与设备		5	利润留存	14	16
在建工程		8	年度净利	2	－26
固定资产合计		53	所有者权益合计		40
资产总计		140	负债和所有者权益总计		140

＊注:期末数利润留存 16 为期初数利润留存 14 加期初数年度净利 2 得来。

二、企业经营决策模拟的第二年经营

(一)第一季(期)

1. 在新年度规划会议上。决定仍走专营路线,广告费投入共 5M,详见表 5－14 所示。

表 15－14

市场	本地			区域			国内			亚洲			合计
产品	P1	P2	P3	P1	P2	P3	P1	P2	P3	P1	P2	P3	
广告	1			3		1		1			5	3	5
9K													
14K													

2. 营销总监参加订货会议。得到订单，内容如表 15－15 所示。

表 15－15

订单号	1	2	3							合计
市场	本地	区域	区域							
产品	P1	P1	P3							
数量	1	2	1							4
账期	0	2	3							
销售额	5	10	8							23
成本	2	4	4							10
毛利	3	6	4							13
未售										

评注：还是广告费投入过少，致使订单过少，从而资金周转困难。

3. 制订新年度计划。

除上述计划外，补充计划如下：

(1)卖掉两台手工生产线，新投资两台全自动生产线；

(2)停止生产 P1，新建设完成的全自动生产线在第三季开始生产 P3；

(3)继续投资 ISO9000 和 ISO14000；

(4)第一季和第二季继续对全自动生产线进行投资，每季投入 4M，第三季开始用全自动生产线生产 P3 产品；

(5)继续研发 P3，第一季和第二季各投入 2M；

(6)开始采购 P3 原料。

评注：一台手工生产线净值为 2M，卖后得残值 1M，另 1M 作为固定资产盘亏，年末记入综合费用表中的其他项，冲减利润。

P3 产品的 BOM(物料清单)是由 2 个 R2 原料和 1 个 R3 原料构成,R2 原料的采购预订提前期是 1 期,R3 原料的采购预订提前期是 2 期。所以第一季度就要下 R3 的原料订单。

(二)第二季(期)

研发 P3 投入 2M;期末现金 46M。

评注:短期贷款的期限是 1 年,到期时本利一并归还,年利 5%。每年可借的短期贷款是有限额的,随上年权益值变动。计算公式是:上年的权益值 ×2 - 已借短期贷款额,之后调整为 20 的倍数。本例为上年的权益值 40 ×2 - 已借短期贷款额 0,调整为 20 的倍数为 80。

全自动生产线第一年生产不提折旧费,从生产的第二年开始提。但只要生产,需投入维修费 1M。

由于考虑欠周,第四季的全自动生产线没有原料而停产一季。

运营表如表 15 - 16 所示。

表 15 - 16　第二年运营表

内　容	1 季度	2 季度	3 季度	4 季度
新年度规划会议	√			
参加订货会/登记销售订单	-5			
制订新年度计划	√			
支付应付税	×			
季初现金盘点(请填余额)	53	50	35	32
更新短期贷款/还本付息/申请短期贷款(高利贷)	×	×	×	40
更新应付款/归还应付款	×	×	×	×
原材料入库/更新原料订单	-1		-3	
下原料订单	√	√	√	√
更新生产/完工入库	√	√	√	√
投资新生产线/变卖生产线/生产线转产	-4 +2	-12 +1	-8	-8
向其他企业购买原材料/出售原材料	×	×	×	×
开始下一批生产	×	-1	-1	-1
更新应收款/应收款收现	6	√	10	√

表 15-16(续)

内　　容	1 季度	2 季度	3 季度	4 季度
出售厂房	×	×	×	×
向其他企业购买成品/出售成品	×	×	×	×
按订单交货	×	√	×	×
产品研发投资	-2	-2		
支付行政管理费	-1	-1	-1	-1
其他现金收支情况登记	×	×	×	×
支付利息/更新长期贷款/申请长期贷款				-10
支付设备维护费				-2
支付租金/购买厂房				×
计提折旧				(4)
新市场开拓/ISO 资格认证投资				-4
结账				√
现金收入合计	13	1	10	40
现金支出合计	-16	-16	-13	-26
期末现金对账(请填余额)	50	35	32	46

由营销总监负责填写商品核算统计表,如表 15-17 所示。

表 15-17　商品核算统计表

	P1	P2	P3	P4	合计
数量	3		1		4
销售额	15		8		23
成本	6		4		10
毛利	9		4		13

由财务总监负责填写费用明细表和利润表,如表 15-18,15-19,15-20 所示。

表 15－18 费用明细表 单位:百万元

项目	金额	备注
管理费	4	
广告费	5	
保养费	2	
租金		
转产费		
市场准入开拓	2	□区域 √□国内 √□亚洲 □国际
ISO 资格认证	2	√□ISO9000 √□ISO14000
产品研发	4	P2( ) P3(√) P4( )
其他		
合计	19	

表 15－19 利润(损益)表 单位:百万元

项目	上年数	本年数
销售收入		23
直接成本		10
毛利		13
综合费用		－19
折旧前利润		－6
折旧		－1
支付利息前利润		－7
财务收入/支出		－10
其他收入/支出		
税前利润		－17
所得税		
净利润		－17

表 15－20 资产负债表 单位:百万元

资产	期初数	期末数	负债和所有者权益	期初数	期末数
流动资产:			负债:		
现金		46	长期负债		100
应收款		8	短期负债		40
在制品		2	应付账款		
成品		18	应交税金		1
原料			一年内到期的长期负债		
流动资产合计		74	负债合计		140
固定资产:			所有者权益:		
土地和建筑		40	股东资本		50
机器与设备		17	利润留存	16	－10
在建工程		32	年度净利	－26	－17
固定资产合计		89	所有者权益合计		23
资产总计		163	负债和所有者权益总计		163

* 注:期末数利润留存－10 为期初数利润留存 16 加期初数年度净利－26 得来。

评注:

1. 广告打的较少,拿订单较少,致使 P1 产品积压偏多;
2. 手工生产线处理及时,生产线上的在制品;
3. 半自动生产线可继续生产 P1 或转产 P3。

三、企业经营决策模拟的第三年经营

(一)第一季(期)

1. 广告费投入 11M,详情如表 15－21 所示。

表 15－21

市场	本地			区域			国内			亚洲			合计
产品	P1	P2	P3	P1	P2	P3	P1	P2	P3	P1	P2	P3	
广告	1		3			1	3		3				11
9K													
14K													

2. 营销总监参加订货会议。得到订单,内容如表 15-22 所示。

表 15-22

订单号											合计
市场	本地	区域	国内	国内	国内	国内	A组	A组			
产品	P1	P3	P1	P1	P3	P3					
数量	2	3	3	3	3	2	2	1			
账期	2	3	3	2	3	2					
销售额	10	23	16	13	24	16	10	15			
成本	4	12	6	6	12	8	4	4			
毛利	6	11	10	7	12	8	6	11			
未售											

评注:第三年加大广告投入,订单较多,且以很好的价格卖给 A 组 2 个 P1 和 1 个 P3 产品,会有很好的收入。

3. 制订新年度计划。

(1)三台全自动全部生产 P3 产品;

(2)半自动拟转产 P3,转产周期为 1 期,转产资金为 1M,第一季有在制品,第二季在制品下线,停产一期,第三期开始生产 P3,注意事先预订原材料;

(3)继续开拓亚洲市场和获取 ISO14000 环境认证,各投资 1M 共 2M;

(4)新上一全自动生产线,每季 4M。

(二)第二季(期)

继续投资一个全自动生产线。

(三)第三季(期)

第三季由于资金紧张,对新全自动生产线停止投资一期。

评注:期末现金 24M,由于下期有 22M 的短期贷款和利息要还,因此在应收账款取 21M 贴现换得 18M 现金,所以第四季初现金盘点为 42M。贴现必须在应收账款中取 7 的倍数,贴现率为七分之一。

(四)第四季(期)

1. 期初还完短期贷款 42M 后,借 20M 短期贷款;

2. 投入全自动生产线资金 4M;

3. 对亚洲市场投入市场开拓 1M,投入 ISO14000 认证 1M,共 2M;

4. 期末现金 12M。

评注:订原料时多订了 2 个 R2,多用 2M 资金,致使下期投入广告费时最多只能投入 12M。

需要强调的是,原材料订单的计算要考虑到提前期的问题,这点非常重要。原料订单的计算如下:

1. 生产排程,在每年初从第三季到下年第二季进行生产排程,如表 15-23 所示。

表 15-23

季度	本年 3 季度	本年 4 季度	下年 1 季度	下年 2 季度
半自动	P3	—	P3	—
全自动 1	P3	P3	P3	P3
全自动 2	P3	P3	P3	P3
全自动 3	P3	P3	P3	P3

2. 根据 P3 的 BOM(物料清单)分解出需要材料表,如表 15-24 所示。

表 15-24

季度	本年 3 季度	本年 4 季度	下年 1 季度	下年 2 季度
半自动所需原材料	2R2	—	2R2	—
	1R3	—	1R3	—
全自动 1 所需原材料	2R2	2R2	2R2	2R2
	1R3	1R3	1R3	1R3
全自动 2 所需原材料	2R2	2R2	2R2	2R2
	1R3	1R3	1R3	1R3
全自动 3 所需原材料	2R2	2R2	2R2	2R2
	1R3	1R3	1R3	1R3

3. 求出各种原料合计数,如表 15-25 所示。

表 15-25

季度	本年 3 季度	本年 4 季度	下年 1 季度	下年 2 季度
R2	8	6	8	6
R3	4	3	4	3

4. 按预订提前期列出预订时间表，如表 15－26 所示。

表 15－26

季度	本年 1 季度	本年 2 季度	本年 3 季度	本年 4 季度	下年 1 季度
R2		8	6	8	6
R3	4	3	4	3	

至此，就可以根据原材料库存情况下原材料订单了。

运营表如表 15－27 所示。

表 15－27　第三年运营表

内　容	1 季度	2 季度	3 季度	4 季度
新年度规划会议	√			
参加订货会/登记销售订单	－11			
制订新年度计划	√			
支付应付税	×			
季初现金盘点（请填余额）	35	27	18	42
更新短期贷款/还本付息/申请短期贷款（高利贷）	×	×	×	－42＋2
更新应付款/归还应付款	×	×	×	×
原材料入库/更新原料订单	－9	－9	－12	－11
下原料订单	√	√	√	√
更新生产/完工入库	√	√	√	√
投资新生产线/变卖生产线/生产线转产	－5	－4		－4
向其他企业购买原材料/出售原材料	×	×	×	×
开始下一批生产	－3	－3	－4	－3
更新应收款/应收款收现		8	23	32
出售厂房	×	×	×	×
向其他企业购买成品/出售成品		10	×	15
按订单交货	×	√	×	×
产品研发投资				
支付行政管理费	－1	－1	－1	－1

表 15－27(续)

内 容	1 季度	2 季度	3 季度	4 季度
其他现金收支情况登记	×	×	×	×
支付利息/更新长期贷款/申请长期贷款				－10
支付设备维护费				－4
支付租金/购买厂房				×
计提折旧				(6)
新市场开拓/ISO 资格认证投资				－2
结账				√
现金收入合计	10	8	23	47
现金支出合计	－18	－17	－17	－77
期末现金对账(请填余额)	27	18	24	12

由营销总监负责填写商品核算统计表,如表 15－28 所示。

表 15－28 商品核算统计

名称	P1	P2	P3	P4	合计
数量	10		9		19
销售额	49		78		127
成本	20		36		56
毛利	29		42		71

由财务总监负责填写费用明细表和利润表,如表 15－29,15－30,15－31 所示。

表 15－29 费用明细表 单位:百万元

项 目	金 额	备 注
管理费	4	
广告费	11	
保养费	4	
租 金		

表 15－29(续)

项　目	金　额	备　注
转产费	1	
市场准入开拓	1	□区域　□国内　√□亚洲　□国际
ISO 资格认证	1	□ISO9000　√□ISO14000
产品研发		P2(　)　P3(　√　)　P4(　)
其　他		
合　计	22	

表 15－30　利润(损益)表

单位:百万元

项　目	上年数	本年数
销售收入		127
直接成本		56
毛利		71
综合费用		－22
折旧前利润		49
折旧		－6
支付利息前利润		43
财务收入/支出		－15
其他收入/支出		
税前利润		28
所得税		
净利润		28

评注:第一年赢利可弥补前三年亏损,余额交税。余额是 1,按 1 的三分之一取整为 0,故应付税为 0。

表 15-31 资产负债表

单位:百万元

资产	期初数	期末数	负债和所有者权益	期初数	期末数
流动资产:			负债:		
现金		12	长期负债		80
应收款		26	短期负债		20
在制品		16	应付账款		
成品			应交税金		1
原料		2	一年内到期的长期负债		
流动资产合计		56	负债合计		100
固定资产:			所有者权益:		
土地和建筑		40	股东资本		50
机器与设备		43	利润留存		-27
在建工程		12	年度净利		28
固定资产合计		95	所有者权益合计		51
资产总计		151	负债和所有者权益总计		151

四、企业经营决策模拟的第四年经营

(一)第一季(期)

1. 广告费投入共 12M,详见表 15-32 所示。

表 15-32

市场	本地			区域			国内			亚洲			合计
产品	P1	P2	P3	P1	P2	P3	P1	P2	P3	P1	P2	P3	
广告			1			1			3			3	12
9K	1			1			1			1			
14K													

2. 营销总监参加订货会议,得到订单,内容如表 15-33 所示。

表 15－33

订单号												合计
市场	区域	国内	亚洲	亚洲								
产品	P3	P3	P3	P3								
数量	2	3	2	4								
账期	2	3	2	3								
销售额	18	24	18	35								
成本	8	12	8	16								
毛利	10	12	10	19								
未售												

评注：由于只有 12M 现金，只能全部投入，从结果来看投入少了一点，因为其他企业也开始加入在各市场 P3 产品订单的争夺。现在产能已达到 18，但只拿到 11 个产品的订单。进入亚洲市场后发现其他企业没有进入者，也是一种失落。广告的投入结构也应调整。本地市场投入少，以至一无所获。不如事先将资金抽出投入国内市场。

3. 制订新年度计划。

(1)第一期安排三个全自动和一个半自动生产 P3，第二期安排四个全自动生产 P3，由于运营时间为四年，产量已能满足订单生产，三、四季停产；

(2)第一季投入最后一期新上全自动生产线资金 4M。

(二)第二季(期)

1. 停止订购原材料；

2. 期末现金 7M。

(三)第三季(期)

1. 停止生产；

2. 期末现金 64M。

(四)第四季(期)

1. 期初还短期贷款本利 21M；

2. 期末还长期贷款 20M，利息 8M；

3. 期末现金 10M。

运营表如表 15－34 所示。

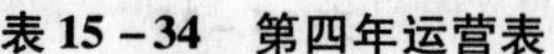

表 15 - 34　第四年运营表

内　　容	1 季度	2 季度	3 季度	4 季度
新年度规划会议	√			
参加订货会/登记销售订单	-12			
制订新年度计划	√			
支付应付税	×			
季初现金盘点(请填余额)	12	21	7	64
更新短期贷款/还本付息/申请短期贷款(高利贷)	40	×	×	-21
更新应付款/归还应付款	×	×	×	×
原材料入库/更新原料订单	-10	-10	-	
下原料订单	√	√	√	√
更新生产/完工入库	√	√	√	√
投资新生产线/变卖生产线/生产线转产	-4			
向其他企业购买原材料/出售原材料	×	-2	×	×
开始下一批生产	-4	-4		
更新应收款/应收款收现		3	58	√
出售厂房	×	×	×	×
向其他企业购买成品/出售成品	×	×	×	×
按订单交货	×	√	×	×
产品研发投资				
支付行政管理费	-1	-1	-1	-1
其他现金收支情况登记	×	×	×	×
支付利息/更新长期贷款/申请长期贷款				-28
支付设备维护费				-4
支付租金/购买厂房				×
计提折旧				(15)
新市场开拓/ISO 资格认证投资				
结账				√
现金收入合计	40	3	58	
现金支出合计	-11	-14	-1	
期末现金对账(请填余额)	21	7	64	10

由营销总监负责填写商品核算统计表，如表 15 - 35 所示。

表 15－35

	P1	P2	P3	P4	合计
数量			11		11
销售额			95		95
成本			44		44
			51		51

由财务总监负责填写费用明细表和利润表，如表 15－36，15－37，15－38 所示。

表 15－36　费用明细表　　单位：百万元

项　目	金　额	备　注
管理费	4	
广告费	12	
保养费	4	
租　金		
转产费		
市场准入开拓		□区域　□国内　□亚洲　□国际
ISO 资格认证		□ISO9000　□ISO14000
产品研发		P2(　　)　P3(　　)　P4(　　)
其　他		
合　计	20	

表 15－37　利润（损益）表　　单位：百万元

项　目	上年数	本年数
销售收入		95
直接成本		44
毛利		51
综合费用		20
折旧前利润		31

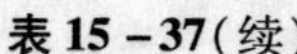

表 15－37（续）

项　　目	上年数	本年数
折旧		－15
支付利息前利润		16
财务收入/支出		－9
其他收入/支出		
税前利润		7
所得税		2
净利润		5

表 15－38　资产负债表　　单位：百万元

资产	期初数	期末数	负债和所有者权益	期初数	期末数
流动资产：			负债：		
现金		10	长期负债		60
应收款		58	短期负债		40
在制品			应付账款		
成品		4	应交税金		2
原料			一年内到期的长期负债		
流动资产合计		72	负债合计		100
固定资产：			所有者权益：		
土地和建筑		40	股东资本		50
机器与设备		44	利润留存	27	1
在建工程			年度净利	28	5
固定资产合计		84	所有者权益合计		56
资产总计		156	负债和所有者权益总计		156

注意：期末数利润留存 1 为期初数利润留存 －27 加期初数年度净利 28 得来。

点评：

1. 经营单一品种，筹资问题少，破产威胁小，但竞争力相对较弱。
2. 第三年已走上坡路，渐入佳境。
3. 最后比赛结果，卓越模拟公司获得第三名。

五、资金预算表的编制

预测未来现金流是现金管理的重要任务之一，可在拿到订单之后做现金预算表，从而达到未雨绸缪之目的。因此本书特别安排此内容需要学员和培训者注意。

卓越模拟公司第一年的资金预算表编制如表 15－39 所示。

表 15－39　卓越模拟公司资金预算表

	1	2	3	4
期初库存现金	42	35	29	20
支付上年应交税	－1			
市场广告投入	－1			
贴现费用				
利息（短期贷款）				
支付到期短期贷款				
原料采购支付现金	－1	－1	－1	－1
转产费用				
生产线投资			－4	－4
工人工资	－1	－2	－1	－1
产品研发投资	－2	－2	－2	－2
收到现金前的所有支出	－6	－5	－9	－8
应收款到期				
支付管理费用	－1	－1	－1	－1
利息（长期贷款）				60－4
支付到期长期贷款				
设备维护费用				－4
租金				
购买新建筑				
市场开拓投资				－5
ISO 认证投资				
其他				
库存现金余额	35	29	20	58

注意：

1. 可以每年都编制，资金紧张时尤为必要；

2. 作为筹资的参考；

3. 可反复调整，最后满意为止，因此可以用铅笔填写数字；

4. 细节数字可以估算，不必太精确，细小数字也可省略，达到对资金的使用量有总体了解即可。

第十六章　企业经营模拟的战术和战略技巧

企业沙盘经营模拟培训课程，以及每年国家及各省区比赛的过程，充满了挑战性。它在战略和战术上灵活多变，难以捉摸，有必要对常见战略和战术加以了解和深入研究，在实战中才能有的放矢，决胜千里。

第一节　企业经营模拟战略技巧

"不打无准备之仗，不打无把握之仗"，这是著名军事家的古训，因此我们对战略问题不得不察，在实战中，可常见如下战略：

一、大额广告战略

为争夺市场领导者地位，取得有利订单，各队往往在同时进入某新市场时对该市场投入大额广告，以求达到先发制人，遏制竞争对手之目的。笔者认为采用这种方法时要注意三点：

1. 注意要有一个限度，有时广告值过大会得不偿失，因为广告费和权益值是成反比关系的；

2. 注意对手的情况，对竞争对手的广告额有一个大概的估计，以免在投入额相同时两败俱伤，落得赔了夫人又折兵的下场；

3. 与产品产量相配合，在产品数量达到一定规模时，采用此战略较为适宜。另外，有人说广告费用在第一年有一个"经验值"8M 到 10M，笔者认为还可再高一点。

二、小额广告战略

与上战略相反，此法广告的投入产出比最大，但所取订单的毛利较小，容易造成产品积压，致使前期发展缓慢。

三、大额借贷战略

在第一年借入大额长期贷款，以备以后各年之用。理由是以后各年权益急剧下降，再借困难。这种战术有一定道理，采用者颇多，但以后各年会因此运营艰难，压力较大，原因是长贷利息较高，每年利息不堪重负，且利息影响权益值甚大。即使维持到最后，权益值也不会太高。有如在一个龙头上压上一块大石头，龙尾难以上扬。

四、先屈后伸战略

前一段委曲求全，谨小慎微，忍气吞声，韬光养晦，缩小广告投入，减慢研发速度，背地里却摩拳擦掌，多建设备，多储资金，蓄势待发；后段大刀阔斧，突飞猛进，一路高歌，后发制人。这种战术颇有道理，符合市场订单前期量小，后期量大的特点，往往能产生石破天惊的奇效，体现了老谋深算，以屈求伸，欲先取之，必先与之的儒家思想，但要注意掌握好转折的时机和注意维持前段的存活空间。在实战中，此法往往被初生牛犊不怕虎的学生所不齿。

五、突发奇兵战略

前段平淡无奇，相貌平平，最后一、二年突发奇兵，如占领国际市场，卖出大量产品或开发和生产出价高产品等，从而大幅度提高权益。此法可麻痹敌人，使其产生错误判断，放慢脚步，裹足不前，而我们则出奇制胜，毕其功于一役。此战略体现了“实则虚之，虚则实之”的孙子兵法思想，但只是短期冲高，上扬幅度有限，且若遇同样战术者必然两败俱伤。

六、规避竞争战略

此战略尽量减少两军相争，人弃我取，忍气吞声。如别人不要国际市场，则我们占领之；别人不生产某产品如 P4，则我们生产之。此战略有可取之处，但缺少对竞争对手的遏制，且我们开发的是非主流市场或产品，开发时不是费用大就是周期长，因此也会步履艰难。

七、专营战略

以一种产品为主进行生产，可减少开发费用以及其他开销。此战略可集中全力，但竞争面狭窄，没有考虑产品的生长周期和市场的需求量等因素，不易取得市场领导者的地位。

八、兼营战略

与上相反，此战略较为稳妥，但会增加开发费用和其他费用开支。

九、临场应变战略

临场应变即指事先不作规划，只靠临时根据竞争对手的情况采取相应对策。临场应变乃武林之最高境界，但应用在此则缺少整体规划，容易产生较大失误。

在实战中，还可以创造无数种战略。也可以把以上战略结合使用之，这也体现了 ERP 沙盘的博大精深之处。

第二节　企业经营模拟战术技巧

“在战术上要重视敌人”,这也是一句名言。ERP 沙盘不仅在战略上值得借鉴,战术上亦有诸多奇巧之处,下面试对一些战术进行剖析。

一、中途转产战术

转产法是指在一种新产品研制出来后,原来生产某产品的设备转产这种新产品,以提高单机生产率。这种战术体现了经营上灵活多变的特点,可以使权益值提高一些,不失为一种好的战术。此战术最好应用在柔性设备上,因其不需转产费用和转产期,但在其他设备上亦能施行,只要从长远看此产值总和大于彼产值总和即可。

二、卖大厂房救急战术

运营时会有现金支出远远大于现金流入,并且借贷额度不够,筹资困难的情况。为避免资金枯竭而死亡,可考虑变卖大厂房,这种方法乃不得已而为之举。因为要立即得到现金,还要进行贴现,之后还要付出租金,两者都会直接拉低权益值。

三、手工线救急战术

为了扩大销售,有时会多拿大单,在产能小于订单上的产品数量且无存货时,有交不上货被罚的危险,这时可急购入手工生产线,立即生产,到三期时卖掉,可不提折旧和维护费。要注意此法对利润大的产品适用,且注意应有一些原料存货。

四、少拿订单战术

到后期由于产能增大,品种繁多,心乱之中难免出现错记、漏记的情况,为避免交不上单可少拿一些订单减少失误的发生。

五、速卖手工线战术

第一年拿到少于三个的订单后,可立即将三个手工生产线卖掉。这样可避免折旧和维修费,同时倒出机位,在增加设备数不多于 5 个时不必过早考虑租入或购入小厂房的问题,这样也缓解了早期各项经营中争资金的问题。但要注意卖出手工生产线时立即上马新生产线,以补充总产能之不足。

第三节 企业经营模拟战略战术的选用原则

以上战术和方法各有利弊，实战时都可采用，也可同时采用几种，选用时只要满足一些原则即可，探讨如下。

一、权益最大原则

它是首要的判定标准，是原则之首，重中之重，一切以它为核心。如有时为保权益要卖掉厂房，会造成加分减少。权衡时以前者为重，不要太注重计分标准，而忽视了企业的发展。

二、均衡、合理原则

如在借入贷款时，不要借入一大笔费用，要有节奏，有规律的间隔一定时期借入，以免造成某时还款压力过大，不堪重负。在其他投资时亦应量入为出按此原则去办。又如产品研发、市场开拓及 ISO 认证的投资也要合理地规划，循序渐进。

三、规避竞争和勇于竞争相结合原则

谁赢得了竞争谁就会取得较大的发展，同时也会遏制竞争对手的发展，达到一箭双雕的目的。不仅要分析市场、产品，更要与其他参赛者博弈，分析对手。这时可以去看对方的盘面，产品库存，生产线，市场开发等状况，估计他们的主打市场及产品。要学会观察其他企业的盘面。刚开始出去看其他企业盘面有点无目的，无针对性，其实每个人应负责一方面，这样才能有比较，才能“知己知彼”，决策时也可供参考。市场是瞬息万变的，变化增加了竞争的对抗性和复杂性。有时则要规避竞争以保护自己。

四、整体考虑、注意联系原则

一定要对企业的发展有一个很好的长远规划，使得企业的发展常处于主动之中。同时注意某些事务的内在联系。如产能、产品的生产周期、维修费等存在着内在联系，原材料的采购、厂房及生产线的购买和配置存在着内在联系等。

五、随机应变原则

兵无定法，水无常形。当竞争对手战略或战术发生变化时，我们亦对我们的战略或战术进行调整，可多准备一些方案，以应付局面。以不变应万变是不行的。

六、团队认可原则

在比赛过程中，每一个小组成员的相互信任，合作是很重要的，虽然会遇到一些难题，但

都会在大家的共同协商、努力下得到解决。在选择战术或方法时，争取得到团队的认可，否则，易造成执行上的偏差，或团队的瓦解；若实在不能达成一致，也得用事先商量好的决策程序解决。

分工协作是非常重要的。应该在决策前从自己所负责的方面提出建议，以利于形成正确的整体对策。一旦形成决议，就要形成“执行力”

总之，以上战略和战术各有千秋，都有闪光之处，在实战时可根据实际情况灵活采用。企业经营永远没有固定的模式，只有一样是不变的，那就是变化。只有不断创新，勤于探索，才能在沙盘鏖战中立于不败之地。

第四节　企业经营模拟学员战术和战略技巧经验总结精编

同学们在参赛后都有很多的感悟，这些感悟和验证之言都是来自自己的亲历亲为，所以寓意深邃，令人有身临其境的感觉，启迪性和操作性兼具。

一、企业经营沙盘模拟大赛攻略秘笈

当自己第一次接触到 ERP 沙盘时，自己便情不自禁的爱上了这项活动。在这项活动中自己找到了那种在没有硝烟的战场上厮杀的快感；见识到那种运筹帷幄之中，决胜千里之外的智慧；也经历了一招不慎，满盘皆输的惨痛；更体味到那种置死地而后生的幸运；也第一次将自己的所学运用于实践，并见效果。个中甘苦，实在让人回味悠长！

下面是笔者通过和多位 ERP 沙盘高手，指导教师交流探讨后，加上一点自己的研究总结出的一些规律性知识。称作“秘笈”纯粹是一种游戏的叫法，纯为娱乐。希望这些东西能给 ERP 沙盘爱好者以实用性的帮助，同时也欢迎大家提出异议，相互切磋，相互进步。为推广这项活动而共勉。

整体策略篇

俗话说：“凡事预则立，不预则废。”“未曾画竹，而已成竹在胸！”。同样做 ERP 沙盘模拟前，也要有一整套策略成型于心。方能使你的团队临危不乱，镇定自若，在变幻莫测的比赛中笑到最后。

策略一：力压群雄、霸王策略

策略介绍：在开赛初，筹到大量资金用于扩大产能，保证产能第一，以高广告策略（后面有详细介绍）夺取本地市场老大，并随着产品开发的节奏，成功实现 P1 向 P2，P2 向 P3 的主流产品过度。在竞争中始终保持主流产品销售量和综合销售量第一。后期用高广告策略争夺主导产品的最高价市场的老大，保持权益最高，使对手望尘莫及，难以超越，最终直捣黄龙，夺得头筹。

运作要点:运作好此策略关键有两点:一是资本运作,使自己有充足的资金用于产能扩大,并能抵御强大的还款压力,使资金运转正常,所以此策略对财务总监要求很高。二是精确的产能测算与生产成本预算,如何安排自己的产能扩大节奏?如何实现零库存?如何进行产品组合与市场开发?这些将决定着最终的成败!

评述:采取霸王策略的团队要有相当的魄力,真得像当年霸王项羽那样,敢于破釜沉舟,谨小慎微者不宜采用。此策略的劣势在于如果资金或广告在某一环节出现失误,则会使自己陷于十分艰难的处境,过大的还款压力,可能将自己压至破产,像霸王那样自刎乌江,所以此策略风险很高。

策略二:忍辱负重、越王策略

策略介绍:采取此策略者通常是有很大的产能潜力,但由于期初广告运作失误,导致权益过低,处于劣势地位。所以要在第二三年不得不靠 P1 维持生计,延缓产品开发计划,或进行 P2 产品开发,积攒力量,度过危险期。在第四年时,突然推出 P3 或 P4 产品,配以精确广告策略(后面有详细介绍),出其不意地攻占对手们的薄弱市场!在对手忙于应对时,自己早已把 P3、P4 的最高价市场把持在手,并抓住不放,不给对手机会,最终称霸中原。

运作要点:此策略制胜的关键点在于广告运作和现金测算上,因为要采取精确广告策略,所以一定要仔细分析对手情况,找到他在市场中的薄弱环节,以最小的代价夺得市场,减少成本。其次,现金测算,因为要出奇兵(P3 或 P4),但这些产品对现金要求很高,所以现金测算必须准确,因为到时现金断流在其次,关键是完不成订单,遭罚,那将前功尽弃,功亏一篑。

评述:越王策略,不是一种主动的策略,多半是在不利的情况下采取的,所以团队成员要有很强的忍耐力与决断力,不要为眼前一时的困境所压倒,并学会"好钢用在刀刃上",节约开支,降低成本,先图生存,再想夺占!

策略三:见风使舵、渔翁策略

策略介绍:当市场上有两家实力相当的企业争夺第一时,渔翁策略就派上用场了,首先在产能上要努力跟随前两者的开发节奏,同时内部努力降低成本,在每次新市场开辟时均采用低广告策略,规避风险,稳健经营,在双方两败俱伤时立即占领市场。

运作要点:此策略的关键,第一,在于一个稳字,即经营过程中一切按部就班,广告投入,产能扩大都是循序渐进,逐步实现,稳扎稳打;第二,要利用好时机,因为时机是稍纵即逝的,对对手一定要仔细分析。

评述:渔翁策略在比赛中是常见的,但要成功一定要做好充分准备,只有这样才能在机会来临时,一下抓住,从而使对手无法超越。

广告策略篇

如果将 CEO 比作统兵元帅的话,那么营销总监无疑便是那攻城拔寨的先锋了。为将者无利器焉能杀敌,所以笔者总结出了广告三大利器,赠与各位营销总监,愿能助各位一臂之力。

利器一　亮银枪——高广告策略

枪在古代战场中，以打击范围广，杀伤威力大而著称，一直被古今名将所独钟，这也正好符合高广告策略的特色，高广告策略通常是在某个市场第一次开放时采用，利用高过对手 2M 到 3M 的广告费，夺取市场的最大订单，夺得市场的老大，同时使其他的对手相互竞价，相互损耗。当然高广告策略，并不是指漫无目的地瞎投，浪费资金，高广告最高投多少？一直存在着争议，笔者认为要适当分析对手的情况，以净收益高过于五家中最高的 1M 为底限，例如净收益最高的其他对手为 26 - 10 - 8 = 8M，那么你的高广告投放最高限为 36 - 14 - 9 = 13M，再高过这个值就不合算了，和长枪一样，一旦近身威力大减，所以高广告策略在市场开辟后的作用就不大了，但是在竞争最高价市场时，还是可以显示威力的。

利器二　小李飞刀——精确广告策略

小李飞刀，以刀无虚发，一刀毙命为特点，同样精确广告策略，也可以不浪费一分钱而实现零库存为目的。此时对营销总监要求很高，一要准确预测市场，二要准确预测对手，如预测某个市场订单较多，则应努力争取，如预测某市场订单较少，还有附加的要求，则应放弃，重点选择市场。最终做到每 1M 都能收到成效。

利器三　齐眉棍——低广告策略

棍在打斗中，打击范围广，使用方便为特点，低广告策略也具有以上特点，低广告策略以投入少，风险低为特点，对那些想保存实力，节约成本的企业很受采用，通常只在某些市场，只投入 1M 的广告，便拿到订单，维持生产。但也像大棍一样，打击面虽广，杀伤力小一样，低广告策略，多为一种防御的策略，不利于争夺市场，建议其配合精确广告应用。

五个锦囊

作为营销总监不光要有勇还要有谋！所以笔者额外赠送五个锦囊作为应急之备！

一、柔性生产线宜早上

柔性生产线的价格是所有生产线中最高的，但其优越性也是最明显的，没有转产期，没有转产费，可以使你在最快时间见到效益，也使你能在前三年产品间灵活周转，从容对待市场的变化。而后几年产品转产几率降低，主营 P2，P3 较普遍，在生产线上柔性作用不明显，同时还会增加现金压力，所以如果打算购置柔性生产线的话，宜早不宜晚。

二、敢于卖掉大厂房

对于大厂房很多人是不主张卖掉的，但是当企业处于困境，尤其是采用越王策略和渔翁策略时，就不该犹豫了，俗话说："舍不得孩子套不来狼"。这是东山再起的唯一机会，必须敢于舍弃，待日后再将其买回。

三、专营制胜

所谓专营是指改变常规的 P1，P2，P3，P4 循序渐进的开发步骤，跳过 P2 产品，直接开发

P3 产品，在第四年后开发出 P4 产品补充的策略，出奇制胜。例如上面提到的越王策略，通常都是利用专营策略，在前一两年用 P1 维持生存。在第三年推出 P3，产能通常是对手的一倍，在 P3 产品上竞争力无人能及，并强占有利市场，因为对手此时生产 P2，P3 两个产品，在单项产品 P3 上无法与你抗衡，在第五年推出 P4 产品，此时对手多在进行 P2 向 P3 的转产，或研发 P4。于是你再次抢占先机。最终是对手无力应对，夺取胜利。然而要采用此策略一定要考虑好广告策略和 P3 市场的总容量，避免生产过剩，拿单过少而导致库存过大，现金断流。

四、手工生产线救急策略

对于想出奇兵，但产能又与对手相近时，可以采用此策略。例如，第四年时你的 P3 产能是 6 个，对手也为六个，而对手还有某个市场的老大在手，而你想扩大产能而购进的全自动和柔性却要一年后才生产，你可以年初买进两到三条手工生产线，当年生产出 P3 产品就卖掉，这样算算，购进手工一条 5M，卖掉后收回 1M，生产一个 P3 净利是 4.5 ~ 5M，可见三条生产线虽然不怎么赚钱但却使你的产能扩大到 8 - 9 个，帮你夺回市场老大，使下一年广告费降低，并狠狠地打击了对手。

五、敢于放弃鸡肋市场

很多团队一旦得到某个市场老大，便愿意把它保持到底，其实这是个误区，因为在不同时期你的主导产品是不同的，一般第一、二年是 P1，第三、四年是 P2，第五、六年是 P3 产品，而同一时期不同市场，差价却是很大的，所以，优秀的团队会去争夺主导产品的最高价市场的老大地位，从而增加自己的净收益。一般说来，主导产品排队最高价市场为本地，第三、四年的 P2 最高价市场是本地与国内市场，第五、六年的 P3 最高价市场为本地与亚洲，第五、六年的 P4 为亚洲市场。

五大忠告

最后把自己和队友们以前出现过的失误总结成五大忠告，望各位牢记在心，莫要重蹈覆辙。

第一条生产线不宜闲置。

第二条国际市场要谨慎开发，尤不宜过早开发。

第三条 ISO1400 要谨慎开发，通常用途很小，耗资还较大。

第四条 P4 产品要谨慎开发，一般不需要开发。

第五条第四年后库存量不宜过大，过大的库存会使你面临巨大的现金压力。

二、企业经营沙盘模拟大赛中学员与培训者体会和心得

(一)我要当 CFO——企业高管的梦想

心得体会 1：作为一个普通院校的大学生，我从没有想到过在未走上工作岗位之前有机会

去做一个管理者，尽管这是我一直的梦想。但至少在目前，我对管理方面的知识只是停留在书本中，可以说，一切皆是纸上谈兵。

参加“用友杯”ERP沙盘模拟运营大赛，在企业的团队中我担任的角色是CFO。在企业的经营过程中，CEO的领导和总体决策，营销总监对市场预测的分析，以及采购总监和生产总监对原材料供应的准确计算和保证生产的顺利进行对企业的生存和发展都起着至关重要的作用，财务总监做好现金预算、管理好现金的流入流出、负责好报表的填写，以及利用各种财务指标对企业的经营状况和赢利能力进行分析。

企业模拟运营的第一年进行的相当顺利，采用高广告方案成功地做了市场的领导者，所做的业绩和权益与预期的准备方案的结果丝毫不差，然而在对本期和下期准备扩大产能方面却做了相当保守的打算。当运营的状况良好而且能平稳的按照预期的计划发展，打消了将自己的方案提出的念头，即在第二年扩大产能的时候采用产能相对较大的全自动或者柔性机器，而且这样的决策在当时并不受大家的欢迎，团队成员认为手工和半自动不仅能满足企业的生产能力需要，而且安装期短、成本低，很大程度上缓解了企业的现金压力，这样采用了以前做好的方案。进入第三年，成功地利用前两年的广告方案创造的市场优势拿到了预期的产品订单。当正为拿到预计的订单而高兴并且准备着手大干一场的时候，一场几乎断送了企业的发展的灾难降临到我们头上——由于对规则理解有出入，对现有的产能并不能满足所拿到的订单，很显然，接下来我们必须要面对一个事实——违约！可以说这次的突然事件，打乱了企业原有的计划，面对这样的突发事件企业并没有解决的方案，我们的教训惨痛，有了这次经历后，从第二年开始我们的经营走上了正轨。

心得体会2：一位刚走上工作单位不久的管理专业的学生说：“以前上管理类的课程，听到的是枯燥的理论，总觉得昏昏欲睡，参加过沙盘模拟课程，才对企业经营管理有了新的认识，让我们把书本上的知识和实际工作中的问题很快链接了起来，并且提供了解决问题的方法和工具，今后这样的培训应该经常开展。”一个做管理工作十几年，掌管着公司最重要的业务部门，每年管理着数亿元资产的资深管理者参加“企业经营模拟”时，却眼睁睁地看着自己的模拟的公司“破产”，通过课程，他认为企业经营最重要的是各方面的协同性。他说：“我们都太关注局部了，每个人都只从自己的具体工作角度看问题，根本没有把自己的行动和企业整体的长远发展联系在一起。而实际上利润的产生、资产的增加或减少，市场占有的变化，都不能看作是某个环节的问题。企业经营模拟的产生就是源于这样的原因吧”一位企业经营者参加完训练后告诉培训师：“我感受深刻的是，对于一个掌握着重要资源的经营者来说，不能仅凭“好”的愿望，知识和工具才能让我们有真正的市场判断力。课程结束后一上班，我就开始利用课程中掌握的方法计算我部门的实际经营情况，看到去年我们的销售额虽然还略有上升，但利润已经大幅度下降；我们认为应该维护的忠诚客户，已经不能给我们贡献利润；公司赖以起家的老产品，多卖一件就要多赔钱……，现在我知道该采取哪些行动了。

(二)部分企业经营模拟学员的总结及改进工作的思路

案例1:

(1)步步为营

我在模拟中的职位是财务助理,主要负责每年报表的填制整理,和一些明细数据的记录。在企业第一年的经营中,因为对规则的不熟悉和对企业经营流程上细节的疏忽,我们小组的资产负债表一直填不平。数据明明白白地记录在案,但是否与实际操作时一致,我们都不敢确定。在哪出错几乎无根可寻,这让我和财务主管都束手无策。在那阵慌乱中我深刻地意识到,企业的每一个运转环节的资金流转都得仔细核算和记录,容不得半点马虎!所谓"一子错,整盘皆落索"正是ERP给我的深刻警示。

(2)及时预测

虽然在ERP的模拟里,市场的预测是规则给出的,但在做企业运营的时候,及时的预测也是ERP提醒我们真实参与企业经营时该高度关注的事。

我们组的销售经理第二年就提出要在加生产线的同时逐步把P1换下线,多产P2,P3。因为P1的市场价格是逐年走低的,不符合公司营利的要求。果然,在第三第四年抢到的订单中,我们很高兴地发现单价9个币的P2或P3比单价3个或4个币的P1要营利多很多倍。

(3)眼光独到

企业的投资要有眼光独到。我们组首先开辟的是国内市场。当时很多组都往区域市场投资,但是一开始我们就决定主打国内市场,并一举做到市场老大的地位,我觉得这是一个投资决策的问题。但要如何做到眼光独到地决策,是我还需要向老师,和"销售经理"学习的事。

(4)大胆投资

这个启示是跟另一个小组对比得出来的。记得我们6个组里其中一组在前两年亏损较少,一直是6个组里的领头羊。但到后面他们就不行了,因为投资保守,生产力跟不上。而我们年年贷款还贷款地投资,6条生产线到第五年五条已经全部上线。第五年的销售情况在生产的保证下相当乐观。这不可不说是大胆投资的功劳。

(5)信任伙伴

企业资源计划中包括采购,生产,销售,财务核算等等方面,想要一个人独揽不会也不可能。这时候我们就要信任团队的伙伴,毕竟他(她)就负责那一个项目,不专业也实际操作得比自己多,经验也较丰富,所以当团队对某个问题商量要一起决策时,对此问题专门负责的伙伴的意见就显得尤为重要。

(6)协作精神

在写这个总结之前,我们小组一起研究了一下ERP决策模型的制作。原本很陌生完全让人抓不着北的模型,在大家的集思广益下变得简单起来。问题逐渐明朗,每个人都学到了不少东西,也都笑逐颜开。

在ERP的课堂上学到的东西当然要比以上总结的6点还要多得多。如老师给总结的在

投广告费上的战略思维:缺乏全盘经营计划,与管理上的“哥伦布”式管理;要对企业下一年的现金及生产进行预算,合理控制资源;对对手做出决策的估计,对市场的把握;对本企业发展目标的确立,要稳坐市场老大之位,还是要默默履行中庸之道等等,在此就不再一一道来。相信从这门课中学到的知识不仅能用于企业运营等方面,而且能对我的人生给予启示,对我的行事作风也做出了积极的导向作用。

案例2:

企业经营沙盘模拟的一些构想是企业长期经营的一种非常好的学习工具,使同学们置身商业实战场景,实地体验商业竞争的激烈性。更重要的是,在整个沙盘模拟操作过程中能够极大激发同学们的学习热情,锻炼同学们的全局观念以及规划能力。

但个人认为此工具也存在一些不便的地方,现说明如下:

(1)广告投放过于简单

商战中,广告就是飞机重炮,起着至关重要的作用,但广告也并不一定是与资金投入成正比的,他更多的需要考虑产品的受众群,消费者的接受方式,广告传播方式等。作为一种学习工具,对广大学生来说,最好不要树立广告就是资金的概念。

(2)实践中许多细节并没有体现出

如企业与上下游产业的关系,与金融机构的关系。企业的经营状况、偿债能力、发展前景和经营领域未来的发展方向,这些是金融机构首先考虑是否发生业务往来的基础。

(3)企业生存环境相对孤立

模拟过程所有业务往来基本都是与一家代理进行的。供应、销售、金融全部出自一方,这样使企业特别被动,不能使企业有效的与上下游产业的公司形成联盟关系,还有所有的外资只能来自借贷,加之禁止组间交易往来,使各个企业完全孤立在市场的大环境下,直接导致企业面对风险能力下降,生存环境严峻。

(4)资金来源过于单一,不利于企业的长期发展。

模拟中所有的资金投入全部来自银行借贷,使边际效益增加,但却使经营风险加大。我们都知道企业应该有更多的融资方式来更充分的发展自己。是稳定发展,是激进发展——这些才是我们选择融资方式的基础。

参考文献

[1] 何忠伟.农业企业经营管理学[M].北京:中国农业出版社,2011.

[2] 王钊.农业企业经营管理学[M].北京:中国农业出版社,2004.

[3] 雷海章.现代农业经济学[M].北京:中国农业出版社,2003.

[4] 郭红东,郭占恒.农业产业化与农村现代化[M].北京:中国社会科学出版社,2002.

[5] 李秉龙.农业经济学[M].北京:中国农业大学出版社,2009.

[6] 方天堃,陈仙林.农业经济管理[M].北京:中国农业大学出版社,2011.

[7] 夏英,牛若峰.农业企业经营机制转换和战略管理[M].北京:中国农业科学技术出版社,2004.

[8] 吴瑕,王凤.中国农业企业融资实战解析[M].北京:中国经济出版社,2010.

[9] 刘瑞军.企业经营管理[M].北京:中国农业大学出版社,2010.

[10] 蔡根女.农业企业经营管理学[M].北京:高等教育出版社,2011.

[11] 朱道华.农业经济学[M].北京:中国农业出版社,2000.

[12] 毛泽东.毛泽东选集(合订本)[M].北京:人民出版社,1964.

[13] 李崇光.农产品营销学[M].北京:高等教育出版社,2010.

[14] 鲍立刚.基于企业运作的人力资源管理[M].成都:电子科技大学出版社,2008.

[15] 安鸿章.现代企业人力资源管理[M].北京:中国劳动社会保障出版社,2003.

[16] 古银华.企业人员招聘中的常见问题及对策研究[J].内江科技,2008(1).

[17] 孙健敏.组织与人力资源管理[M].北京:华夏出版社,2003.

[18] 彭剑锋.人力资源管理概论[M].上海:复旦大学出版社,2003.

[19] 余凯成.人力资源管理[M].大连:大连理工大学出版社,2001.

[20] 彭剑锋.人力资源管理概论[M].上海:复旦大学出版社,2007.

[21] Baldwin T T and Ford J K. Transfer of Training: A Review and Directions for Future Research [J]. Personnel Psychology, 1988(41).

[22] 徐融.企业培训宝典[M].北京:中国商业出版社,2002.

[23] 陈清泰,吴敬琏.可变薪酬体系原理与应用[M].北京:中国财经经济出版社,2001.

[24] 加里·德斯勒.人力资源管理[M].北京:中国人民大学出版社,2005.

[25] 刘昕.薪酬管理[M].北京:中国人民大学出版社,2007.

[26] 杨雪莲.可变薪酬计划设计的影响因素研究[D].成都:四川大学,2003.

[27] 陈晓亮.可变薪酬支付力度影响因素研究[D].武汉:华中科技大学,2007.

[28] 余凯成,程文文,陈维政.人力资源管理[M].大连:大连理工大学出版社,2001.

[29] 李大兵,景再方,司伟. 现代农业企业管理[M]. 太原:山西经济出版社,2006.

[30] 王关义,刘益,刘彤. 现代企业管理[M]. 北京:清华大学出版社,2007.

[31] 中华人民共和国国务院新闻办公室. 农业部就《关于支持农业产业化龙头企业发展的意见》情况举行发布会[EB/OL]. [2012 - 04 - 02] http://www. scio. gov. cn/xwfbh/gbwxwfbh/fbh/201203/t1130505.

[32] 中华人民共和国中央人民政府. 国务院关于支持农业产业化龙头企业发展的意见[EB/OL]. [2012 - 04 - 10] http://www. gov. cn/zwgk/2012 - 03/08/content_2086230.

[33] 夏国兴. 大陆农垦社会经济发展的探讨[C]//中国的过去、现在与未来. 国际学术讨论会. 珠海:珠海书院亚研中心,1993.

[34] 周三多等. 管理学——原理与方法[M]. 北京:复旦大学出版社,2005.

[35] 陶佩君. 农村发展概论[M]. 北京:中国农业出版社,2004.

[36] 付世东. 扬长避短,广泛吸纳人才[J]. 农场经济管理,2007(2):42.

[37] 靳慧勇,李华方. ERP 培训教程[M]. 北京:中国物资出版社,2005.

[38] 王新玲,杨宝钢,柯明. ERP 沙盘模拟高级指导教程[M]. 北京:清华大学出版社,2006.

[39] 苗雨君,李喜云,杨蕙漩,等. 企业 ERP 沙盘模拟经营对抗教学研究与实践[J]. 现代教育科学(高教研究),2009(5):78 ~ 80.

[40] 陈朝晖. ERP 沙盘模拟对抗教学方式探索与实践[J]. 实验室研究与探索,2009(1):174 ~ 176.